湖北省人文社科基地"资源枯竭城市转型与发展研究中心";

"长江中游矿冶文化与经济发展研究中心";

教育部人文社科基金项目《要素价格扭曲与宏观调控的有效性》（10YJC90111）的资金支持。

作者简介

聂亚珍 湖北师范学院经济学教授、硕士生导师，湖北省重点人文社科基地"湖北师范学院资源枯竭型城市转型与发展研究中心"主任，主要从事产业经济研究，先后主持过省、厅的科研、教研及横向项目20多项。在刊物上公开发表科研和教研论文80多篇，先后出版了多部专著。

张 云 长江大学马克思主义学院讲师，主要从事马克思主义中国化理论研究。2009年度获湖北省高校思想政治教育先进个人，获江汉石油学院2001年度社科论文二等奖。近年来，公开发表论文10多篇。

姜学勤 长江大学经济学院副教授，博士，硕士生导师，主要从事能源经济和投资管理研究。近几年已公开发表论文20多篇，出版专著一部，承担了教育部人文社科项目一项。

The Law of Development and Switch of Industries
in Resource-exhausted Cities

资源型城市产业兴衰与转化之规律

现代信息资源创新与
发展丛书

聂亚珍　张　云　姜学勤◎著

中国书籍出版社
China Book Press

图书在版编目(CIP)数据

资源型城市产业兴衰与转化之规律/聂亚珍,张云,姜学勤著. —北京:
中国书籍出版社,2012.9

ISBN 978 - 7 - 5068 - 3131 - 4

Ⅰ.①资…　Ⅱ.①聂…　②张…　③姜…　Ⅲ.①城市经济—产业结构
调整—研究　Ⅳ.①F299

中国版本图书馆 CIP 数据核字(2012)第 210236 号

责任编辑/ 李卫东
责任印制/ 孙马飞　张智勇
封面设计/ 中联华文
出版发行/ 中国书籍出版社
　　　　　　地　　址:北京市丰台区三路居路 97 号(邮编:100073)
　　　　　　电　　话:(010)52257143(总编室)　(010)52257153(发行部)
　　　　　　电子邮箱:chinabp@ vip. sina. com
经　　销/ 全国新华书店
印　　刷/ 北京彩虹伟业印刷有限公司
开　　本/ 710 毫米×1000 毫米　1/16
印　　张/ 18.5
字　　数/ 335 千字
版　　次/ 2015 年 9 月第 1 版第 2 次印刷
书　　号/ ISBN 978 - 7 - 5068 - 3131 - 4
定　　价/ 78.00 元

序言

本书是基于国家确定的 44 个资源枯竭型城市转型试点名单中属于湖北的 4 个城市：黄石市、大冶市、钟祥市、潜江市而产生的构想。湖北省高重视这些城市的转型，并组建了领导班子积极推动资源型城市的转型。资型城市的产业转型是资源型城市转型的首要问题，资源型城市的产业转型是重新确定、发展主导产业的过程。

本书正是从 44 个资源枯竭型城市的实际产业状况出发，探索了资源型市随着资源的消耗枯竭，使得产业的发展呈现出的客观规律。依据这个规分析了这些城市的产业特征和产业转型的必要性，提出了产业转型模式，讨了接续产业和替代产业的选择的原则、选择的依据及其评价；依据产业命周期理论，分析了衰退产业的识别及转型机制，提出了主导产业确立的则；明确了产业转型的方向——发展高技术产业和产业创新，特别是重点析了产业创新的机理和战略，提出了独到的评价方法；最后要求在产业转之前进行风险预测分析。对资源型城市产业兴衰与转型规律的探讨，对于源枯竭城市制定、完善转型规划，提出转型和可持续发展工作的具体方明确转型思路和发展重点，切实做好相关工作，用好中央财政性转移支付金，为保增长、促协调提供了很好的理论借鉴。本书具有很强的现实性、刘性和可操作性。

本书在写作过程中得到了黄石市许多部门如市委宣传部、市社科联、技局、发改委等的大力支持，得到了湖北师范学院和长江大学的大力支也得到了"长江中游矿冶文化与经济发展研究中心"、教育部人文社科基金目的资金支持，在此一并表示感谢。

由于水平有限，书中难免有许多错误之处，望读者批评指正。

聂亚珍
2012 年 9 月 14 日

目 录
CONTENTS

第一章　产业兴衰与转换的一般理论

产业兴衰与转换问题是产业经济学的重点研究课题。国内学者对这一问题的研究有了一定的基础，但是缺乏广度和深度。国内较早涉及这一问题的学者是郑林，他在《产业经济学》（郑林，1990 年）中探讨了产业周期问题。他指出，产业周期性波动表现为产业由高峰到低谷，再由低谷走向高峰的运动形式。产业波动的主体是产业，波动的内容是增长速度的跌宕，产业波动是经济波动的产业体现。

青年学者王先庆在国内较早对产业兴衰问题进行了研究，在《产业扩张》（王先庆，1998 年）一书中，他明确提出了"产业兴衰"概念，并对产业兴衰的过程及特点、形式、因素等做了研究。他还探讨了产业兴衰各个过程的条件、产业兴衰的运动方式和产业兴衰机制等。

毛林根在《产业经济学》一书中论及了产业兴衰问题，并对衰退产业概念进行了解释。他认为，衰退产业应该定义为"增长出现有规则减速的老化产业部门"。

周新生认为，产业兴衰研究的范围拟界定在大产业内主层次产业，也即介于大产业与小行业之间层次的产业，而且它主要研究第二次产业内部各层次产业。在其著作《产业兴衰论》（周新生，2000 年）一书中，他较系统地探讨了产业兴衰的一般过程，产业兴衰机理等。

戴伯勋等在《现代产业经济学》（戴伯勋等，2001 年）一书中，探讨了产业成长周期与产业的兴衰机理。他们认为，产业兴衰的动力机制、供求机制、内在本质性机理、外部推动机理、创新机理及竞争机制构成了产业兴衰机理。

刘志彪较早探讨了衰退产业的调整和成长产业的保护（刘志彪，1997年）。他提出并论证了我国制造业衰退的六个经验性假设，即投资假设、行政垄断假设、衰退程度不足假设、用户预期假设、产业选择理论不当假设和进入壁垒假设。此外，他认为，我国的产业衰退不仅是由结构性因素决定的，而且在较大程度上与企业制度、经济管理体制、市场体系及运行机制等"制度性"因素有较大的相关性（刘志彪，2000 年）。

陆国庆在其博士论文《衰退产业论》（陆国庆，2002 年）一书中，比较系统地探讨了衰退产业的概念、特征及其形成机理。他将衰退产业定义为：在正常情况下，一个国家或地区的某一产业产品销售增长率在较长时期内持续下降或停滞的产业。他还探讨了衰退产业的识别和诊断以及衰退产业的调整模式和创新战略等问题。

萧琛分析了新经济周期的前景及有关的"准衰退"问题。他认为，过去50 年，经济周期属于"凯恩斯（长波）时代"，而现在的"新经济周期"则属于另一个时代，即经济"不滞又不胀"。他还认为，"准衰退"是信息网络经济条件下开始出现的一种介于虚拟经济和实体经济之间的一种新型衰退。其展开机制是以"网络投资信心"等为中心，"准衰退"系"供应过剩型"而非"通货膨胀型"。

综上所述，国内许多学者对产业兴衰与转化问题进行了必要的探讨，在衰退产业的运行机理以及某些产业（如汽车、纺织等）的成长与衰退方面的研究达到了相当的深度。随着研究的深入，我们有必要对资源型城市产业兴衰与转化的规律性等问题进行系统的、进一步的探讨，以充实和丰富产业经济学理论。

一、产业兴衰与产业转换的概念

产业兴衰是指产业兴起、由小到大发展起来，然后衰退、由大到小衰落下去。这种兴衰过程是事物发展的必然规律。就产业发展规律而言，产业兴衰又可以分为绝对产业兴衰和相对产业兴衰。一般来说，从整个产业运动的时间过程和空间范围来说，在产业经济活动的舞台上，产业自始至终有兴有衰，此起彼伏，产业主角不断更替，产业兴衰的这种必然现象或结果就是所谓的绝对产业兴衰。所谓相对产业兴衰，是指某一产业的兴盛或衰退是相对其他产业的衰退或兴盛而言的，比如某些产业在发达国家或地区已经开始由兴盛转为衰退，但是在不发达地区则刚开始兴盛起来，这种情况或现象就叫相对产业兴衰，它是相对于某一空间和时间而言的产业衰退。

产业转化又叫产业转换，或产业轮转，它是产业兴衰变化的结果。所谓产业转化，是指一个国家或地区新、旧主导产业呈现更迭的正常现象，如果产业转化的速度慢于产业升级或外移的速度，则该产业将逐步陷入衰退之路，产值萎缩，成为夕阳产业，国内产业发展停滞，失业率大增，此时政府要保持高度警惕。如果新的主导产业产生的速度快于传统主导产业衰退的速度，表示产业转化获得成功，国内产业升级转型顺利进行。

国内外研究表明，科技进步是一个国家或地区进行传统产业改造，并促进其转换与升级的主要推动力；而市场对该产业产品及加工产品的需求结构转变及需求规模扩展，则是一个国家或地区进行传统产业改造，并促进其转换与升级的主要拉动力。当一国或一地区处于产业衰退时，产业发展就处于停滞状态。如果在正常情况下，该产业的生产和销售持续处于下降趋势，而且看不到任何转机，此时该产业自然应该退出，政府应该采取相应的退出政策。如果在正常情况下，该产业生产和销售的下降只是暂时的现象，或者是属于衰而不亡的情况，并且通过运用高技术可以完全或局部改造传统的衰退产业，使之获得新生，此时该产业就没有必要退出，而是要尽可能使该产业优化升级。当一国或一地区处于产业兴盛时，必须对其进行培育，并促进其发育与成长。促进新兴产业发育与成长的基本方式有三种：一是高新技术向该产业及其相关产业领域转化、渗透形成新兴产业。例如，以色列通过推广节水灌溉等高新技术，培育形成发达的蔬菜、果品、花卉等现代农业产业。二是对特色资源进行深度开发形成新兴产业。例如，新中国成立后，我国政府通过组建生产建设兵团和国有农场集团等方式，对东北三江平原等地区的宜农荒地资源进行深度开发，并建成集农产品生产、加工、运销等产业于一体的、现代化程度较高的农业产业体系。三是高新技术的发展及新的市场需求孕育出新的产业，如软件业的发展就是如此。

产业兴衰与转化的现象，见诸于世界发达国家或地区，也见诸各类产业。从历史上看，英国是在世界上第一个经过"工业革命"而进入现代经济发展过程的国家。英国的"工业革命"是在 1760～1840 年期间完成的，支配这时期英国经济发展的支柱产业是 19 世纪以前的纺织工业和紧随其后的煤炭工业、钢铁工业、机械工业（包括造船业）。棉纺织工业的巨大技术创新和制度创新优势，迅速地传导到整个英国经济体系中，引发和带动了英国的机器制造业、钢铁工业、煤炭工业和运输业（尤其是航运和铁路）的大规模技术创新和飞速发展。在这些产业领域，英国留下了多项世界第一的辉煌纪录。英国主要工业部门的巨大技术创新，强有力地推动英国经济迅速增长，使英国成了著名的"世界工厂"。美国是一个后起的资本主义发达国家。美国的产业演进大体上经过了三个大的阶段：第一阶段（18401910 年），主要是农业发挥着主导产业的支配作用。美国农业生产增长和技术进步方面的优势效应广泛而深刻地渗透到整个经济体系中，支配着美国那一时期的经济增长和结构变化。同时。美国农业作为支柱产业引发和带动了一系列制造业部门的产生与发展，如汽车工业、钢铁工业的产生和发展。第二阶段（1911～1970年），主要是制造业发挥着主导产业的支配作用。这一时期，美国的"三大支柱产业"（汽车、钢铁、建筑）担当了支配美国经济在20世纪70年代以前增长与变化的主要角色。第二阶段（1980年以后），美国的高科技产业发挥了越来越重要的作用，尤其是在克林顿时期，美国推行信息高速公路的发展战略，把某些生产性企业转移到国外，使其经济得到了快速发展，将欧洲各国远远抛到后面。我国台湾地区的产业发展历史也说明了产业兴衰与产业转化的关系。早期台湾地区的产业以农业、纺织业等为主，然后以食品、水泥等轻工业取而代之，接下来是塑料、钢铁等重工业的崛起，目前，通信、资讯、半导体等高科技产业成为现在的主导产业。上例是新旧产业交替的现象，即新兴产业替代衰退产业。比如，传统农业改造为现代农业，传统印刷技术转变为现代激光印刷等，都是衰退产业获得新生，或者说传统产业升级换代的典型。因此，产业的衰退并不是绝对的，有些产业可能因衰亡而被新兴产业所取代；有些则衰而不亡，甚至因技术创新和需求变化而获得新的生机。

二、产业兴衰与转换的特征

特征是一事物区别于它事物的征象、标志。从特征入手，可以更好地把握事物发展的规律。从最一般的角度看，产业兴衰与转化具有如下一些特征。

（一）周期性

周期性是指产业在兴衰与转化过程中，有它自身的生命周期规律，一般会经历形成期、成长期、成熟期和衰退期四个阶段，有些产业的生产要素会在技术创新等因素的作用下向其他产业转化，开始经历新的一轮产业演化过程，如此循环反复、周而复始。

产业兴衰与转化的周期性特征是由事物本身的发展规律所决定的。从哲学的角度看，任何一个事物从它产生的那天起，就已决定了它未来衰退或灭亡的命运，这是不以人的意志为转移的客观规律。产业作为一种事物，也和其他事物一样，有其产生、发展和衰亡的过程。当某些产品的潜在需求逐渐被认可并转化为现实需求，经过预测，该产品将有较好的市场前景，生产过程已经开始，此时可以说，生产该产品的产业处于形成阶段。当该产业的产出迅速增加，在整个产业乃至GDP中的比例迅速上升，增速加快，市场占有率升势猛烈，收入显著增加，技术进步迅猛并且日臻成熟，该产业在整个产业结构中的作用和影响明显扩大时，该产业就从形成期进入了成长期。该产业经过一段快速发展后，其产出量趋于平稳，增速减缓，市场需求几近饱和，此时，表明该产业已从成长期进入成熟期。因技术进步，新产品的产生不可避免。随着新产品的成长，老产业的产品逐渐被替代，其市场占有率逐步下降，产品进入寿命的最后期，这也就标志着生产该产品的产业进入了衰退阶段。

（二）特殊性

特殊性是指有些产业在兴衰与转化的过程中，不一定遵循产业发展的生命周期规律，没有经历产业的形成、成长、成熟和衰退的全过程，而只经历其中的若干阶段。特殊性是周期性特征的补充。

影响产业兴衰与转化的因素是多方面的，有市场需求、技术进步与创新、要素禀赋状况和政府的产业政策等。这些因素对不同产业的影响程度是不一样的，因而有些产业的兴衰与转化过程表现出不同一般规律的特殊性。比如中国 VCD 产业的发展历程就越过了成熟这一阶段，直接从成长走向了衰退。1993 年 9 月，留美学者姜万勤、孙燕生将图像解压缩（MPEC）技术应用到音像新产品上制造出世界上第一台 VCD，并斥资在安徽建立万燕电子系统有限公司，这标志着 VCD 产业的兴起。但由于 VCD 整机属于组装性产业（核心技术在国外），进入壁垒低，而且第一个推出 VCD 机的万燕公司没有申请专利保护，在高利润率的吸引下，大批企业蜂拥而上，企业数量最多的时候超过 500 家，产量从 1994 年的 2 万台迅速上升到 1996 年的 200 多万台，1997年突破了 1000 万台。1996 ~ 1998 年，VCD 的销售量年均增长率近 200%，1996 年和 1997 年分别高达 314% 和 257%。然而，过多企业的进入，使得供给迅速超过需求，生产能力很快过剩，各主要生产厂家不约而同地开始大规模降价，价格从最初的 4000 多元下降到 1997 年的 1000 多元，1999 年跌破800 元。VCD 产业急转直下，从成长直接走向衰落，行业平均利润大幅降低，企业出现亏损，多家厂商开始向其他产业转化，或者向产品系列化、集团化经营发展。

（三）反复性

反复性是指某些产业在同一个运动周期中的各个阶段之间出现逆转，它不是按正常的形成、成长、成熟和衰退的顺序依次发展，而是从某一阶段向后倒退。因为影响产业兴衰的原因是多种多样的，如体制、政策、制度、管理、市场、技术乃至资源等。在逆转的状态下，任何一个因素的作用力达到一定强度时，都可能促使产业衰退。同样的，只要影响产业衰退的因素减弱或消失，就会给产业带来生机，促使衰退产业重新焕发青春，再次显现出成长期甚至是成熟期的一些特征。例如，我国的纺织业在20世纪80年代得到快速成长，成为当时盈利率最高的产业部门。然而，进入90年代以后，由于纺织业设备严重陈旧老化，致使纺织业的物耗、能耗持续上升，产品的竞争力持续下降，纺织业成为我国制造业中持续亏损时间最长、亏损面和亏损额最大的行业。90年代后期以来，国家运用产业政策进行调控，纺织业于1999年扭转了全行业亏损的局面，逐步走向复苏，又呈现出成长期的一些特征。

（四）区域差异性

区域差异性是指在同一个时期，同一产业在不同国家，或是在同一国家内的不同地域，往往处于不同的发展阶段。这是产业兴衰与转化在空间形态上的特征表现，它是由各国、各地区经济发展水平的差异所决定的。当各国、各地区处在不同的经济发展阶段时，其国民收入水平各不相同，这就产生不同的消费需求；同时，处于不同经济发展水平的国家或地区，为产业发展所能提供的资源供给状况也是各不相同的，这些都会影响到产业的发展和发育程度。目前，在发达国家，信息、网络、生物科学等高新技术产业正处于兴起或成长阶段。而汽车、住房、家电、旅游等产业在经过长期发展之后，人们对这些产业的需求渐趋饱和，正在逐步成为衰退产业。但对于中国来讲，情况就可能不同。2009年中国的人均收入还只有3600多美元，但处在世界100位，经济基础仍比较薄弱，许多产业刚刚起步。在发达国家已处于衰退中的产业，在中国仍然还可能是新兴产业。比如，汽车显然还是我们经济增长的支柱产业；旅游业还仅仅处于起步阶段，尚需大力发展；家用电器产品虽然在城市的市场需求越来越小，但在广大的农村，却因收入水平低或基础条件不具备而使农民可望而不可即。又如纺织产业在中国从整体上看，仍然处于发展阶段，但具体情况因地域不同而存在差异。在东部沿海地区，它是衰退中的产业；在西部地区，它又是兴起中的产业。产业兴衰与转化与一国或一地区经济发展水平是相联系的，因地域的不同而存在差异。

（五）互动性

互动性是指作为产业发展全过程的产业兴起、衰退和转化的各个阶段之间是紧密联系、互为促动的，产业衰退必然引起产业转化，产业转化促进产业兴起。因为在经济发展过程中，任何时点上社会可利用的资源都是一个有限量。产业兴衰与转化就是有限的资源在不同产业间再分配和重组的过程。产业衰退就是过剩的生产要素从其中分离出来的过程，产业转化和兴起就是生产要素进入、集中于这些产业的过程。产业兴衰与转化的互动有两种表现形式：一种是微观层面上的互动，即产业在市场规律的作用下自发地兴衰转化；另一种是宏观层面上的互动，即区域政府根据本地区某些产业的衰落情况，通过宏观调控来培育新兴产业，以维护本地区经济的稳定发展。

微观层面上的产业兴衰与转化的互动关系：产业衰退就是该产业增加值持续下降，这必然造成产品大量积压、企业利润下降甚至亏损。在市场规律的作用下，劳动力、资本等生产要素就会从该产业中退出，转而进入其他市场前景好、利润率高、产品供不应求的产业，从而促进这些产业兴起或成长。大企业或企业集团通过内部的资源重组实现的多样化经营，就是自觉地利用了产业兴衰与转化的互动关系的结果，使衰退产业中的资源平稳地流向新兴产业，在集团内部顺利实现产业的转化。例如，传统的商业行业正在世界范围内走向衰退。中国商业行业也已连续几年全行业亏损，1999 年大型商场销售总额增幅同比回落 2.5 个百分点，利润同比下降 15.4%。同时，倒闭风潮迭起。1997 年，上海一百西安分店、广州仟村相继停业；北京卡玛商业大厦、亚视商城、万惠双安也开始闭门谢客；1996～1999 年，北京 1 万平方米以上的大商场关闭了 11 家；1999 年底，位于西安繁华地段的西安解放百货大楼对外宣布倒闭。在此情况下，1998～1999 年 8 月间，国内有 34 家商贸百货类上市公司的生产要素正从传统的商业领域分离出来，向发展前景看好的高新技术产业转移。豫园商城出资 1650 万元，组建"医学生命科学研究中心"；南京新百公司与南京高科、南京有线广播电视台共同投资 6 亿元，组建南京广播电视信息网络产业有限公司；华联商城投资 1.06 亿元，收购安徽新长城网络经济发展有限公司，等等。这些商业企业通过资源重组，尤其是借助于资本市场成功地使部分生产要素从衰退产业中退出，转向了新兴产业。

宏观层面上的产业兴衰与转化的互动关系：这主要是通过政府的宏观调控来实现的。英国的帕维德·莫尔（Pavid Show）在《欧盟产业衰落区域的综合治理——英国默西郡案例研究》（2001 年，第 375 页）一书中指出，如果一个区域的整体性产业结构老化或主要产业衰退，那么，该区域输出区外的产品和服务就会减少，质量就会下降，因而整个区域获取的货币量就会相应减少，于是区内物价水平相应下跌。对于区内企业而言，在对区外和区内销售额均下降的情况下，如果区内劳动力价格因为刚性而不降，由于其占了企业成本的大部分，则整个收益减少，利润降低，甚至出现亏损。于是企业流动投资开始想办法外移，紧跟着的必然是失业严重、人口外迁、人才外流，这又必然造成区域经济凋敝、城市衰落。而且，这不仅削弱该地区的对外竞争力，也削弱整个国家的竞争力。因为，如果一国范围内的各区域经济不能协调发展，就会形成日益扩大的发展差距、收入差距和就业差距，困难区域的劳动力将逐步向发展快、收入高和就业好的城市地区迁徙，于是一方面会造成人口迁入城市的超负荷运转；另一方面又会造成人口迁出地区的破落衰败。结果，为了保持国民经济的持续增长，国家经济资源一方面将被迫用于治理迁入城市的交通阻塞、住房拥挤、通讯不足和公共设施的缺乏；另一方面也要用于人口迁出城市的房屋和设施改造，这就容易占用本可以投入到教育与科技中去的资源，使得整个国家过于重视对有形设施的投入，而相对忽视对无形资产的投入，这样就削弱了整个国家的竞争力。所以，中央政府和区域政府就必然要培植新兴产业来取代衰落产业，以便能在区内外获得广泛的市场，增强区域经济的活力。这就是由政府主导的地区范围内的产业兴衰与转化过程。例如，德国的鲁尔区在 19 世纪是德国煤炭钢铁产业的集中地，并因此成为全国的经济中心。20 世纪 20 年代起，沿莱茵河流域发展起来的现代制造业逐渐成为德国的主导产业；70 年代后兴起的电子电器等新兴产业更是远离鲁尔。而煤炭钢铁产业逐渐衰落，1956～1976 年，鲁尔区的煤产量减少了将近一半，有 90 个矿关闭，区域经济也随之衰落。但是，德国联邦政府和鲁尔区所在的北威州政府较早地预见到煤炭钢铁产业的衰落趋势，并采取有力措施进行结构调整。目前，鲁尔区虽然仍保持着以冶金和重工业为主体的基础工业结构，但轻工制造业、服务业、电子信息产业等接续产业所占的比重已显著增加。鲁尔区成功地实现了产业的转化，保持了区域经济的稳定与繁荣。

在中国，也有由区域政府主导的地区范围内的产业衰退与转化的成功事例。山西省煤炭资源十分丰富，因此几十年来，其煤炭产业一直很兴旺，成为该省的支柱产业。但是，近年来，煤炭产业处于衰退之中。山西省就综合利用它的资源优势，实行产业转化，大力发展电力、炼铝等新兴产业。首先是把煤炭变为电力。2002 年开工建设的电厂装机容量就达 760 万千瓦，以后还将有更多的电厂开工。其次是煤电铝联产。山西铝矿资源也很丰富，如果煤电铝联产，由于铝矿和电能成本大大低于全国同行业（山西铝厂、山西关铝股份有限公司、振兴集团等企业氧化铝和电解铝的成本只有国内同行业的60% 左右，甚至更低），这样就可以提高山西铝在国内、国际市场上的竞争力。现在年产 100 万吨氧化铝的山西铝厂，自备 60 万千瓦的电厂已经动工，山西关锅股份有限公司年产 20 万吨电解铝项目正在紧张施工。不久的将来，山西可望成为我国重要的铝工业基地。山西就是成功地利用资源变更、推动产业兴衰与转化的一个例子。

三、产业兴衰与转换的影响因素

产业兴衰与转化是产业发展的必然规律，但产业兴衰与转化的快慢程度受到许多因素的影响。主要的影响因素有如下几个方面：

（一）消费需求的变化

马克思在《政治经济学批判》导言中说过："没有消费，也就没有生产。因为如果这样，生产就没有目的。""消费的需要决定着生产"。消费需求的变化是产业发展的内在推动力，消费总量与结构的变化都会引起相关产业的兴衰与转化。消费分为个人生活消费和生产投资消费，但是，生产投资消费最终仍取决于个人生活消费的需求。下面着重分析个人生活消费需求的变化对产业兴衰与转化的影响。消费需求的变动主要与如下因素密切相关：

1. 消费者收入的变动

美国心理学家马斯洛（Maslow）指出，人的需要按先后顺序可分为生理需要、安全需要、社交需要、尊重需要和自我实现需要。这就从宏观上揭示了消费者需要的层次以及变化的规律。罗斯托（Rostow）的"欲望更替论"、恩格斯关于人的生存、享受、发展三个需要层次的划分都说明了这个问题。实际上。这种需要层次的变化是与消费者收入的提高相对应的。德国社会统计学家恩格尔（Engel）发现的"恩格尔定理"更是清楚地表明，随着人均收入水平的提高，人们的消费结构由购买食品、衣服为主转向购买电视机、音响、洗衣机、电冰箱等耐用消费品，转向娱乐、社交和旅游。消费结构的这种变化就相应地刺激了耐用消费品产业和旅游、娱乐等服务性行业的发展，进而影响到相关产业的兴衰与转化。例如，随着中国人均收入的提高，轿车正在成为一个新的消费热点，根据原国家计委一个技术经济课题组的预测，中国轿车的总需求量 2000 年为 130 万～160 万辆，而 1998 年的年产量仅为 40 万～50 万辆。2005 年的需求量为 220 万～270 万辆，2010 年达到 350 万～440 万辆，以 1998 年的生产能力为基数，则到 2010 年其增长速度将至少达到 16%。因此，轿车制造业在中国是一个很有发展前途的新兴产业。许多地方政府都把它作为支柱产业来大力发展。

2. 人口的变化

人口因素包括人口数量和人口结构。人口数量的增减直接影响需求总量的变化。19 世纪后半期，西欧人口迅速增加，巨大的市场需求为美国农民提供了一个推销过剩产品的市场，使美国农业超越了自给自足的阶段，成长为支配着美国这个时期经济增长的主导产业。人口结构的变化也影响到需求结构的变化，进而影响到相关产业的兴衰与转化。按照联合国的划分标准，60 岁以上的人口占人口总数的 10% 时，就属于老龄化社会。2000 年，中国 60 岁以上的人口占人口总数的 10.19%，中国已经成为老年型人口的国家。而且，人口老龄化程度还会不断加深。老年人随着年龄的增大和生理条件的变化，产生不同于中青年人的特殊的物质需要和文化需要，这将极大地推动各类为老年人服务的产业的兴起和发展。近年来，老年医疗保健业、老年家庭服务业、老年保险业和老年娱乐业等产业已应运而生。可以预见，未来这些产业将获得长足发展。

3. 消费者偏好改变

消费者偏好是指消费者对某一商品的接受程度，它会导致该商品需求量的改变，从而影响到相关产业的兴衰与转化。如烟草业的衰退很大程度上是由于香烟的社会认可度正在急剧下降。而近年来由于失窃现象增加，人们的不安定感增强，因而人们花费大量的钱财购置防盗门、防盗窗，结果大大刺激了这些产业的发展。有专家预言，随着消费者偏好的改变，以基因工程为代表的生物工程产业，以改变人们的工作、生活、学习等为目标的信息产业，改善人们居住环境的环保产业将成为未来的热门产业。

4. 国际贸易

当今世界上，国与国之间的经济贸易关系越来越紧密，相互的依赖性也越来越强。如果说需求对产业发展有很大影响的话，那么世界市场的需求则是一个重要的组成部分。国外产品的大量进口，或本国产品的大量出口，都将影响到一个国家或地区相关产业的兴衰与转化。中国聚酯切片产业的兴衰就是一个明显的例子。聚酯切片是重要的化工原料，国内的年需求量达 350 多万吨。按正常情况，该产业年利润可达几十亿元。但是前些年，国外采取不正当竞争手段，实行产品倾销，致使中国该产业一年亏损 170 多亿元，陷入产业衰亡的困境。2000 年 8 月，中国对国外产品实行反倾销立案后，国外产品的进口骤减，国内聚酯切片产业立即开始出现转机，从亏损转为盈利，产业正处于兴旺时期。

（二）供给的变化

资源是经济发展的重要物质基础，一国或地区资源供给状况对该国或地区产业的发展与变化起着极大的作用。资源供给是指自然资源、人力资源、生产技术等资源拥有状况和各自供应价格之间的构成。

1. 自然资源

自然资源禀赋在很大程度上制约着一个国家或地区的产业发展状况。地下资源状况对于采掘工业、燃料动力工业以及重工业结构更是有着决定性的影响。一国或地区在发展产业时，也往往会注意发挥资源优势，优先发展同本国可以开发利用的丰富资源相关的产业，以积累资金进一步发展其他产业。所以。许多国家或地区的产业结构都带有本国或本地区资源结构的印记（杨公朴，2002 年，第 37 页）。当然，自然资源对一国或地区产业的影响程度，在不同经济发展阶段是不同的。一般来说，经济技术较落后，则资源供给结构能在较大程度上左右其产业结构；随着经济发展，生产技术水平提高，则该国或地区资源状况对产业结构的演化所起作用要小得多，一是因为有关产业发展所需资源可以通过进口来弥补；二是因为区域政府可以未雨绸缪，推动相关产业转化。

新疆克拉玛依市的主导产业是原油开采业。近年来，随着国内采油量的扩大、进口原油的增多，区域经济面临衰落的迹象。克拉玛依市充分利用现有资源、设施和技术优势实施产业转化，在原有基础上发展石化产业，生产低温液压油、超高压变压器油、冷冻机油、高等级道路沥青、防水沥青等多种产品，并着手开发大农业，区域经济的替代产业和新的支柱产业初步形成。

2. 人力资源

人力资源是指具有生产劳动技能的劳动者的供给量。人力资源对一国或地区产业兴衰与转化的影响主要表现在以下几个方面：

第一，人力资源的供给结构对一国或地区产业的发展变化会产生重要影响。一般地说，劳动力资源供给充裕，其价格便宜，就会促使劳动密集型产业得到较快发展；若劳动力资源供给稀缺，价格上升，那么，劳动密集型产业就会相对衰落，代之而起的将是资金密集型和技术密集型产业。

第二，作为生产力三要素中具有能动性的要素——劳动者，其文化素质、知识结构、生产技能的状况，将在较大程度上影响产业发展。低质量的劳动力，只能适应低技术含量的产业；反之，拥有现代知识和文化素养的高质量的劳动力，必将推动技术密集型产业的发展。近年来，印度计算机软件产业异军突起，其产品出口势头强劲，2000～2001年，软件产品出口达62亿美元，成为仅次于美国的第二软件出口大国。其软件产业的飞速发展，与软件人力资源的状况是密切相关的。目前印度已拥有140万软件编程人员，同时每年还有5万多名软件编程人员从技术学校以及大学毕业。另外，印度拥有的英语科技人才储备之多仅次于美国，居世界第二位，这使得印度在世界软件领域中如鱼得水。

3. 技术进步和创新

技术是人类社会进步的主要推动力。技术进步和创新是社会经济发展的必然趋势，也是产业兴衰与转化的催化剂。技术进步和创新推动产业兴衰与转化的基本方式主要有以下几种（薛敬孝等，2002年，第12页）：

第一，产业新建。一项新技术在成熟以后经过适当的创新活动并与资本和劳动力相结合形成新的产品，新产品往往符合需求的方向，一般需求弹性较高，能迅速实现产业化应用，导致某一新产业的形成。自18世纪以来，人类社会曾经发生过三次产业革命，每一次产业革命的发生都是以技术革命为前提和动力的。第一次产业革命是由蒸汽机的发明启动的，并由此形成了一大批以蒸汽机为动力的新兴制造业和交通运输业，促使一大批存在了千百年之久的以人力和畜力为动力的传统产业的衰落。第二次产业革命以内燃机和电动机的发明使用为代表，电能取代蒸汽能，催生了汽车、飞机、家用电器等许多新兴产业。第三次产业革命是以集成电路为核心的信息技术革命，计算机和电子产品渗透到了人类社会的每一个角落，形成了数量更庞大、分工更精细的现代产业体系，产业规模和门类也达到了前所未有的水平。技术对产业演进的影响力达到了难以想象的程度。

第二，产业分化。一项新技术刚产生时，一般来说，其应用范围比较有限，主要集中在有限的几个产业里。随着技术的应用和成熟，在原有技术主干上生长出很多技术分支，这些经过分工细化的技术把原有的产业分化为若干新的独立的产业，从而形成新的产业群。如以微生物、酶、细胞和基因为基础的现代生物工程技术逐步发展为微生物工程、酶工程、细胞工程、遗传工程、蛋白质工程等一系列生物工程产业。

第三，产业升级。一项新技术成熟之后，将其运用到原有的产业中去，对现存产业进行技术改造，可以增加产出，提升该产业的竞争力，促使该产业升级或振兴。例如，在新技术革命的推动下，第一产业中的种植业、畜牧业、林业等传统产业借助于电子信息技术、光电技术、环境技术、空间气象技术成果和农业技术培训，正在向高科技服务化农业发展，农业生产正在实现人工智能化、绿色化及多功能化，农业产业有望实现升级和振兴。

第四，产业替代。技术进步和创新所催生的新建产业往往符合需求的方向。能够满足潜在的需求或创造新的需求，使人们对原有产业产品的需求下降，从而造成产业的兴衰与转化。有的新兴产业完全替代了旧产业，使旧产业在较短的时间内衰退或衰亡，如集成电路对电子管产业的替代即是如此。有些由于受到人们消费习惯的影响，替代程度较轻。如报纸、电台、电视台、互联网是相继出现的传媒产业，虽然每一个后来出现的产业都是前面存在产业的替代产业，但原有产业并没有消亡，而是新 IT 产业共存。

（三）政府产业政策的作用

产业政策是政府将宏观管理深入到社会再生产过程之内，对以市场机制为基础的产业结构、产业技术、产业组织和产业布局变化进行定向调控，以实现某种经济和社会目标的一系列政策的总和。（史忠良，1998 年，第 381 页）其本质是国家对经济生活的干预。从理论上来看，作为凌驾于社会之上的公共权力。它是完全有能力对包括产业在内的社会活动施加巨大影响的。实践上，产业政策的推行由来已久，它既是源于政府要克服市场缺陷的需要，也是发展中国家实施"赶超战略"的需要，更是世界各国应对激烈的国际竞争的需要。特别是当前，经济全球化深入发展，国际经济关系和国际分工体系正在经历前所未有的变化，各国经济都面临着新的机遇和挑战。在这种形势下，无论是发达国家，还是发展中国家，都迫切需要以产业政策为基本工具，充分发挥政府的经济职能，发展优势产业，增强本国产业的国际竞争力。

产业政策对产业兴衰与转化的影响是全方位的。从静态上看，产业政策包括产业结构政策、产业组织政策、产业技术政策和产业布局政策。从动态上看，产业政策主要通过以下一些措施来实现：

1. 财政措施

第一，政府的资金支持。资金是产业发展的重要因素。当今新兴产业都是资金密集型和技术密集型产业，一刻都离不开资金的支持。而对于衰退产业来说。不论是部分企，还是产业升级换代，更是一刻也离不开资金的支持。因此，要使产业顺利地发展与转化，政府应给予资金上的必要援助，具体方案既可以由政府投资或财政补贴，也可以学习国外的做法，设立产业调整及援助基金。基金可采取国家财政收入形成、通过发行债券筹集、企业和社会各界的赞助等方式，即基金来源应是多渠道的。通过基金的设立，政府可以对新兴产业进行扶助，对从衰退产业中退出的企业给予优惠待遇，如企业若封存和淘汰设备，进行新投资时，可以按比例得到优先或优惠贷款；也可以采取政府向企业"购买"旧设备，然后将其废弃的方式，即所谓"收购"报废方式；还可以通过发放转产补贴、政府订货等方式促进资本转移，加速新产品开发。如上文提到的德国鲁尔区在成功实现产业转化的过程中，政府投资的作用功不可没。德国政府对关闭、转产的煤矿实行了全方位的资金扶助，包括为减产或关闭的矿山提供补贴及善后处理费、失业保障金的拨款、对企业创新中心和企业园圃的资助、对创造就业岗位的补贴、对转型机构和培训中心的资助等。另一方面，德国政府也未放松对高新技术产业的资助。德国联邦政府科技部对中小高新技术企业的研究、开发资助通过补助金方式提供无偿资助，20 世纪 90 年代以来，每年的资助金一直保持在 6 亿马克的高水平上。

第二，税收导向。税收政策是引导和调控全社会投资方向的重要经济杠杆，政府可以通过减免税引导银行或民间资本的流向，进而影响产业发展。印度是一个发展中国家，人口众多，但是，近 10 年来，印度软件产业一直高速增长，已经成为仅次于美国的世界第二大软件出口国。这与该国采取的一系列税收优惠政策不无关系。自 1981 年开始，印度对在自由贸易区生产电子出口产品的企业取得的利润和所得，实行连续 5 年免税，并大幅度下调软件的进口关税。这些措施无疑刺激了该国软件产业的发展。为了促进本国产业发展和维护本国产业的利益，一国政府常常在对外贸易上灵活应用税收政策。为限制某些商品的进口则实行高关税或阶梯式关税，对急需进口商品则实行减税，为鼓励出口实行出口退税或减税。如美国为了保护本国的农业，对进口粮食征收高达 50% 的关税；对出口的粮食则进行高额补贴。欧共体同样对粮食进口规定了"门槛价格"，并按照"门槛价格"与国际市场价格的差额对进口粮食征收"撇油关税"。

第三，加速折旧。折旧是把某一固定资产的价值在某一时间过程中，以一种合理的方式逐年摊销掉。折旧方法的选择关系到企业和国家利益分配的问题，在国家政策允许的条件下，企业实行加速折旧，实际上是享受了一种减税优惠政策。它有利于提高项目的内部收益率，缩短投资回收期，加快企业资金的回收和资金偿还，推动企业的设备改造和技术更新，从而有利于新兴产业的发展和衰退产业的振兴或转化。衰退产业是在经济发展过程中成长性较差的产业，但其中的一些行业如钢铁、纺织、煤炭等又是经济生活中不可缺少的部分。因此，在促使衰退产业整体规模收缩的同时，有必要对其中一些具备一定规模、产品有市场的企业给予必要扶植，鼓励其加快技术改造，实现产品转型与换代。其措施之一就是逐步推行加速折旧制度，以法令或政令的形式，规定有关行业设备的报废量和报废时间，提高设备的折旧率。同时，对形成的折旧基金应全部归企业所用，并从制度上鼓励、监督企业把折旧基金真正用到更新改造和技术创新上来。对衰退产业中的另一些无规模经济、产品无销路、扭亏无望的企业，则应限制其扩张，通过加速折旧，加快设备淘汰。美国政府为了鼓励高新技术产业的发展，对供开发研究使用的仪器设备实行快速折旧，折旧年限为 3 年，是所有设备中折旧年限最短的，这对于企业更新设备和采用新技术发挥了巨大的促进作用。

2. 金融措施

推动产业政策实施的金融措施，主要包括贷款差别利率、贷款不同期限、贷款政府担保等。运用这些措施主要是针对那些需要支持的衰退产业或新兴产业，规定比较优惠的商业贷款利率，或以较长的贷款期限提供政府贷款，或为银行贷款提供政府担保。在政策性金融措施中，起主要作用的一般是政府金融机构。（戴伯勋，2001 年，第 102 页）

在运用政策性金融措施来推动产业发展方面，最典型的要数日本。战后日本政府有效地实施产业政策，要求金融机构利用信贷、利率等金融杠杆积极支持开发新兴产业，对促进战后日本经济的迅速恢复和发展起到了积极的作用。战后初期，日本企业内部资金严重不足，1948 年制造业企业的自有资本率仅为 11.8%。为迅速发展基础产业，改造和更新设备，政府设立了专门负责对基础产业等重点部门贷款的"复兴金融公库"，以财政拨款和发行复兴金融债券的方式筹措资金。日本银行则以扩大货币发行的办法承购复兴金融债券和弥补财政亏空。在日银信用的支持下，复兴金融公库对煤炭、钢铁、电力等基础产业部门的贷款，截至 1949 年 3 月总额达 869 亿日元。1951 ~ 1955 年，日本开发银行向四大基础产业部门提供了高达 2720 亿日元的贷款。巨额的贷款对推行"倾斜生产方式"的产业政策起到了积极的作用。20 世纪 50 年代中期以后，日本政府推行了以发展重化工业为中心的产业政策，政府金融机构的贷款重点也随之转移到重化工业上来。1973 年以后，日本经济进入了低速增长时期，政府金融机构的贷款重点则转移到开发城市和防止公害、改善环境等产业上，继续为民间企业的发展创造条件。同时，日本政府还制定《临时利率调整法》限定最高利率，确保基础产业的投资效益。40 年代末至 50 年代初，日本政府严格控制金融市场利率，政府不发行国债，只允许极少数大企业发行公司债券，绝大部分企业均通过银行贷款筹措资金。政府采取这种间接金融政策，有效地限制了利率水平，大大降低了基础产业部门的融资成本。

3. 行政措施

行政措施是指政府运用行政权力来调整产业经济活动的硬性手段。它的涉及面是相当广泛的，主要的行政措施有如下几个方面：

第一，推动产业转移。产业转移是指把本国或本地区已经没有优势的产业向外国或别的地区转出、把本国或本地区拥有优势的产业转入的经济活动。产业转移是国家或地区推动产业振兴与转化的重要途径。对于市场前景好，本地具有资源、技术、人才等优势的产业，要积极扶持或引进，促进其兴起；对于受原材料供给、生产场地、生态环境等因素制约，不适合在当地发展，但仍具有一定市场需求、尚有一定发展空间的产业，应考虑将它们向其他更具地域优势的地区转移。20 世纪 60 年代，亚洲"四小龙"承接了由日本、美国等发达国家转移出来的纺织业、食品业等劳动密集型产业，促进了这些产业在本国和本地区的成长。到 70 年代，随着经济的发展，亚洲"四小龙"政府认为，劳动密集型产业在本国和本地区的比较优势正在逐步丧失，于是又把它们向经济发展水平更低的国家和地区转移，这又导致了这些产业在"四小龙"地区的衰退。

同一国家的不同地区之间同样也存在着产业转移。比如，纺织业长期以来是中国东部沿海地区的优势产业。但是，改革开放以来，由于区域经济的发展，东部地区的纺织业开始面临资源匮乏、投资回报率普遍下降等问题，中央政府和地方政府就极力倡导纺织业向中西部地区转移，"九五"期间完成了 200 万锭的转移任务，实现了预订的使纺织业在东部地区部分退出和在中西部地区兴起的计划。

第二，制定人力资源方面的特别对策。现代经济中，劳动分工越来越精细，劳动技能和知识越来越专业化，因此劳动力的专用性也越来越强。尤其是当今新兴产业都是高技术产业，需要的是接受过专门训练的高素质劳动者。但是，对于新进入者来说，短时间内难以获得齐备的核心人才以及足够的熟练劳动力。对于衰退产业来说，又存在劳动力转移的障碍。因为一旦离开原有产业，工人所获得的技能、专有技术和信息的价值就会大打折扣，因而发生再就业困难，造成失业。大量的职工失业和下岗又会影响社会稳定，制约产业的衰退和转化。对此，仅靠一般的社会保障体系是不够的，需要政府制定人力资源方面的特别对策。对于新兴产业所需要的人才和劳动者，要加大培养力度。对于失业和下岗人员，要采取特别措施，例如，由政府设立或资助职业介绍机构，为劳动者提供就业信息和就业指导；联合有关高等院校和中等专业学校建立职业培训机构，组织职工转岗培训和技能训练，提高职工再就业的能力；对录用调整行业失业职工的企业，政府可以给予一定的补贴，一般可按再就业者工资的某一比例在一定时期内发放；雇佣特定行业失业职工达到一定比例的企业，可享受贷款、税收等方面的优惠；延长失业保险金的支付期限和增加失业补助金额；采用提前退休制；鼓励下岗职工组织起来从事各类社会及经济活动，政府在企业注册、税收、贷款等方面给予优惠，并从技术上给予必要援助。德国政府针对鲁尔区产业转型的情况，根据再就业和产业发展的需要，组建了若干不同类型、不同专业、不同所有制、不同层次的培训中心，对关闭企业的人员进行分门别类的培训。培训中心还与各招工局联网，向每个培训者提供两个以上的就业机会。政府还为青年矿工转岗培训提供"转业培训津贴"。为鼓励企业吸纳关闭企业的劳动者，政府根据企业接纳原矿工数量提供补偿，补偿额为接受就业职工工资额的 60%～80%，补偿时间为 3～12 个月。

此外，行政措施还包括配额制、许可证制、审批制、政府直接投资经营、政府订购、行政指导、市场秩序管制、信息服务和制度改革等手段。

4. 法律措施

法律措施是指依靠国家法权力量，通过经济立法、司法和守法来调整产业中的经济关系，维护市场秩序，促进产业发展。运用法律措施来推行产业政策是市场经济和法治社会的需要。因为，如果制定和实施产业政策缺乏法律基础和法律依据，就容易产生"政策多变"，"上有政策、下有对策"等弊端。所以，为了确保产业政策的稳定性和有效性，必须把产业政策的制定和实施同法制建设、市场体系建立及机构改革联系起来，逐步建立完备的法律体系和相对独立的执法系统，用法律规范企业的权力和责任，约束企业的市场行为，使产业政策趋于法律化和规范化。（戴伯勋，2001 年，第 103 页）

法律措施对产业发展的影响是巨大的。例如，20 世纪末，美国 50 多万名吸烟者集体控告美国的五大烟草公司。2000 年 7 月 14 日，佛罗里达州的一个陪审团判决美国五大烟草公司付给吸烟者 1450 亿美元的赔偿。这是美国历史上陪审团判决制造商应为自己的产品付出惩罚性赔偿数额最大的一次，这无疑加速了烟草业的衰落。这一官司的被告律师更是一针见血地指出，这一判决等于给烟草业判了死刑。再比如，20 世纪 80 年代以来，许多发达国家与新兴国家都通过法律措施来保障高新技术产业的发展，在相关法律中都加入了鼓励和有利于高新技术产业发展的条款。巴西制定了《科技进步法》，规定全国对科技的投入必须保持每年 5% 的增长率，到 1999 年，该国对科技的投入达到了国民生产总值的 1.5%。巴西政府还于 1991 年修改了《信息法》，该法对减免税作了具体的规定。

此外，一个国家或地区所处的外部环境、文化传统、民族习惯和政治行政制度等，都会对产业的兴衰与转化产生一定的影响。总之，影响产业兴衰与转化的因素是多方面的，这些因素之间又是相互联系、相互作用的。产业兴衰与转化是合力共同作用的结果。

四、产业兴衰与转化的理论依据

（一）马克思的经济周期理论

马克思首创唯物辩证法的分析方法使他独辟蹊径地研究了经济周期问题，即深入到资本主义经济体系的内在矛盾中寻找经济周期的制度成因，把经济周期界定为资本主义私人占有方式和社会生产力之间矛盾冲突的展开形式，从而把资本主义制度和经济周期紧密地联系起来。马克思在《资本论》一书中，就深刻地研究了资本主义的经济周期问题。对此，西方经济学的一些著名经济学家不仅受其启发，而且对其倍加赞赏。约瑟夫·熊彼特（Schumpeter）曾高度评价马克思的经济周期理论，称马克思为"当代周期理论之父"。

关于资本主义经济周期，马克思曾有多方面的论述。其成因集中到一点，是生产和消费的对抗。正如恩格斯所说："市场的扩张赶不上生产的扩张。冲突成为不可避免的了，而且，因为它在把资本主义生产方式本身炸毁以前不能使矛盾得到解决，所以它就成为周期性的了。资本主义生产产生了新的'恶性循环'。"[①] 马克思指出："要想得到和各种不同的需要量相适应的产品量，就要付出各种不同的和一定数量的社会总劳动量。"[②] 社会分工越发展，生产的社会化程度越高，按比例分配社会劳动规律对社会再生产的作用就越大。但是，无论是资本主义经济还是社会主义经济，作为社会化大生产条件下的市场经济，在其运行过程中，部门之间、行业之间、地区之间以至于国家之间的发展不平衡是必然的、绝对的。有的发展快，其产品有一部分过剩；有的发展慢，其产品不能满足社会需求。当这种不平衡达到一定程度，出现比例严重失调时，企业在生产经营中就难以得到价值补偿和实物替换，社会再生产就难以正常进行下去。因此，必须在新的基础上实现新的平衡。这种

---

① 《马克思恩格斯选集》第 3 卷，人民出版社 1972 年版。
② 《马克思恩格斯选集》第 4 卷，人民出版社 1972 年版。

平衡与不平衡的周期性交替，必然要导致经济增长的周期性波动。在这里，马克思实际上提出了产业周期的一种形式——产品周期。

此外，马克思在分析资本周转时也谈到经济周期问题。他指出，预付资本的价值周转周期"是由所使用的固定资本的寿命决定的，从而是由它的再生产时间或周转时间决定的……这种由若干互相联系的周转组成的包括若干年的周期（资本被它的固定组成部分束缚在这种周期之内），为周期性的危机造成了物质基础。在周期性的危机中，营业要依次通过松弛、中等活跃、急剧上升和危机这几个时期。虽然资本投下的时期是极不相同和极不一致的，但危机总是大规模新投资的起点"。① 由此可以看出，社会再生产要能够顺利进行，必须保持两大部类以及各个生产部门之间一定的比例关系，而固定资本的实物补偿特点决定了一部分生产资料的价值不能及时、也无需获得实物补偿，要转为贮藏货币游离于社会再生产过程之外，从而打破了再生产中的平衡关系。这种货币资本的生产过剩，实际上只是生产过剩的表象和反映。要实现社会生产按比例发展是相当偶然的，而非均衡则是经济运行常态。"因此，就整个社会考察，危机又或多或少的是下一个周转周期的新的物质基础。"② 总之，马克思关于资本主义经济周期规律的论述，一定程度上包含了产业发展、成长与衰退的规律，为我们的研究提供了理论指导。

（二）斯密的市场分工理论

古典经济学之父亚当·斯密（Adam Smith）在他的经典著作《国民财富的性质和原因的研究》中提出了市场分工理论。他写道："分工起因于交换能力，分工的程度，因此总要受交换能力大小的限制，换言之，要受市场广狭的限制。"③ 20世纪以前的经济学家们对斯密的劳动分工提高生产率的原因做了细致的修改。归结为：一是劳动者的技巧因专业而日进。分工使人们的工作单一化和简单化，从而使人们的精力和智慧得到集中使用，这如同透镜集中光源可以使物体燃烧的道理一样，其结果是大大提高了劳动者的技能。二是节省劳动时间。斯密把时间的节约只归为消除劳动工作的转换所耗费时间的节约。后来的经济学家们在更广的意义上运用这一原理。查尔斯·巴贝奇（Charles banach）提出了被马歇尔称为"伟大的经济生产原理"的技巧经济，巴贝奇指出，"当有利的工作步骤划分和每一步骤所需要的工人人数被确知

---

① 马克思：《资本论》第2卷，人民出版社1972年版。
② 马克思：《资本论》第2卷，人民出版社1972年版。
③ 亚当·斯密：《国民财富的性质和原因的研究》，商务印书馆1972年版。

时，所有的不按照这种方式进行生产的工厂，就会以较高的成本进行生产。"①
这一思想在马歇尔规模经济的著名论点中，成为大规模生产的一个主要因素。
正是基于这一原理，美国工程师泰罗（Tyler）在 19 世纪最后几年发明了动作
研究和时间研究，以减少生产工序中不必要的多余动作，这种试验使生产率
提高了数倍，被称之为"管理革命"。这种基于企业内工序分工的管理研究，
不仅使美国工业废除了承包制，成为现代企业组织的开端，也是在更大规模
上采用机器的前奏。工业技术制度中的系统化、标准化和通用化也是基于这
一革命性的企业管理改革。三是机器的发明和采用。"简化劳动和节省劳动的
那些机械的发明，看来也是起因于分工"。② 但一般认为，斯密忽视了机器生
产对分工发展的深远影响。马克思对此进行了较深入的分析，"机器生产用相
对少量的工人所提供的原料、半成品、工具等的数量日益增加了……（机器
生产）使它所占领的行业的生产力得到无比巨大的增加"。③ 此外，斯密还分
析了社会分工的发展顺序。他认为，社会分工的"自然顺序"是农业—工业
—商业。

斯密的市场分工理论尽管存在较大的缺陷，但这是最早系统阐述分工理
论的，其贡献在于强调了分工对提高劳动生产率的巨大效应及其原因，即企
业作为一种分工组织，其存在的理由就是为了获取规模经济的利益，分工使
更高的产量以更低的成本获得，因此单个企业的成长与分工的程度正相关。
同时随着分工的自我繁殖，新企业会不断形成，因此一国经济中产业和企业
的数量也与分工的程度正相关。而且，斯密的市场分工理论影响了后一辈的
经济学家，包括马克思、马歇尔、施蒂格勒（Stifler）等。诺贝尔经济学奖得
主施蒂格勒就是在斯密的市场分工理论基础上提出了产业生命周期理论，并
产生了重要影响。

（三）马歇尔的企业成长理论

马歇尔是新古典经济学的奠基者。他在坚持规模经济决定企业成长这个
古典观点的同时，试图把它与稳定的竞争均衡条件相协调。斯密以后的古典
经济学家均忽视对稳定的竞争均衡条件的分析，因此把企业随分工成长会导
致垄断问题暂时放置一边，普遍接受分工的规模经济利益决定企业成长这一
观点。但当马歇尔试图综合稳定的竞争均衡条件与古典的企业成长理论时，

---

① 转引自《新帕尔格雷夫经济学大辞典》第一卷，经济科学出版社 1992 年版。
② 亚当·斯密：《国民财富的性质和原因的研究》，商务印书馆 1972 年版。
③ 《马克思恩格斯全集》23 卷，人民出版社 1972 年版。

这两者之间的理论矛盾就无法回避了。于是，他通过引入外部经济、企业家生命有限性和居于垄断的企业避免竞争的困难性这三个因素，把稳定的竞争均衡条件与古典的企业成长理论协调起来。马歇尔认为，由于企业规模的扩大会导致灵活性的下降，从而竞争力下降，成长的负面效应最终会超过正面效应，使企业失去成长势头，更重要的是随企业的成长，企业家的精力和寿命均会对企业成长形成制约，而且新企业和年轻企业家的进入竞争，会对原有企业的垄断地位形成挑战，从而制约行业垄断结构的维持。

同时，马歇尔还用进化论对产业演进进行了精辟的分析。他把每个产业看做是由一系列在规模、年龄、知识、组织等方面都有差异的企业所组成的，而且，产业结构不是由外部条件决定的，而是在经历一个渐进的历史发展转变过程后初步形成的。他指出，"单个企业的成长和衰落是经常性的，而一个产业则可以经受长期的波动，甚至会出现长期平稳向前发展的态势。就像一棵树的叶子会长大、成熟、飘落许多次，而树却可以年复一年地不停向上长一样"。[①] 马歇尔对产业演进的研究是建立在企业成长理论基础上的，他认为企业不仅要创造一种内部组织，而且要创造一种外部组织。外部组织的创建需要一定的时间和投资，"在特定的情况下可能与建一座工厂要一样多的投资"。[②] 继马歇尔之后，一些学者对企业成长理论继续进行了创造性研究，包括以科斯（1937）和威廉姆森（1975 年和 1985 年）为代表的新制度经济学的企业成长理论，以钱德勒（1977 年）和马里斯（1964 年）为代表的管理者理论的企业成长理论以及以彭诺斯（1997 年）为代表的规模经济理论等。尤其彭诺斯出版的《企业成长理论》一书，首创从企业内部来解释企业的成长，从而成为企业成长理论的开山之作。她认为，"企业成长理念的内核可以非常简单地加以表述"。在她看来，企业无非是"建立在一管理性框架内的各类资源的集合体"，其功能则是"获取和组织人力与非人力资源以赢利性地向市场提供产品或服务"，"企业的成长则主要取决于能否更为有效地利用现有资源"，并认为"成长是一个过程，规模是一种状态"。[③]

（四）施蒂格勒的产业生命周期理论

施蒂格勒发展了斯密定律，提出了产业生命周期的假说。他以企业的功能划分为基础，根据产业寿命周期分析了企业成长的一般规律，重新解释了

① marshell, A. Principle：A macmillan, 1920, p. 457
② marshell, A. Principle A macmillan, 1920, p. 500
③ Edith Penrose, The Theory of the Growth of the Firm, Oxford University Press, 1997, p. 80

基于规模经济利益的企业成长与稳定的竞争均衡条件相容的原因。在一个产业的形成初期，市场规模较小，这个阶段的企业成长主要通过企业内部的分工来实现，企业大多数是"全能"企业。随着产业和市场的扩大，原有企业通过专业化程度的提高实现规模的扩大，另一方面产业的社会分工扩大则导致企业数量的增加。因此，在这个阶段两个范围的企业成长同时出现。

根据施蒂格勒的产业生命周期理论，在一产业的新生期，市场狭小，因此再生产过程的各个环节规模较小，不足以一一分化出来由独立的专业化企业承担，所以这个时期该产业的企业大多是"全能"企业，分工主要表现为企业内部分工——企业参与从材料生产到产品销售的全过程；随着产业的发展和市场的扩大，各再生产环节的规模大到足以独立进行时，企业内部分工便转化为社会分工，各专业化企业会出来承担各个再生产环节；在产业的衰落期，随着市场和生产规模的缩小，各再生产环节只能重返"娘家"，社会分工又转化为企业内部分工。这个产业生命周期可以见图1－1。

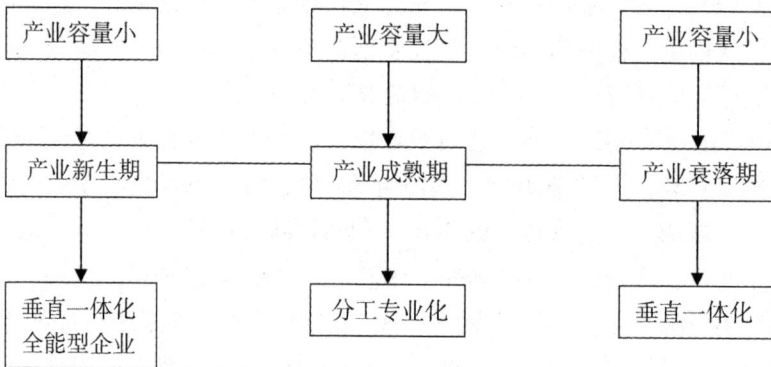

图1－1　产业生命周期

具体地说，施蒂格勒从斯密定律出发论证了随市场容量和劳动分工的变化，厂商功能的变化和产业整个生命周期变化的特征。施蒂格勒论述道："如果我们观察产业的整个生命周期，必然能发现占主导地位的趋势是垂直非一体化，年轻的产业对现存经济系统来说，是'陌生人'。它们需要新种类或新品质的原材料，所以只能自己制造；它们必须自己解决其产品使用中的技术问题而不能等待潜在使用者来解决；它们必须劝诱顾客放弃其他商品，而不可能找到专业化的商业机构来承担这一任务；它们必须自行设计、制造专业化设备；自己培训技术工人（从历史上看，通常是国外输入）。当该产业具有一定规模且前景看好时，许多上述工作的数量便会多到足以移交给专业化厂商去完成……最后，当该产业开始衰落时，那些起辅助、补充作用的分支产业也会衰落，该产业中的残存厂商不得不重操旧业，承担起那些不再足以维持独立厂商的功能。"[①] 施蒂格勒还以纺织机械业为例说明了产业的演进过程：起初，该产业是纺织业的一部分，每个纺织厂都有一个制造和修理机器的车间；然后，随着专业化在水平、垂直向两个方向发展起来，机车制造、机械工具制造、纺织厂设计、直接销售等一一分化出去。

此外。经济学家和管理学家分别研究了产品生命周期理论、企业生命周期理论等，对产业兴衰规律进行了有益的探索。其中，亦农（1966 年）的产品生命周期理论是影响较大、特点也较突出的一种。他认为，产品在市场上的表现呈现周期特征，该周期可大体划分为三个阶段，即新阶段、成熟阶段和标准化阶段，各个阶段与企业的区位决策、出口抑或国外生产决策均有联系。1979 年，亦农对产品生命周期理论作了重要修改，以期突出跨国公司经营的寡占特征。产品生命周期的三个阶段被重新命名为创新寡占阶段、成熟寡占阶段和弱化寡占阶段。格雷纳（1972 年）和阿力兹（1989 年）则提出了对企业理论有重要影响的"企业生命周期理论"。这些理论用动态的观点较好地解释了企业发展的一般规律。此外，核心能力的动态发展也呈现出一种生命周期的演化趋势。

（五）雁行理论

所谓"雁行理论"，是指日本著名经济学家赤松要博士于 20 世纪 30 年代提出的一国产业发展具有"雁行形态"的理论，战后经赤松要本人及小岛清、山泽逸平等著名学者加以拓展，使其成为从理论上解释以东亚为中心的亚洲经济发展的颇有影响的一种学说。即用于形容和说明东亚各国（地区）经济依次起飞的客观过程，并被形象地称之为"雁行模式"。

赤松要在 20 世纪 30 年代研究日本的棉纺工业史时，发现明治维新后由于日本近代经济的发展，国内需求增加，棉线、棉织品的进口也随之扩大。不久，国内产量猛增，逐步取代进口产品。随着国内产量的不断增加，出口便开始扩大。即通常经过三个阶段：国外进口——国内加工生产——向国外出口。赤松要把这种进口——生产、进口替代——出口的形式称之为"雁行形态"，如果把这一过程用曲线绘成图形，在图表上呈倒"V"形，就像三只大雁结成雁群在空中飞翔。他把这一过程称为雁行形态的基本型。"雁行形态

① ［美］施蒂格勒：《产业组织和政府管制》，上海人民出版社 1996 年版。

论"最早被用来描述后起国（如战前的日本）某一特定产业（如棉纺工业）产生、发展和趋向衰退的生命周期或过程。

赤松要最初提出这一理论假说，是为了说明明治维新以来日本工业的成长模式，以后被引申和拓展用来解释以东亚为中心的亚洲国家国际分工和产业结构变化的过程。由于这一理论假说及其模型客观地描述了后起国内部产业发展的顺序和走向高度化的具体途径和过程，同时表述了东亚国家和地区依次相继起飞的客观历程，因而享有颇高的知名度。但"雁行模式"的形成是有条件的，当条件发生变化时，该模式也将转换。即这一模式可以说明过去，不一定能说明将来；可以适用于东亚中小国家和地区，但不一定适用于发展中大国。

（六）熊彼特的创新理论

创新理论是由约瑟夫·熊彼特（1912 年）首先提出来的。他在 1912 年出版的《经济发展理论》一书中第一次提出了创新理论。在熊彼特看来，资本主义经济处在不断运动变化发展之中，其本质特征就是运动和发展，所以，经济发展是经济生活中本身所发生的非连续化变化与运动，是某种破坏均衡而又恢复均衡的力量发生作用的结果，这种推动经济发展的内在力量就是"创新"。熊彼特的整个经济理论体系都是以创新为核心来解释资本主义的发生、发展及其变化规律的，他还将经济理论的逻辑分析与资本主义发展的历史过程结合起来，对资本主义经济运行进行了实证性的动态考察。根据熊彼特理论，创新包括五个方面的内容：引进一种新产品或提供一种产品的新质量；采用一种新技术、新的生产方法；开辟一个新市场；获得一种原材料新的供给来源；实行一种新的企业组织形式。[1] 熊彼特认为，资本主义制度下的企业家是有敏锐洞察力的，能预见潜在的市场需求和潜在经济利益，并有胆略、有能力进行创新去获取利益的人。他认为，发明并不等于创新，发明者不等于创新者，只有敢于冒风险把一种新发明最先引入经济组织之中的人才是创新者。在熊彼特看来，企业家进行创新的动机或动力来源于：一是由于他看到创新可以给他本人及其企业带来获利的机会；二是发现一个私人商业王国的愿望；三是征服困难并表明自己出类拔萃的意志力；四是创造并发挥自己的才能所带来的欢愉。在这几种力量的联合推动下，企业家时刻有"战斗的冲动"，存在着非物质力量的鼓励，这就是企业家精神。

---

① 约瑟夫·熊彼特：《经济发展理论》，商务印书馆 1990 年版。

　　熊彼特强调企业家的素质、才能、文化素养、预见性、首创精神、冒险本性等品格对企业发展和社会进步的推动作用。由于创新不仅给创新者及其企业带来获利机会，而且也给其他企业开辟了发展的道路（获利示范效应），所以，创新不仅引起了资本主义的产生，而且推动了资本主义的发展。并且由于创新的产生、创新的普及、创新的消失和新一轮创新的开始，于是就有了资本主义的经济周期性波动（长周期、中周期和短周期变化）。熊彼特用源于企业有其企业家的创新理论来解释资本主义经济的周期性波动是其理论的特点。

　　1950 年熊彼特教授去世后，西方经济学家对其创新理论进行了进一步的发展和完善，并形成了当代西方创新经济学。它主要包括三个方面内容：一是以技术变革和技术推广为对象的技术创新经济学；二是以制度变革和制度建设为对象的制度创新经济学；三是产业创新理论。

　　20 世纪 70 年代，经济学家 M. 卡曼（M. claman）、N. 施瓦茨（N. Schwartz）等人从垄断与竞争的角度对技术创新的过程进行了研究，探讨了技术创新与市场结构的关系，提出了最有利于技术创新的市场结构类型。M. 卡曼和 N·施瓦茨把市场竞争程度、企业规模和垄断强度三个因素综合于市场结构之中来考察，就发现最有利于创新活动开展的乃是垄断竞争型的市场结构。因为在完全竞争市场条件下，企业规模一般较小，缺少足以保障技术创新的持久收益所需的推动力量；难以筹集技术创新所需的资金、物质条件，同时也难以开拓技术

　　创新所需的广阔市场，因此难以引起较大的技术创新动机。而在垄断统治的条件下，由于缺乏竞争对手的威胁，难以激发出企业重大创新的活力。所以，介于垄断和完全竞争之间的垄断竞争的市场结构，既避免了上述两种极端市场结构的缺陷，又兼有二者之优点。因此，垄断竞争型的市场结构是最适宜于技术创新的市场结构的选择。美国经济学家 L. 戴维斯（L. Davis）和 D. 诺思（D. North）于 1971 年出版的《制度变革和美国经济增长》一书中，继承了熊彼特的创新理论，研究了制度变革的原因和过程，并提出了制度创新模型，从而补充和发展了熊彼特的制度创新学说。英国经济学家弗里曼（Chris Freeman）于 1974 年出版了关于产业创新的专著，1997 年出版了第三版。他认为，产业创新包括技术和技能创新、产品创新、流程创新、组织创新和营销创新。此外，纳尔逊（1993 年）、卢森伯格（1994 年）和波特（1990 年）等一大批学者在其创新理论中提出或包含了产业创新的思想。战略学家哈梅尔（Hamel）和普拉哈拉德在 1994 年出版的《竞争大未来》一书

中，也提出了产业创新的理论。

在现代市场经济条件下，技术的创新、技术的进步、技术在空阔的转移是产业兴衰与转化的主要因素。从这个意义上说，关于创新理论尤其是技术创新理论是研究产业兴衰与转化的理论基础。

（七）诺思的制度变迁理论

诺思认为，人类受个人能力和环境限制，只有通过交换才能获得经济收益。自亚当·斯密以来，经济模型都是建立在分工和交易的基础上的。诺思继承了科斯的传统，把交易费用和产权制度看成是基本的要素。他认为，产权是交易的根据，制度则是实施产权、约束个人和团体的行为、调节社会收入分配的成文和不成文的规则，包括正式规则和非正式规则。这种产权和制度结构的有效与否，是决定经济兴衰的关键。由于人口、资本存量、知识存量是增长的，加以其他原因，导致结构的变革，促使经济向进步方向发展，这就是经济史。但制度本身有保守性，而产权往往效率低下或失效，加上其他原因，经济史上往往是增长时期少、停滞或衰退时期多。

诺思指出，古典经济学、新古典经济学忽视了产权、制度、意识形态等因素；而没有这些，单凭市场上相对价格的变动是不能解释历史上的重大变革的。马克思主义经济学把新古典模型漏掉的东西全部包括进来了，它强调所有权和国家的作用，强调技术发展引起所有制的矛盾，"堪称是一项重大贡献"。不过，马克思经济学过于理论化，而新古典模型拥有机会成本、相对价格、边际效用等极为精确的分析方法。新古典模型的最大缺陷是忽视了交易费用，以为不花成本就能实施所有权，以至于"个人和社会的收益相等"。这是从来不曾有过的。诺思反复论证交易费用的重要性，并且认为，"专门化的增益越大，生产过程的阶段便越多，交易费用也就越高"。他在结论中说："专业化增益和专业化费用之间不断发展的紧张关系，不仅是经济历史上结构和变革的基本原因，而且是现代政治经济绩效问题的核心"。①

诺思对制度变迁理论不断充实和完善，形成了包括产权理论、制度创新理论和国家理论在内的基本框架，阐述了他在制度变迁理论的基本观点，并以此为据分析和解释历史变革。诺思认为，技术的变化是影响制度变迁的一个重要因素，他指出：（1）在过去的两个世纪里，技术变迁使产出在相当范围里发生了规模报酬递增，因此使得更复杂的组织形式的建立变得有利可图；

---

① Douglass C. North, Institutional Change and Economic Performance, Harvard University Press, 1990, p. 27

（2）技术变迁产生了工厂制度，也产生了使当今城市工业社会得以形成的经济活动之凝聚；（3）技术变化降低了某些制度变迁的理论也可用于分析安排的变迁。[①]

诺思和戴维斯进一步把制度变迁（创新）的全过程划分为五个阶段：（1）形成"第一行动集团"阶段。所谓"第一行动集团"是指那些能预见到潜在市场经济利益，并认识到只要进行制度创新就能获得这种潜在利益的人。他们是制度创新的决策者、首创者和推动者，他们中至少有一个成员是熊彼特所说的那种敢于冒风险的，有敏锐观察力和组织能力的从事全新事业的"企业家"。（2）"第一行动集团"提出制度创新方案的阶段。先提出制度创新方案，再进入下一阶段的创新活动。（3）"第一行动集团"对已提出的各种创新方案进行比较和选择的阶段。方案的比较和选择，必须符合能获得最大利益之经济原则。（4）形成"第二行动集团"阶段。所谓"第二行动集团"是指在制度创新过程中帮助"第一行动集团"获得经济利益的组织和个人。这个集团可以是政府机构，也可以是民间组织和个人。（5）"第一行动集团"和"第二行动集团"协作努力，实施制度创新并将制度创新变成现实的阶段。[②]

他们认为，制度创新的过程乃是制度的失衡与制度的均衡的交替变化过程，即制度的动态变化与发展过程。在制度均衡状态下，对现存制度的改革，不会给从事改革者带来更大的利益，因此，这时不会出现制度创新的动机和力量。但是，如果外界条件发生变化，或市场规模扩大，或生产技术发展，或一定利益集团对自己的收入预期有了改变等，而出现了获取新的潜在利益的机会时，可能再次出现新的制度创新，然后又达到制度均衡。在制度学派经济学家看来，制度不断完善的过程，就是这样一种周而复始的从制度的非均衡到制度均衡的动态变化与发展过程。此外，希克斯（J. licks）、舒尔茨（T. Schnitz）、拉坦（V. W. Rutan）等在此领域做出了相应贡献，但总的来说，都是承袭诺思和戴维斯的思路，用类似方法对制度创新的对象、原因和过程等方面进行较深入的研究。

（八）波特的竞争理论

美国哈佛大学商学院教授迈克尔·波特（Michael Porter）从20世纪80年代起陆续发表了其著名的三部曲，即《竞争战略》（1980年）、《竞争优势》

---

① 科斯·诺斯等：《财产权利与制度变迁》，上海人民出版社，上海三联书店1994年版。
② 道格拉斯·C·诺斯：《经济史的结构和变迁》，上海人民出版社，上海三联书店1995年版。

(1985年)和《国家竞争优势》(1990年),系统地提出了自己的竞争优势理论。波特认为,产业演进是五种竞争力——进入威胁、现有竞争者竞争的激烈程度、替代产品的威胁、消费者的讨价还价及供应商的讨价还价共同作用的结果。他说:"产业中公司的运气、技能、资源和导向能形成产业将真正进行的进化路径。"① 此外,迈克尔·波特还在《竞争战略》一书中采用了如图1-2所示的分析思路来说明衰退产业的演化。他首先将战略优势和战略目标相结合推出了三种基本战略,然后将这三种基本战略与特定的某一产业的产业结构相结合推出了某一产业中的竞争战略。在这个过程中,有两个阶段即考虑战略优势和推出某一产业竞争战略时都提到了企业的能力问题。

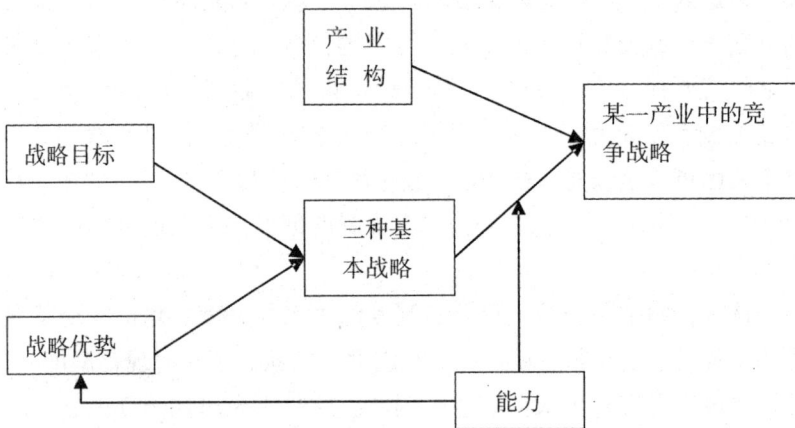

图1-2　迈克尔·波特的思路

　　迈克尔·波特将这一分析思路用于衰退产业中时就形成了衰退产业中企业的四种战略选择,即领导战略、局部领导战略、收割战略和撤资战略。其中领导战略的目标是指从某类衰退产业中获利,这类产业的结构使得剩余企业有潜力获取超过平均水平的利润,而且在面对面的竞争者中领导地位是可以实现的。企业的目标是成为产业中仅存的一个或少数几个企业之一。一旦达到这个地位,企业就应该根据需求的进一步下降,转变其战略为保持地位或有控制的收割战略。局部领导战略的目标是识别企业所在市场中的某个或某几个细分市场,在这几个细分市场中,需求基本保持不变,而且消费者愿意支付较高的价格。企业可以在这个或几个细分市场上进行投资以巩固其在该细分市场上的领导地位,随着产业的进一步衰退,企业可以采取收割或迅

---

① 迈克尔·波特:《竞争战略》,华夏出版社1997年版。

速撤资的战略。收割战略是指企业力图优化业务的现金流，取消或大幅度削减新的投资，在后续的销售中尽量获取利润；撤资战略是指在产业刚刚进入衰退期时及早出售企业，能够使企业实现企业价值最大化，因为出售越早，需求是否随后下降的不确定性越大，资产的其他市场未饱和的可能性也越大。

波特的竞争理论有一定的局限性。比如，他的理论偏重于三种基本战略的运用与展开，而忽视了战略的完整性与系统性，导致衰退产业中可供选择的战略比较少且不成体系；他将自己进行战略选择的思考限制在一个既定的产业内，而没有意识到企业可以进行产业转移，损害其战略选择的完整性等。为了克服其局限性，波特于 1998 年将其菱形理论与区位理论结合起来，提出了新竞争经济学的企业群理论，将企业群落视为一种有效的空间竞争方式。

除上述理论外，发展经济学家阿瑟·刘易斯（A. Lewis）、罗斯托（Ros-tow）等都对经济发展不同阶段中产业结构转换做了系统探讨，这也构成了产业兴衰的重要理论基础。

第二章 产业兴衰与转换的机理

一、产业的兴衰

(一) 产业的形成

1. 产业形成过程

在产业的形成时期，某类产品由于各种原因，其原来的潜在需求逐渐被市场所认可，转化为现实需求。产业形成过程可分为产业萌芽和产业形成两个阶段。

产业萌芽是指新产业在旧的产业环境中经过孵化、培育而逐步成型的一个过程，意味着产业从"无"到"有"，但只是处于产业的萌芽状态。产业的萌芽状态可以表现为一项新产品的出现、一项新技术的出现或一个或多个新型企业的出现。产业萌芽的原始温床可以是现有某个产业的实验室，也可以是独立的单个企业。产业在萌芽阶段：产品单一，仅有一个或少数几个企业；产品销路不广；成本高、收益少、产量小；没有形成独立的生产体系；产品知名度低。

产业形成，是指经过培育的产业萌芽转变为产业的过程，具备了产业的基本要素，独立于产业之林。证明一个新产品的出现能否成为一个产业形成的标志，不是这个新产品本身，而是这个新产品能否引导出来一批新产品，形成一个有规模的市场。在软件产业形成初期，王安电脑公司生产了独立的操作系统和相应的软件产品，苹果电脑公司和 IBM 公司也都有一套独立的软件产品，但这些软件产品都没有形成软件产业。只有在微软公司的操作系统成为标准以后，真正的软件产业才从计算机产业中独立出来，并形成了巨大的市场规模。

产业的形成一般是在技术进步和消费需求推动下完成的。从理论上来讲，资本的获利性是产业形成的最主要推动力。在现代经济社会，资本的形成是产业形成最核心和最重要的因素。西欧几个主要资本主义国家的产业发展和产业革命，正是在重商主义的指导下，经过几百年的资本原始积累过程而实现的。它们通过残酷剥削、殖民掠夺和奴隶贸易等手段，积累了巨额资本，实现了商业资本向产业资本的转化。并通过投资活动使产业各要素得到组合，从而为新产业的形成提供可能。大量新兴产业的出现，就是在此基础上形成的。

产业形成的关键是技术进步的影响，也可理解为是科技发明创造的价值实现过程。技术进步影响产业形成的机理如下：（1）技术进步影响需求结构，从而导致新产业的出现。技术进步使产品成本下降，市场扩大，需求随之变化；技术进步使资源消耗弹性下降，使可替代资源增加，改变了生产需求结构；技术进步使消费品升级换代，改变了消费需求结构，从而导致新产业的出现。（2）技术进步影响供给结构，从而导致新产业的出现。技术进步的结果是社会劳动生产率的提高，从而导致大产业的细分化，出现新的产业。因此，当某一新产业的产品需求价格弹性较大时，技术进步既能促进产出量的增加，也能提高该产业部门的收益，于是，生产要素就会有一部分从其他产业流向该产业，促使新产业独立。

从近代产业发展史看，技术进步是产业变革和进化的核心力量。据有关资料统计分析（丁敬平等，1997年），20世纪50年代以前有9项专利技术改变了世界面貌，这9项技术是：轧棉机（1774年）、缝纫机（1846年）、电话（1876年）、电灯（1880年）、汽车（1895年）、飞机（1903年）、静电复印术（1942年）、电子计算机（1946年）、晶体管（1950年），这些技术的广泛应用形成了一批新兴的、支持现代经济的产业群。据国际情报界和产业界预测，20世纪的尖端科技，如生物工程、生物医学、电光电子信息、软件技术、智能机械、超导技术、太阳能技术、太空技术、海洋技术、环保技术，将促使生物工程产业、生物医学产业、电光电子信息产业、软件产业、智能机械产业、超导产业、太阳能产业、太空产业、海洋产业、环保产业形成。

2. 产业形成的条件

（1）消费需求。从经济学的一般均衡规律来看，最终消费者的需求形成和变化取决于人均收入水平。随着人们收入水平的提高，人们的消费结构会发生相应的变化，人们的衣食住行的支出结构将会发生变动。根据恩格尔定律，随着人们收入水平的提高，支出结构从购买吃穿为主转向大量购买耐用消费品。消费结构的这种变化将影响新的产业形成。根据马斯洛（Maslow）的需求层次论，人的需求分为由低级到高级的五个层次：生理的需要、安全的需要、社会的需要、尊重的需要、自我实现的需要。随着社会的发展，人们的需要层次将会逐步升级。研究表明，新的产业大体上沿着这五个层次的路径在不断地发展。人的需求变化与产业的发展变化有一致性，产业结构的"轻型化"阶段、"重工业化"阶段和"高加工度化"阶段分别和人类的需求相适应。

（2）资源的供给。资源的稳定供给是产业形成的基本保证。只有源源不断地从外界获得各种资源，如各种信息、能源、原材料、劳动力、技术和资金等，并有效地吸收和转化，才可使新产业茁壮生成。随着知识经济的发展和生产设备日益大规模化，新的产业没有资本的大量注入，新的产业难以启动、形成和发展。在市场经济条件下，劳动力和资本的相对价格决定了劳动力和资本之间的替代关系，从而影响产业结构和新产业的形成。一般来说，工资水平较低有利于劳动力密集型产业的形成，资本价格较高有利于资金密集型、技术密集型产业的形成。

（3）政府的产业政策。政府的产业政策的影响体现在：政府对幼小产业的保护，容易形成新的产业；政府的产业转型战略客观上为新的产业的形成提供了机会；政府的技术政策以及对创新活动和技术应用活动提供的支持机制，间接或直接地对产业形成均有效应，现行的科技工业园区、高科技风险基金等形式均在孵化新产业。

当新产业生产的产出量不大，又分散在不同的产业组织中时，就不构成独立的新产业。而只有当此类生产的产出达到一定的规模，且又进行了专业化的生产时，才能形成真正的新产业。如在 20 世纪 50 年代中期的中国，电子产品的产量还很少，生产的规模也很小，且生产企业又散布在各行各业，所以当时还不能称之为一个"产业"。事实上，当时无论是从统计的角度，还是从管理的角度来考虑，都是把它作为机械工业的一部分。随着经济的发展，电子产品的产量已达到了相当的规模，且也进入了专业化生产阶段，所以就形成了"电子制造业"。可见，产业的形成是有其内在的标志的。即该产业的产出应具备一定的规模，即这一产业的产出必须在与国内其他产业的产出相比较中占有一定的份额；有一定量的从业人员，其含义是：新产业能吸纳一定数量的劳动者就业，并有专门的设计、技术人员、管理人员等；有专业的生产技术装备和技术经济特点；该产业具有一定的社会影响，承担着不可或缺的社会经济功能。

（二）产业的成长

当新产业的产出在整个产业系统中的比重迅速增加，并且该产业在产业结构中的作用也日益扩大时，就可认为该产业已度过了形成期而进入了成长期阶段。产业成长期的一个主要特点是该产业的发展速度大大超过了整个社会产业系统的平均发展速度。而且表现为产业从"弱"到"强"，或从"小"到"大"的过程。即规模和产量扩大，在国民经济中的比重增大；产品的品种和门类齐全；产业的独立性增强；与其他产业联系紧密；形成了独立的生产经营领域、经营方式和手段。大批企业转产加入该行业，投资者也大量进入，投资流动频繁，促进了产业规模的扩张。有些产业的成长可以依靠市场机制的作用；而有些产业的成长需要依靠计划机制的作用。符合市场需要的、合乎成长条件的产业会在这一阶段走向成熟，而那些不符合社会需要或条件不成熟，或不能够健康成长的产业会在进入成长期前或在成长过程中夭折。优胜劣汰的竞争规律在产业成长过程中起着重要的作用。有些新产业的成长还需要政府的政策支持。第二次世界大战后一些国家采取了一系列扶植和保护本国幼稚产业的措施。如利用关税收入补贴幼稚产业，以补偿其损失，增强其获利能力；利用出口收入或引进外资来支持幼稚产业的发展，帮助其形成规模经济；利用从国外引进的先进技术来提高幼稚产业的技术水平和劳动生产率，使之降低生产成本；政府在税收、信贷、原材料供给、产品销售方面的特殊优惠等。

产业成长期是产业兴衰中非常重要的阶段，能否成长意味着该产业是否被扼杀或夭折，能否成长还意味着该产业能否进入成熟期阶段，能否成长既影响产业一生，也对整个产业链和产业结构的变化产生巨大影响。

1. 产业成长的实质

产业成长的实质是产业的扩大再生产。在新产业形成以后，由于新产业存在的巨大需求空间和追求高额垄断利润的动机，使大量的社会投资进入该产业，使该产业不断地扩张。具体体现在：（1）产业在数量上的扩张。在产业成长期，对该产业的投资规模急剧扩张，生产要素开始不断向该产业集中，企业进入数目剧增。随着生产要素投入的大幅度增加，产业的产出能力有较大扩张，消费者对该产业了解增多，市场容量急速扩大，利润率水平显示较好前景，各种生产经营关系及产业组织形态处于不稳定状态，产业的生产经营以量的扩张为主调，产业内竞争出现。（2）产业在质量上的改变。在产业成长期，产业在"质"的方面也在改变。随着新技术的不断改进与完善，产业技术逐步完善与成熟；工人的生产效率和管理人员的管理素质在不断地提高；产业组织之间的纵向分工关系也在逐步形成。所以，产业质的提高包含产业的均衡发展，又包含着产业部门间的均衡发展和产业发展的稳定性，还包含着产业的协调发展和产业发展的效率。

2. 产业成长的度量

第一，产业的销售增长率。产业的销售增长率是反映一个产业成长势头的主要指标。一般来说，处于成长期的产业有较高的销售增长率。在第一次产业革命时期，英国的制造、纺织、航运三大产业在几十年内均以成倍的速度增长。近年来，美国十大新兴产业的销售增长率均在20%以上。

第二，产业的产值和收入在国民经济中的相对比重和地位变化。各个产业在整体中所占的比重和地位的变化直接反映产业成长的现状和趋势。一般来说，处于成长期的产业产出份额占工业总产值的8%以上，有些产业甚至占到15%以上。处于形成和衰退阶段的产业份额远远低于8%。

第三，产业资产总规模和劳动力就业人数的变化及就业选择情况。当资产总规模和就业人数份额较快增加时，说明产业处于成长期。当资产总规模达到一定水平后，长时间稳定或略有萎缩则说明产业成长到了尽头。

第四，产业的主要产品在国民消费总支出中的相对变化率。这一指标反映该产业的需求状况。

第五，产业利润率变化态势。对一般的产业而言，产业利润率与生命周期呈倒"U"形关系。根据产业利润率的变化，把产业分为持续增长型、基本稳定型和下降型三种类型。

3. 影响产业扩张的因素

在产业成长期，有的产业扩张能力强，有的产业扩张能力弱。影响产业扩张能力的主要因素有以下几方面：

第一，产业的需求收入弹性。从需求角度来看，由于需求变化是随人均收入水平的变化而变化，但人均收入水平同一变化率对不同产业产品的需求变化的反应是不一样的。这种反应程度就用产业的需求收入弹性来衡量，若产业的需求收入弹性越大，则表明该产业的产品越有良好的市场前景，从而越有发展的前途，产业的扩张能力越强。

第二，技术进步。从供给角度来看，各产业的技术进步速度是不一样的，一般来说，重化工业比轻工业技术进步要快，而技术、知识密集型工业又比重化工业技术进步要快。由于技术进步与附加价值的提高成正比例关系，技术进步快的产业，其扩张能力也强。

第三，产业关联度。产业关联度是指该产业与其他产业之间的相关程度。若产业关联度高，说明该产业对其他产业有较强的前向关联、后向关联和旁侧关联效应，因此，该产业将有较强的扩张能力。

第四，市场潜力。容量大且潜力大的市场将为产业成长创造良好条件。

第五，产业在空间转移活动。产业在空间转移活动停止，可以说明产业成长达到市场需求边界，成长也告结束。

在产业成长过程中一般伴随着产业中企业组织不断向集团化、大型化方向发展的趋势，这种扩张有水平兼并和集中与松散的垂直联合两种方式。竞争重点表现为激烈而此起彼伏的价格战，不少企业开始注重通过经营观念、技术创新、提高生产效率等方式构筑未来竞争的战略优势，从而为产业进入下一生命周期奠定必要的基础。

(三) 产业的成熟

当某产业经过成长期的迅速增长阶段，其发展的速度将会放慢。这是由于：一方面，其产出的市场容量相对稳定；另一方面，该产业在产业结构中的潜在作用也基本得到了发挥。此时，就标志着该产业从成长期进入了成熟期。

1. 产业成熟的实质

产业的成熟过程是一个渐进的过程。产业的成熟是一个由量变到质变的逐步实现过程；产业的成熟经历着从局部成熟到整体成熟；从个别产品成熟到少数产品成熟再到大多数产品成熟；从少数地区的少数企业成熟到整个产业空间的大部分企业成熟的过程。例如，电子计算机产业最先在美国的硅谷开始成熟，而其他地方仍处在形成和扩张阶段，这说明了产业的成熟程度有一个从发源地向周边扩散全面成熟的过程。

从时间和空间上来看，产业的兴衰过程有形成期、成长期、成熟期及衰退期。但就每个产业整体的实际兴衰过程看，在时间和空间上并不是截然分开的，每个时期在时空上依次推进，在时间和空间交错进行并逐渐完成，从而构成了整个产业兴衰过程的 4 个阶段。

在产业的成熟期，产业进入一个规模稳定、技术稳定、供给与需求稳定、产品稳定、地位显赫的阶段，产业的生产能力和生产空间的扩大趋于停滞。产业成熟时期是产业从各个方面完善的时期，也意味着产业为社会及国民经济付出或贡献的时期，这个时期越长标志着产业贡献越大。显然，这一个时期对产业的一生是十分重要的时期。

产业成熟首先表现在技术上的成熟，意味着这一产业普遍采用的是适用的，至少有一定先进性、稳定性的技术。其次表现在产品上的成熟。产品的成熟是产业成熟的主要标志，其基本性能、式样、功能、规格、结构将趋向成熟，且已被消费者习惯使用。再次是生产工艺的成熟。最后是产业组织上的成熟，意味着产业内企业间建立起了良好的分工协作关系，市场竞争是有效的，市场运作规则合理，运作水平较高，市场绩效较高，产业内市场结构合理。

2. 产业成熟的主要特点

第一，强盛。成熟产业规模空前，地位显赫，人气旺盛，产品的普及程度高。生产能力接近饱和状态，市场需求饱和，供求矛盾不大，买方市场出现。

第二，增长速度放慢，意味着市场占有率方面更激烈的竞争。随着企业无法仅仅靠保持其市场份额而维持其历史上的增长速度，竞争注意力转向产业内部，去争夺其他企业的市场份额。

第三，难以在新技术和新产品上取得突破。产业成长阶段是新产品及应用的迅速发展时期；随着产业成熟，企业很难在新产品核心技术上获得突破，保持产品不断变化的能力日益受到限制，或者成本和风险急剧增加。

第四，构成支柱产业地位，其生产要素份额、产值及利税份额在国民经济中占的比重较大。大致地讲，一个产业要发展成为国民经济的支柱产业。根据研究，其标志可以从以下几个方面界定：产业增加值在 GNP 中的比重达到5%左右；出口创汇稳步增长，在国际市场上的占有份额上升，行业外贸进出口由净进口变为净出口；就业人员占全国或地区就业人数的比重有所提高，同时在与支柱产业紧密相关的工业部门和服务行业就业人员大量增加；行业关联度高，影响力系数和感应度系数大于1；较高的产业集中度和骨干企业的市场占有率，集约化、社会化的大生产方式，配套协作的企业组织网络；与国际同行业比较，技术比较成熟；需求收入弹性高于1，大体在1.5左右；经济效益好，附加值率一般在25%～40%。

第五，国际竞争加剧。在产业成熟期，伴随着产品标准化和产品成本的低廉，产业常常以明显的国际化竞争为标志。由于在成熟期，产业内企业竞争加剧，迫使企业将其产品转向国际市场，大规模的出口或对外投资往往是产业成熟期标志之一。

产业发生革命性变革的时机也逐渐成熟，即产业进入了以优胜劣汰为主要特征的重组阶段。这一时期的特点是：兼并与淘汰是产业发展的主旋律；市场需求处于一种相对饱和状态；前期以价格战为主要竞争手段，而后期则表现出了某种"寡头竞争"的特点；由于产业发展潜力越来越小，各企业为了在未来的竞争中获取优势促进企业的发展，它们从取得产业内主导地位起便在强化经营管理的同时开始注重技术创新与升级换代，从而为产业向下一个生命周期阶段过渡提供条件。

（四）产业的衰退

当技术进步向市场推出了在经济上可替代老产业的新产业时，老产业就不得不逐渐萎缩，一步步地退出市场，这就表示该产业已步入了衰退期。

1. 产业衰退的原因

从理论上讲，产业本身并不会衰退，而是由于人类的消费需求的变化和技术创新，从而使某些产业产品的需求下降。产业衰退的根源在于国民经济的需求结构和供给结构有规律的阶段性变化造成的。具体来讲：

第一，消费需求的变化导致产业衰退。消费需求的变化是产业演进的主要推动力，产业衰退也是消费需求作用的结果。随着经济的发展，消费者的收入在不断地提高。根据需求收入弹性原理，消费者对需求收入弹性小于1的产品的需求将下降，而对需求收入弹性大于1的产品的需求将上升。当某产业的全部产品或部分产品的需求收入弹性小于1，并持续下降时，该产业的全部产品或部分产品的市场占有率呈逐年下降趋势，最后导致该产业的全部产品或部分产品从市场上消失，该产业必然衰退。

第二，技术创新导致产业衰退。技求创新导致新产品的不断涌现，每一次的技术创新都会形成新的产品，造成新的消费需求。新的需求的出现表明消费者对产品某种特性的需求发生了变化，这就会造成现有产业中原有产品的市场的萎缩，乃至从市场上消失。例如，蓬勃发展的互联网传递业务将可能导致传统邮政业的衰退。

第三，产业国际比较优势的变化导致产业衰退。产业国际比较优势是指一国产业的形成在很大程度上受该国相对于其他国家的资源比较优势的影响。例如，英国历史上曾经是纺织工业强国，但随着英国国内劳动力成本的上升，进口纺织品比自己生产纺织品更经济，纺织业因而成为衰退产业。日本的钢铁工业和造船工业的衰退也是产业国际比较优势转移的结果。随着世界经济全球化程度的提高，产业国际比较优势的变化更为快捷和广泛，在封闭经济体系中具有相对比较优势而不具备国际竞争力的产业随着经济全球化的进展而将趋于衰退。

第四，制度性因素导致产业衰退。由于中国曾长期实际计划经济制度，在产业发展、产业布局以及企业制度、政企关系上带有浓厚的计划经济色彩，有的甚至严重违反了经济规律，因而在市场经济的激烈竞争中，有一些产业失去了生存能力而逐渐衰退。制度性因素是中国产业衰退的一个特有的因素。

2. 产业衰退的实质

产业衰退期是产业增长率急剧下降阶段。这时由于替代产品的新产业的出现，或新的主导产业对该产业的"关联效应"下降等原因，引起该产业的产品市场需求严重萎缩，产品销量急剧下降；需求对价格的反应十分迟钝，降价的需求弹性微弱，创新对于降低成本的潜力已趋于枯竭；产业收益率低于各产业的平均值且呈下降趋势。收缩的市场需求迫使该产业的生产要素向其他产业部门转移，其规模也相应收缩，产业的增长率不仅低于各产业的平均值，且呈下降趋势，乃至出现负增长。最后，该产业产品从市场上消失，产业的生命也随之终结。

产业衰退的类别可分为自然衰退和相对衰退两种类型。自然衰退指的是产业本身内在的衰退规律起作用而发生的规模萎缩，产品老化或退化、功能减退。在这种情况下，产业的物质实体在缩减，体现出一种客观必然性。相对衰退指的是产业因结构性原因或无形原因引起产业地位和功能发生衰减的状况。这种状况并没有发生物质实体上的萎缩，但这个产业衰退了。当然，在这种情况下，这个产业的物质实体最终是会萎缩的，例如，其他产业的兴盛，尤其是该产业与某一产业有紧密替代关系所引起的该产业的衰退就是相对衰退。电影业的衰退可能缘于电视业的兴起。

产业衰退是生产要素的退出。如果是正常的衰退，这种要素的退出则是合理有益的退出，因为它意味着资源在产业间的重组。产业衰退是对产业自身的否定并孕育新的产业和新的产品的过程。老产业衰退与新产业形成并存使产业经济体不断推陈出新。

3. 产业衰退的特点

产业进入衰退期，综合起来有如下特点：

第一，从产业在国民经济中的地位来看，衰退产业产品一般来说是传统产品，其产业所提供的产值在 GDP 中的比重有下降趋势，有的产业的产品在国民经济中虽仍具有不可替代性，但产品需求量长期处于下降趋势。如世界钢铁、造船、自行车、缝纫机、钟表、打火机、半导体、纺织品、酿酒、重型设备等产业，出现产品积压和生产能力严重过剩。

第二，产业进入衰退期后，表现为投入增加而产出下降，即产业的边际投入上出现低产出的增长特征，产业利润率持续下降。因为衰退产业中生产能力过剩、需求不足使企业竞相压价（垄断产业除外），最终导致产品价格小于边际成本甚至平均成本的恶性竞争可能发生，过度竞争必然使产业利润率下降甚至出现行业性亏损、财务状况恶化。

第三，退出现象大量发生。在产业衰退期之前，产业作为一个系统基本上处于一个吸纳资源阶段，或者是一个有净流入资源的过程。到了衰退期，产业则进入一个退出资源的阶段，产生大量企业转产的现象。

第四，重要产业或大面积的产业衰退可能引起经济波动。处于衰退期的产业容易在经济危机时期受打击而加速衰退，而一些重要产业如石油、农业的衰退会诱发大面积的经济危机。

第五，"衰"而不"亡"。每一个产业是由众多的企业集合而成，产业的产品又是由众多的企业系列产品集合而成的。作为单个的产品可以走到生命的尽头在市场上消失，作为单个企业也可以破产从生产经营领域中退出，但作为产业却不会衰亡，就如同作为个体的人可以死亡，但作为整体的人类不会死亡一样。另一方面，从区域角度来看，个别产业消亡的现象是存在的，但此消彼长的产业转移使产业整体不会衰亡。所以，大量的产业是衰而不亡，甚至会与人类长期共存，例如，钢铁业在衰退，人们却看不到它的消亡。纺织业也是如此，烟草和卷烟业同样是衰而不亡。

第六，产业衰退过程可能出现"复兴"或"中兴"。从哲学上讲，产业"衰"而不"亡"本身就蕴藏着一种振兴的力量，只要抓准产业衰退的根本，采取有力的措施，激活产业内蕴含的复兴力量，产业不仅可以停止衰退，还会呈现出产业在成长期或成熟期的一些特征。如机械行业衰退的主要因素是设备陈旧老化，新技术的应用率低。如果用先进的技术设备把机械工业和电子工业结合起来，走机电一体化的发展之路，那么，机械工业很快就会振兴起来，呈现出成长期或成熟期那种强劲的发展势头。

从产业组织演化的角度来看，垂直一体化也是产业衰退的特征之一。因为在产业的衰退期，随着市场和生产规模的萎缩，在产业成长期由企业内部分工分化为社会分工的产业链的各环节只得"重返"娘家，社会分工又转化为企业内部分工。

二、产业的创新与再生

产业创新是指产业在激烈的竞争环境中主动联手开展的产业内企业间的合作创新，产业创新的内涵实质上就是熊彼特所说的生产要素的新组合，就是技术创新、产品创新、管理创新和市场创新的系统集成。（陆国庆，2002年）

（一）产业创新的层次

1. 产业创新与企业创新

产业创新能力的微观层面就是企业的产业创新能力。企业的产业创新能力就是哈梅尔和普拉哈拉德所讲的产业转型的能力以及改造现有产业的能力。企业是产业创新的主体，微观活力是宏观层面创新能力的基础。加里·哈梅尔（Gary Hamel）和普拉哈拉德（C. K. Prahalad）在1998年提出竞争优势的源泉在于战略创新，并断言战略创新将成为世界各地公司下一个根本性的竞争优势。并指出，大公司兴旺发达靠的就是改变游戏规则，或者彻底改变了本产业的竞争基础，或者创造全新的产业。因此，强调战略创新的关键在于产业创新，并认为以创新未来产业或改变现有产业结构、以对自己有利为出发点来制定企业战略，是企业战略的最高层次。

企业的产业创新与企业创新是相互联系的两个概念。产业创新是企业创新的内核。企业创新一般包括技术创新、管理创新、制度创新。产业创新属于技术创新的范畴，一个企业的主营产业处于不同的生命周期，产业创新对企业成长的重要程度是不同的。

2. 产业创新与国家创新

国家创新理论的创始者英国经济学家弗里曼（1997年）认为，在人类历史上，技术领先国家不仅是技术领先的结果，而且还有许多制度、组织的创新，从而是一种国家创新系统演变的结果。他指出历史上无数的事例说明，国家技术创新能力强的不一定就具有较强的产业创新能力。

弗里曼认为产业创新是一个系统的概念，系统因素是产业创新成功的决定性因素。不同的产业类型产业创新的内涵有较大差异，如化学工业主要是流程创新，仪器仪表产业则是以产品创新为主。在不同的国家，同一产业的创新特征也有不同，欧洲的钢铁产业擅长产品创新和流程创新，而在美国钢铁产业则以市场创新为主（开拓新的应用领域）。另外，产业创新的速度和程度因不同的产业类型而异，如电子产业和信息产业因技术进步较快产业创新速度相应也较快，而且每次创新是对原来产业的革命性替代，新兴产品或产业在很短的时间内就会替代原来的产品或产业。而在能源产业、原材料产业等领域，则产业创新的速度相当慢，创新程度也较浅。所以，由于产业本身就是一个系统，产业创新必然是一个系统因素的作用，其成功取决于各个要素的有机结合。这也就是产业创新区别于技术创新、管理创新、营销创新等单项创新的关键。因为，一个国家或企业可能在某项创新上具有优势，但由于缺乏系统创新的能力，不一定能形成有竞争力的产业。

（二）产业创新的步骤

从技术创新的角度来讲，把技术应用于商品，再由少数厂商生产这种商品转为大量企业群时，一个产业也就基本形成。所以，产业创新是由技术和产业的关联性决定的，产业创新有两种形式：一种是某些产业的创新会呼唤另一产业的创新；另一种是一个产业创新会成为另一产业创新的供给因素，表现为需求—供给的螺旋式发展效应。随着技术的不断进化以及产业的不断演进，技术和产业的关联越来越广，产业间的关联也越来越强，产业创新的空间也就越大，其生命周期也就越长。

对不同的产业而言，产业创新的起因和创新路径可能相差很大，要探索产业创新的共同机制是相当困难的。但是，从一般情形来看，产业创新可以分为三个阶段：技术和技能创新、产品和流程创新、市场创新。这三个阶段既是前后相互衔接的，也可能是同步进行相互促进的。

1. 技术和技能创新

弗里曼（Freeman）曾将技术创新区分为增量创新、基本创新、新技术体系和技术经济模式的变革。增量创新是工程师和其他直接参与生产活动人员的发明和提出改进意见的结果，或者是用户首创或建议的结果。实证研究表明，这类创新对于改进各种生产要素的使用效率非常重要，也是产业创新的一个重要动力来源。基本创新是不连续事件，通常是专门的研发机构的成果。基本创新在各个部门和各个时期的分布不均匀，常常会形成新产品、新工艺和新组合，并带来经济结构的变革，是重要的产业创新活动之一。技术体系的变革对若干产业产生重大影响，同时会导致全新产业获得影响深远的技术进步。其变革以增量创新和基本创新的一种组合为基础，使整个产业体系产生组织和管理方面的创新。技术经济模式的变革包含了多组基本创新和增量创新，而且最终可能包括出现若干新技术体系的变革。它的一个极其重要的特征是对整个产业具有渗透效应。技术经济模式指的是相互关联的产品、工艺、组织和管理创新的结合。自18世纪以来，人类社会已经历了三次大的技术革命，每次技术革命都将形成一大批新兴产业群，并使原有产业发生根本性变革，有的产业获得新生，有的产业将会衰退。

上述四种类型的技术创新在产业创新中的作用强度是依次增强的。增强创新，一般是对产品质量的改进或样式的增多，也就是形成产品差异化的过程。基本创新，一般诱发出新的产品以及新的产业。技术体系的变革会产生新产业门类、技术革命不但会形成大量的新兴产业群，而且还会使原有产业升级、分化、重组并可能形成新的产业部门。当然，并不是所有重大技术创新都能形成产业创新，如冰毒的合成技术即是。只有那些运用已有的基础研究和应用研究成果以及现有知识，为创新产品或新工艺而进行的技术活动，才能有促进产业创新的技术创新，即以获取商业价值为直接目的，创造新技术成果的活动。也就是熊彼特所讲的技术的商业化。

2. 产品和流程创新

产品和流程创新是产业创新的第二个功能性环节。从技术转化的角度也可以称为技术的商品化，它是把特定技术成果转化为商品的过程。这一过程包括两个基本环节，一是技术成果的产品化；二是产品的商业化。技术创新成果一般是在实验室里而非正常生产条件下获得的，其可转化的各种性质也仅仅是建立在预测而非现实的基础之上的。因此，产品化实质上是技术创新的延续，是在生产条件下对技术成果的"可生产性"或"可转化性"进行检验。至于商品化可以理解为正常生产和市场销售的经济检验，主要是检验产品的市场接受程度、盈利能力以及把有市场潜力的产品转化为大批量生产的过程。这是产业创新的关键环节，也是企业创新能力的最基本表现。具有对原有产业较大替代程度或巨大的价格性能比，以及全新的使用价值的产品创新会吸引大批企业的进入，使企业层面产业创新转化为产业层次的产业创新。

3. 市场创新

2000 年 3 月宣告破产的美国铱星公司表明技术上的先进性并不能保证商业上的必然成功，其失败的原因正在于技术和市场的脱节。

市场创新的本质就是通过新产品或新技术的扩散，形成生产新产品的企业群，就是我们常讲的产业化，而产业化过程就是不断开拓新市场、新需求的过程。

市场创新的基本目的就是刺激消费者的市场需求。但由于在产业创新初期，技术和消费者都不确定，市场上不存在类似的产品，研究人员无法了解消费者的反应。由于产业未结构化，产品和市场都不稳定，市场信息收集和市场预测很困难，产品开发不可能一步到位。这就要在推出最初的产品之后根据市场的反馈，不断改进产品，使新兴产品成为更加成功的商业化产品。所以，企业的市场开拓能力是产业创新成功的关键环节。

市场创新的主要内容有：一是塑造产业的竞争规则。因为新兴产业的基本特征是没有游戏规则，这是由于技术不确定性、企业战略不稳定性、高初始成本但成本急剧下降、企业大量进入等基本因素决定的。市场创新首先面临的问题是建立产业竞争规则（产品质量标准、产品市场形象、分销渠道等），使企业可以遵循并在这些原则下发展繁荣。二是开拓新的客户资源。市场容量是一个产业成长的基本环境。

（三）产业创新的主体和模式

1. 产业创新的主体是企业

产业由企业构成，产业的发展是由企业之间战略行为的相互作用来推动实现的。我们可以把企业间的战略行为大体上划分为两类：一类是产业内部企业之间的战略行为的相互作用；另一类则是不同产业的企业间的战略行为的相互作用。在产业内部，企业之间的战略行为相互作用的结果，有助于实现资源的优化配置，提高资源利用效率，通过企业间的合作与非合作博弈还可促使企业发掘创新资源，增强自身创新能力，从而带动整个产业创新水平的提高。而不同产业之间的战略行为相互作用的结果，一方面可以引发原有产业结构的改

变；另一方面通过竞争与合作促进产业间的交叉与融合，使新兴产业的生成与发展成为可能，从而推进产业创新。

2. 产业创新模式

产业创新是企业战略的核心和出发点，离开了产业创新，处于衰退产业中的企业难以脱离衰退陷阱。产业创新就是要突破传统企业战略理论局限于既定的已经结构化的产业的约束，以产业先见或产业洞察力构想未来产业轮廓以及通过培育核心能力来使构想的产业成为现实的过程。

产业创新模式：（1）竞争规则创新。对于衰退产业而言，设法从根本上改变游戏规则，打破现有的竞争格局，成为产业新的领先者。（2）重新划定产业界限。随着技术革命和需求变化的加速发展，产业之间的界限越来越模糊，在一些衰退产业解体并演化出新兴产业的同时，又出现了不同产业的汇聚或融合现象，这些产业大多数集过去所定义的多种产业于一体，企业可以重新设定产业边界，从中找到新的生存空间。（3）创造全新产业。通过对技术和需求的前瞻式思考，为顾客提供全新的产品或服务，从而创造一个全新的产业。

（四）产业融合

在知识经济时代，产业融合现象随处可见。早在1978年，麻省理工学院的专家用三个重叠的圆圈来描述计算、印刷和广播三者的技术边界，认为三

个圆圈的交叉处将成为成长最快、创新最多的领域。此后，欧洲委员会"绿皮书"将产业融合定义为"产业联盟和合并、技术网络平台和市场三个角度的融合"；而以数字融合为基础，格林斯腾和卡恩纳（greenstein & hanna。1997）分析了以互联网为标志的计算机、通信和广播电视业的融合，将产业融合定义为"为了适应产业增长而发生的产业边界的收缩或消失"。所以，产业融合是知识经济时代一种特有的产业发展现象。

　　1. 产业融合的内涵及特征

　　国外关于产业融合的著述虽很丰富，但大多是现象分析，理论上的分析并不成形；而国内的学者几乎忽视了这个具有重要价值问题的理论研究，只是从最近几年开始才有人关注这方面的研究。植草益（2001 年）从产业融合的原因及结果两方面来揭示产业融合，他给产业融合下的定义是：产业融合就是通过技术革新和放宽限制来降低行业间的壁垒，加强行业企业间的竞争合作关系。因为属于同一产业的企业群在产业内部、企业之间处于竞争关系，但从产业的严密定义来看，超出产业之外就不能称为竞争关系。但是，一旦由于技术革新开发出了替代性的产品或服务，或者由于放宽限制，积极地展开了相互介入，各产业的企业群就会处于相互竞争的状态之中。产业融合的过程之中，必然会导致原有产业的竞争激化，因而发生企业合并和企业倒闭，最终直至产业合并，导致产业界限的模糊化。

　　我国学者马健（2002 年）在分析了国外的研究成果后，提出了产业融合的定义：产业融合是指"由于技术进步和放松管制，发生在产业边界和交叉处的技术融合，改变了原有产业产品的特征和市场需求，导致产业的企业之间竞争合作关系发生改变，从而导致产业界限的模糊化甚至重划产业界限"。他还汇总了有关产业融合基本特征和规律。

　　第一，从产业融合的原因来说，产业融合源于技术进步和管制的放松。

　　第二，产业融合发生的前提条件是产业之间具有共同的技术基础，能够首先发生技术的融合。即一产业的技术革新或发明开始有意义地影响和改变其他产业产品的开发特征、竞争和价值创造过程。因而产业融合一般发生在产业之间的边界和交叉处，而不是发生在产业的内部。

　　第三。发生产业融合的产业，相互之间具有一定程度的产业关联性或技术与产品的替代性。

　　第四，技术的融合并不意味着产业的融合，产业融合应以市场融合为导向，一般要经过技术融合、产品与业务融合、市场融合三个阶段，最后才能完成产业融合的全过程。

第五，产业融合的结果是改变了原有产业内企业之间的竞争合作关系，从而导致产业界限的模糊化，甚至于重划产业界限。

2. 产业融合与产业创新

由于产业融合容易发生在高技术产业与其他产业之间，高技术融入到其他产业中，影响和改变了其他产业产品生产特点、市场竞争状况以及价值创造过程，从而改变了原有产业产品的市场需求和产业的核心能力。同时，由于产业融合使得产业之间的边界模糊化，两个或多个产业之间形成了共同的技术和市场基础。这使得某产业容易改变结构的布局，敏捷地从衰退产业过渡到另一新兴产业中，从而实现产业创新。

产业融合表现为产业间的渗透发展，你中有我，我中有你，产业界限趋于模糊，新兴产业不断产生。产业融合的主要方式有以下几种：

第一，高新技术的渗透融合，即高新技术及其相关产业，向其他产业渗透、融合并形成新的产业。如发生在 20 世纪 90 年代后期的信息和生物技术对传统工业的渗透融合，产生了诸如机械电子、航空电子、生物电子等新型产业。又如电子网络技术向传统商业、运输业渗透而产生的电子商务、物流业等新型产业；高新技术向汽车制造业的渗透将产生光机电一体化的新产业等。

第二，产业间的延伸融合，即通过产业间的功能互补和延伸实现产业间的融合，这类融合通过赋予原有产业新的附加功能和更强的竞争力，形成融合型的产业新体系。这种融合更多地表现为服务业向第一产业和第二产业的延伸和渗透，如第三产业中相关的服务业正加速向第二产业的生产前期研究、生产中期设计和生产后期的信息反馈过程展开全方位的渗透，金融、法律、管理、培训、研发、设计、客户服务、技术创新、贮存、运输、批发、广告等服务在第二产业中的比重和作用日趋加大，相互之间融合成不分彼此的新型产业体系。现代化农业生产服务体系的形成即是这一新型产业体系的综合体现，是第一产业加快与第二、三产业融合的产物。在这一体系中，第一、二、三产业的界限消失了。产业间的延伸融合在新兴产业中也尽显无遗，旅游业是新兴的朝阳产业，也是产业融合程度最深的产业之一。目前，世界上兴起的工业旅游、观光农业、体育旅游、康复旅游、科技旅游等专项旅游代表着旅游产业发展的一种趋势，其实质也是旅游产业与其他产业广泛的融合发展。

三、产业兴衰与转换的特殊性

1. 逆转产业形成期，到新进入高级产因素的影响并非们称之为产业兴指导社会生产实践现象。按照产业兴衰过程的基本规律和正常发育过程，产业成长期、产业成熟期，再到产业衰退期，最后经过进行新的兴衰过程。但是，现实经济生活中，一些产业按上述顺序完成产业演进过程，而是从某一阶段向后倒衰过程中的逆转。这种逆转可能表现在产业衰退期向产业成熟期倒退，也可能表现在产业成熟期向产业成长期或产业形成期的倒退。例如，棉纺织业在20世纪70年代末由于受到化纤业的替代冲击而逐渐进入产业衰退期，但随着全球绿色消费浪潮的兴起和环保意识的方兴未艾，人们的衣着消费向天然纤维回归，生态纤维等高科技产品成了消费时尚，棉纺织业又获得了新生。

2. 早熟现象。这是指一些具有一定竞争力的产业，或由于技术创新，或在市场和政府的推动下加快发展，而使产业兴衰过程加速成熟的一种现象。由于技术水平的差异，或市场需求变化快慢的差异，或竞争强度的差异，不同产业兴衰过程的时间长短是不一样的，但是有一点是相同的，那就是任何产业的发育都必须有一个过程，并且有自身的发育规律。然而，当面对旺盛的市场需求和大量的竞争者加入，政府为了保护某些具有一定竞争力的产业，将通过政策和市场手段，促使这些产业尽快从形成期向成熟期过渡。例如，中国从1993年万燕推出第一台VCD至1997年这短短的4年间，VCD产业的年产值已超过150亿元，中国成为VCI生产大国。中国VCI产业的发展已超出经济产业发展的常规，4年多的时间走完了其他许多产业十几年才走完的路，迅速从形成期进入成熟期。巨大的市场驱动力，一方面使业内企业继续扩大规模；另一方面也吸引了业外企业不断涌入。企业之间的价格战、促销战、广告战促使了VCI产业的早熟。

再如，根据信息产业部对全国手机产业的监测情况来看，中国的手机产业在巨大市场需求的牵引下，手机生产企业从1997年的5家发展到2002年的37家，1998年全行业手机生产量为830万部，2002年发展到12000万部，平均每年以80%左右的速度递增，已成为世界手机产品的生产大国。近几年来中国手机产业产销持续、快速发展，产业规模增势强劲，使手机产业快速地从形成期进入成熟期。

3. 早衰现象。它是指一些生产和技术水平相对落后的产业，在外来新的技术及其产品的冲击下，无法按正常的产业兴衰阶段走完其生命全过程而完全被取代的现象。对于一个封闭的或受各种各样保护的系统内的落后产业来说，没有外来的冲击，它们会按照通常的产业兴衰的四个阶段走向更高级的产业生命循环。但是一旦系统失去保护或向更先进的技术完全开放，这种发展的系统可能会无法持续下去。中国一些产业改革开放后便面临着这种情况。

例如，中国的民族饮料产业改革开放以来曾获得了突飞猛进的发展，形成了"八大名牌"：广州的"亚洲"、上海的"正广和"、天津的"山海关"、北京的"北冰洋"、青岛的"崂山"、沈阳的"八王寺"、四川的"天府"、广东的"健力宝"。但随着"可口可乐"和"百事可乐"进入中国市场，使这个产业充满了激烈的市场竞争。八大名牌中，除"健力宝"没有合资，"正广和"合资不成之外，其他 6 家都已经同"可口可乐"或"百事可乐"合资了。合资的方式，大都是外方控股，牌子使用两家的：主产品、新产品用洋牌子，老产品继续用中国原来的牌子。这样使"可口可乐"和"百事可乐"在中国的市场份额节节攀升，而中国的民族饮料产业则迅速走向衰落。

再如，中国极为薄弱的半导体产业，在改革开放前还是一个自成体系、正常运行的产业，但是改革开放后已远远不能满足电子工业和高科技产业的发展需要，所以撤去保护后的半导体产业基本由外商或外国产品控制，而原来的国内半导体产业便发生了早衰。1998 年上半年，8 个"三资"半导体企业的销售额已占了 88% 的市场份额。

4. 衰而不退。在市场经济条件下，产业的兴衰意味着资源在产业间是流动的。然而，中国产业兴衰存在的问题是：产业衰退不正常，一些产业经济效益极差，长期处于亏损状态，但在政府的保护下长久地维持衰而不退，衰并没有伴随着资源的退出，哪怕是部分的退出。其原因是产业的存量刚性，资源一进入产业便被固化，产业内缺乏使资源流动的机制，在产业外部主要缺乏可供资源流动的市场，体制固化了资源，导致了产业衰而不能退的现象。例如，中国的纺织业在经历了高速增长后，在 20 世纪 80 年代末 90 年代初进入了衰退期，自 1993～1999 年纺织企业出现了连续 6 年的大面积的结构性亏损，衰退产业不能通过正常的市场机制退出，出现了产业衰而不能退的现象。在 1998 年，中国政府采取了以压缩淘汰 1000 万落后棉纺锭、分流安置 110 万工人为主的产业援助政策，使自 1993 年来亏损的纺织业终于在 1999 年摆脱了困境。

第三章 资源型城市产业的演变

一、资源型城市

资源型城市是指伴随资源开发而兴起的城市，或者在其发展过程中，由于资源开发促使其再度繁荣的城市，即天赋资源群聚集并以自然资源型产品为产业支柱的城市，是专门化职能城市的一种。[①] 从深层意义上看，其概念主要包括了两层的含义：一是资源型城市具备城市的共性。它往往是具有一定规模及密度的非农人口聚居地和具有一定层级地域的经济、政治、社会和文化中心，是地理、社会、经济政治等多种要素构成的综合性地理区域。[②] 其发展对周边地区同样存在经济扩散和辐射效应。二是这种城市是依托自然资源而建立的城市。资源对于城市的产生和发展具有重要的意义，这里的资源可以是石油、煤炭、有色金属等不可再生性的资源，也可以是森林、草原、土地等不易再生性的资源。

从产业结构来说，矿业是城市的主导产业或支柱产业，这类城市往往因矿业开发而兴起，随着资源开发的周期，社会经济环境的变化及城市经济结构的转型等方面而表现出不同的发展态势，有的因资源衰竭而衰退甚至消亡，有的则因为非矿替代产业的发展、或关联产业的纵深发展等原因而不断发展、壮大。根据国土资源部的统计，我国截至 1996 年共有建制市 666 座，其中资源型城市 126 座。而目前统计资源型城市为 118 座。但是，经济学界对国土资源部的分类提出了许多不同的看法。从数量上如何来定义资源型城市呢？即以什么数量标准来确定一个城市是否为资源型城市。在区分资源型城市数量的界定标准上，经济界意见纷纭。

一种观点认为资源型城市的宏观经济结构中，以资源（石油、煤炭、木

---

① 郑伯红：《资源型城市的可持续发展优化及案例研究》，载《云南地理环境研究》，1999 年第 3 期。
② 孟庆红：《区域经济学概论》，经济科学出版社 2003 年版。

材等）初级开发为主的第二产业占工业总产值的50%以上，且工业产值结构中初级产品占绝对优势。也就是说，矿产资源采掘业及初加工业产值总和超过工业总产值的50%，则该城市可定义为资源型城市。[1]

另一种观点则从劳动力人口比例角度出发来定义资源型城市，这种观点认为，有40%以上人口以直接或间接方式从事同种资源开发、生产和经营活动的城市，可称为资源型城市，即劳动就业人口在资源及初加工业中就业比例占全社会就业人口的40%以上，该城市可定性为资源型城市。[2]

樊杰在定义煤炭资源型城市时，以煤炭采选业在本市工业总产值中的比重大于或等于10%作为煤城的划分标准，若以此类推，以矿产资源采选业（煤炭采选业、石油天然气采选业、黑色金属采选业、有色金属业等）在城市工业总产值的比例大于或等于10%为资源型城市，这可以认为是资源型城市划分的又一量化标准。[3]

上述三种分类的标准，从不同的角度出发反映了资源型城市的经济特征。在这里，我们借鉴樊杰在定义煤炭资源型城市的划分标准，以资源开采业在资源型城市中是支柱或主导产业这一前提出发，考虑到不同类型资源城市的经济结构区别，将资源型城市定义为采选业工业产值占全部工业总产值比例大于或等于10%的城市。资源型产业不仅包括矿产资源的开发，还包括矿产资源的初加工、森林资源工业及冶金工业。这些城市中的大部分又是在新中国成立之后按照一厂一市的苏联模式建立和发展起来的，一般是先有企业再有城市，比如大庆油田（大庆）、胜利油田（东营）、辽河油田（盘锦）、鞍钢（鞍山）、马钢（马鞍山）等等。企业控制城市，企业的繁荣即城市的繁荣，企业的衰败也是城市的衰败，这也形成了资源型城市有别于其他城市的最显著特征。此外，资源型城市的形成还与我国原有的工业基础、赶超型的增长目标、国外封锁和战争压力以及传统的计划经济体制和国有经济布局结构等因素紧密相关。

我国的118座资源型城市占城市总数的18%。由于我国已经开采的矿山中，三分之二已经进入中老年期，400多座矿山资源已经枯竭，已有40多座资源型城市面临资源枯竭带来的经济发展萎缩以及伴随而来的一系列社会问题。根据《国务院关于促进资源型城市可持续发展的若干意见》提出的

---

[1] 俞滨洋、赵景海：《资源型城市可持续发展战略初探》，载《城市规划》，1999年第6期。

[2] 王元：《重视单一产业性城市的可持续发展》，载《人民日报》，2000年1月11日。

[3] 樊杰：《我国煤矿城市产业结构转换问题研究》，载《地理学报》，1993年第5期。

"20072010 年，设立针对资源枯竭城市的财力性转移支付，增强其基本公共服务保障能力，重点用于完善社会保障、教育卫生、环境保护、公共基础设施建设和专项贷款贴息等方面"要求，发展改革委、国土资源部、原国务院振兴东北办会同财政部以东北办前期完成的《我国资源型城市和资源枯竭城市界定研究》等课题为基础，提出了首批 12 家资源枯竭城市名单，已经国务院批准。首批资源枯竭城市包括阜新、伊春、辽源、白山、盘锦、石嘴山、白银、个旧（县级市）、焦作、萍乡、大冶（县级市）、大兴安岭。在总结首批经验的基础上，有关部门进一步完善指标体系，归集相关数据，积极开展第二批资源枯竭城市的界定工作。2008 年 3 月 5 日，国家发展和改革委员会网站上刊出消息称，国务院明确包括枣庄、黄石、淮北、铜陵、七台河、抚顺、铜川、景德镇等在内第二批 32 个资源枯竭城市。中央财政将给予包括此前确定的 12 个资源枯竭城市在内的共 44 个城市财力性转移支付资金支持。近年，暂不再审定新的资源枯竭城市。国务院要求，资源型城市的可持续发展工作由省级人民政府负总责，并强调省级人民政府要切实加强对资源型城市可持续发展工作的领导和支持。同时要求资源枯竭城市要抓紧制定、完善转型规划，提出转型和可持续发展工作的具体方案，进一步明确转型思路和发展重点，用好中央财力性转移支付资金，为保增长、促协调，为全国资源型城市的经济转型和可持续发展探出一条新路。

二、资源型城市产业及其特征

（一）资源型企业

资源型企业是从事化石资源又称不可再生资源（如石油、煤及金属、非金属矿产）开采的企业。资源型城市则是因资源开发而兴起，而且资源型企业在当地经济中仍占主导地位的城市。一般来说，资源型城市主要是因资源型企业而闻名的：如大庆因大庆油田有限责任公司，阜新因阜新矿业集团公司，白银因白银有色金属公司。

中国存在众多资源型城市，目前，资源型城市中有 20% 处于成长期，68% 处于成熟期，12% 处于衰落期。全国约有 400 多座矿山已经或将要闭坑，约有 118 多座矿城资源处于衰减状态。矿产资源的枯竭、矿山的关闭，不但导致资源型企业的退出，而且意味着资源型城市的转化——或者通过产业转型演变为一般性城市，或者就此衰退下去而丧失城市的功能。

　　资源枯竭型城市多数面临资源型企业与城市的衰退，带来了严重的经济与社会问题。而且，对于中国这样人口众多城市化水平又不高的国家，资源型企业衰退进而引发的资源型城市衰败，造成问题程度要比一般国家严重得多。所以，资源型企业、城市通过产业转型实现可持续发展，对于中国意义更深远。

　　1. 城市因企业而兴

　　中国的资源型城市可分为两类：无依托资源型城市，即在原先没有城市的荒原僻野，因矿产资源开发而兴起的城市，如大庆、焦作、阜新、盘锦、白银；有依托资源型城市，即原先已有城市，后因附近地区发现并开发矿产资源，而转变为资源型城市的，如任丘、邯郸、库尔勒。对于有依托资源型城市来说，矿产资源的发现与开发是城市迅速发展的契机，而这个契机的把握又离不开资源型企业。从这个意义上说，资源型城市因资源型企业而兴。

　　江西景德镇、湖北大冶等都是典型的有依托的资源型城市，历史十分古老，后来因资源的发现开采而成为资源型城市。对于无依托资源型城市来说，城市建立过程中的人口与资本的聚集，是通过资源型企业在当地的发展而实现的。当丰富的化石资源被发现，外地企业或者转移到此地或者在当地成立分支机构，使大量人口和物质资源迅速聚集到此。后来随着企业的进入、人口的流入，商业、服务业逐渐发达，公用事业逐渐完善，一个城市拔地而起。先有企业，后建城市是这类资源型城市的一大特点。

　　河南焦作是一个典型的无依托资源型城市。焦作市的前身原是偏僻荒凉的自然村，1898 年英商福公司开始在此开设"哲美森厂"。1905 年，连接焦作的铁路通车后，焦作的工商业人口逐渐增多，至 1922 年已有 20 多家较大商业店铺陆续建成开业，加工作坊、服务、修理业 200 多家。1909 年 2 月 25 日，清政府河南交涉局与英国福公司签订《河南交涉洋务局与福公司见煤后办事专条》，其中第八条规定："路矿学堂，议定本年春季开办"，是年 3 月 1 日，英国福公司按上述条款规定，创办焦作路矿学堂（焦作工学院的前身），主要培养采矿冶金和铁路方面的专门人才，焦作路矿学堂是我国第一所矿业最高学府和河南第一所高等学校，它的成立无疑为焦作这座新兴的近代工业城市培养了大批的技术人才。清政府于 1910 年（宣统二年）以西焦作为中心成立了焦作镇，属修武县管辖。1925 年焦作镇首次改为焦作市。这样，一个资源型城市诞生了。

　　中国许多无依托资源型城市是在计划经济时代建立起来的，矿区商业、服务业的发展不是依靠市场机制，而是通过企业办社会实现的。以大庆为例，城市建立后很长时期一直实行的是行政和企业合一的市政管理体制。大庆的福利设施，既是为企业和职工家属所兴办，也是为社会所兴办。企业的保卫工作，也就是社会的治安工作。城市政府管理系统的各个部门和企业的有关部门的职能合并在一起，在企业的集中领导下，同时作为矿区政府，对城市与企业实行统一管理。城市建立后的40多年里，一直没有独立的城市地方财政，每年40多亿财政收入全部上缴中央财政，城市市政经费全部由油田包下来（周长庆，1994）。资源型国有企业建立起来的无依托资源型城企关系具有如下特点：

（1）一城一企。1949年以来，中国实行的是，由政府指定一家资源型国有企业独自拥有特定地域内矿产资源开采权，同时该企业只能在该地域内进行矿产资源开采。这样，资源型城市形成以后，城市中只有一家大型资源开采企业，而企业也只有一个"根据地"，城市的命运与企业的命运紧密地联系在一起。

（2）政企合一。资源型城市形成之初，几乎所有的城市功能都是由资源开采企业行使的，一般实行政府行政和资源型企业合一的市政管理体制。在计划经济时代国有企业都有行政级别，且能够建立起城市的矿区往往都是大型、特大型矿区，所在的资源开采企业原来都是省属企业甚至中央直属企业，行政级别很高（市地级甚至省部级），所以企业领导者一般顺理成章地兼任城市行政领导。

（3）企业办社会。由于矿业资源位于荒原僻野，资源开采企业与其人员所需的保障系统、公用事业系统甚至一些政府职能，只能由企业自己提供。这样，资源开采企业成为集资源开采、生产辅助系统、后勤保障系统公用事业与政府职能为一身"大而全"的组织。

2. 企业与城市的协同发展

城市的发展直接表现为城市经济功能的增强。城市的经济功能分成两类：基本经济功能，为城外提供商品和服务的职能；非基本经济职能，为满足城内的消费而提供商品和服务的职能（孙志刚，1998）。城市的基本经济功能是由城市中的基本经济部门，也称外向产业或输出型产业（主要包括原料产业、制造业、生产性服务业等）完成的，其决定了城市的形成与发展（保罗·贝罗克，1991）。

在资源型城市建立后的相当长时期内，资源型企业是城市主要的甚至是唯一的基本经济部门。随着资源型企业的成长，资源型城市兴起并迅速发展，二者发展具有的同步性表现在：

（1）随着资源型企业的成长与成熟，资源型城市的经济总量迅速上升。

（2）资源型企业的发展为城市中资源加工产业的兴起提供了条件。

（3）资源型企业的发展，带动城市服务行业的发展为城市提供越来越多就业机会。

（4）资源性国有企业办社会带动了城市各种基础设施建设的迅速发展。

（5）随着城市的发展，企业的外部资源与环境得到改善，企业的生产、生活配套设施逐步完善，企业可以利用城市的聚集效应和创新系统，企业原来的区位劣势逐渐得以扭转。

以辽宁盘锦市为例，1984 年建立城市。2000 年辽河油田石油天然气开采的工业总产值以不变价格计算为 1984 年的 254%，2000 年城市国内生产总值为 1984 年的 2239%，辽河油田与盘锦城市经济同步成长。2000 年盘锦石油加工与石化企业的工业总产值为 1984 年的 848%，辽河油田与盘锦石油加工与石化企业同步成长（见图 3 - 1）；2000 年盘锦第三产业 GDP 为 1984 年的 3784%，就业人数为 1984 年的 155%（盘锦市统计局，2001；郑继华，2001），辽河油田带动了盘锦市第三产业的成长（见图 3 - 2）。另外，辽河油田的开发建设显著促进了盘锦市基础设施、文教卫生条件的改善。辽河油田曾投资近 10 亿元，在盘锦境内修建黑色路面千余公里，桥梁近千座。

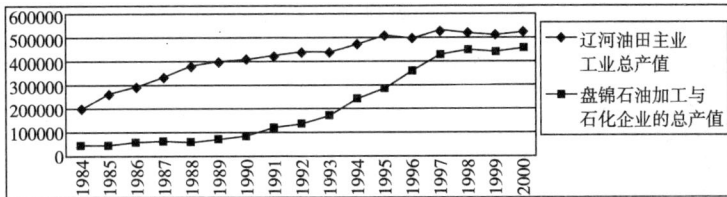

图 3 - 1　辽河油田与盘锦石油加工与石化企业同步成长

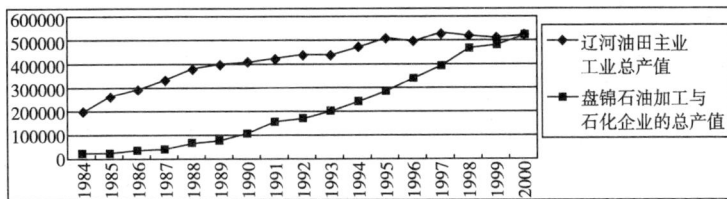

图 3 - 2　辽河油田与盘锦第三产业的同步发展

在资源型企业与城市协同发展的时期内，政企开始逐渐分离，资源型企业的领导逐渐不再兼任城市行政领导，仅仅像一般大企业那样在城市人大、政协、党委中任职。政企分离作为一个渐进的过程表现在：（1）先在市级政府实现政企分离，后在区级政府实现政企分离；（2）先企业办政府的职能分离，后企业办社会的职能分离。

3. 企业对城市的塑造

资源型城市因资源型企业而兴，随着当地资源开发、资源型企业成长而由小变大发展起来。与一般城市相比，资源型城市具有许多特殊性，这些特殊性直接或间接归因于当地资源型企业。城市在经济、社会、文化等各个方面都留下了资源型企业的印记，资源型企业塑造了资源型城市。

（1）大企业小城市导致城市经济结构单一

在很长时期内，资源性企业一直在城市经济中占据绝对大的比重，形成大企业小城市的局面，比如胜利油田石油天然气开采的产值占山东东营市工业的近90%。由于资源型企业占城市经济比重过大，导致城市经济结构单一，具体体现在：（1）城市产业结构单一，如阜新、辽源、七台河、淮北、萍乡、铜川等煤炭城市，煤炭采掘业占工业总产值的比重平均为38%，其中黑龙江省七台河市高达80%。（2）就业结构单一，如上述煤炭城市煤炭采掘业的从业人员占全市城镇职工的1/3。（3）所有制结构单一，如上述煤炭城市国有及国有控股工业企业总产值的比重平均为71%，大庆市这一比重高达92%。

（2）政企合一的体制导致城市综合服务功能缺损

一般城市政企是分离的，城市政府的任务是服务于整个城市，为整城市提供共用品，包括城市的通盘发展规划，兼顾城市经济、社会、文化发展目标。而政企合一的体制，是以资源型企业为中心的，整个城市服务于资源型企业。而对其他企业来说，城市的服务功能很欠缺。这样的体制下，难以实现城市经济主体的多元化，难以兼顾城市的经济、社会、文化发展。

（3）资源型企业在城市中产生人才极化现象

在很长一段时期内，资源型企业是资源型城市及周边地区最好的就业去处，不但工资较高而且待遇也比其他单位好，比如辽河油田附属中小学教师的工资要比盘锦市同行高20%左右。这样，资源型城市的优秀人才集中于资源型企业。而城市中其他行业、其他企业在人力资源方面明显处于劣势。

（4）形成城市中多数企业依赖于资源型企业生存的现象

资源型城市中，大多数企业都为资源型企业及其员工服务的。在企业办社会的体制下，这些为资源型企业服务的企业，主要作为资源型企业的附属企业而存在，先后经历了不独立核算和内部交易两个阶段，其业务基本上局限于资源型企业系统内。2000年前后，中国多数大型资源型企业基本完成了主辅分离，辅助业务部分成为独立经营的企业，二者的业务关系从内部交易变为长期交易，但这短期内仍然改变不了对资源型企业的依赖性。资源型城市中原来独立存在的企业中，以资源型企业为市场的企业相对容易生存下来。这样，资源型城市中多数企业依赖于资源型企业而生存。

（5）"平地而起"的城市形成独特矿城文化

无依托资源型城市的形成不经过比较漫长的人口中心聚落过程，不像一般城市发展那样，先有市场再有城市，往往是在资源型企业的推动下"平地而起"。由于城市是"平地而起"的，城市文化设施、人文景观缺乏，同时居民主要是外迁而来的，往往是在建立很长时间之后，资源型城市仍然缺乏地方观念和对当地的忠诚，形成独特城市文化。无依托资源型城市往往是移民城市，缺少一般城市长期沉淀下来的历史传统，但逐渐形成了独特的资源型城市文化。资源型城市文化具有如下特点：第一，受资源型国有企业影响，计划经济意识较强；第二，城市保留很多乡村色彩，自然经济文化相对浓厚，市场观念较淡。

4. 企业、城市演化的结局

资源型企业、城市的演化可能出现两种不同的结局：一是企业与城市同步衰退，企业作为资源枯竭型企业衰退下去，同时城市成为资源枯竭性城市衰退下去，如云南省东川市因东川铜矿枯竭而不复存在。二是通过产业转型，资源型城市转化为一般性城市，河北唐山市已经基本完成从煤炭城市向一般性城市的转化。

（1）企业与城市的同步衰退

对于中国多数资源型城市来说，当资源型企业因资源枯竭而步入衰退期以后，由于城市的产业结构仍然单一，资源型产业在城市经济中占相当大比重，资源型企业的衰退直接导致城市经济总量的增长停滞甚至降低，资源型城市随资源型企业的衰退而同步衰退。

除此之外，资源型城市其他产业（包括市场不限于本地区的外向产业）与资源型企业还呈现出同步的衰退性。以资源型城市阜新为例，1997 年到2000 年该城市资源型产业与其他工业同步衰退，而且二者衰退幅度接近。类似的情况也发生在德国著名的煤炭钢铁工业基地鲁尔地区，根据 Grabher 等（1993）的研究，20 世纪 70 年代德国鲁尔地区钢铁工业发生衰退，1977 年到1986 年间该地区钢铁行业就业人数下降 23.2%，同期该地区的机械制造业和钢铁建筑业的发展远远落在西德全国平均水平后面，高新技术产业的增长也低于西德全国平均水平（1977 年到 1983 年间西德水平为 39%，而鲁尔地区仅为 25%）。出现这种同步衰退现象的原因在于：

第一，城市中多数企业依赖于资源型企业而生存，一旦资源型企业衰退，这些依赖于资源型企业生存的企业会失去原来的市场。

第二，依赖于资源型企业而生存的企业，与资源型企业之间原来是长期交易关系，这种长期交易关系一方面使得这些企业的市场营销能力发育不全或者退化，另一方面可能使这些企业在设备、产品、人员技能等方面形成针对资源型企业的专用性，而不适应其他客户。

第三，资源型城市中较强的计划经济意识、较淡的市场观念，使这些企业在外部市场的竞争能力不足，难以开拓新的市场。

（2）资源型城市转化为一般性城市

在中国，通过产业转型正向一般性城市转化的资源型城市不乏其例，河北唐山市相对走在前面，已经基本完成从煤炭城市向一般性城市的转化，已形成煤炭、钢铁、电力、建材、机械、化工、陶瓷、纺织、造纸等 10 大支柱产业，机电一体化、电子信息、生物工程、新材料四个高新技术产业群体已扎实起步。现有开滦、唐钢、冀东水泥、机车车辆、三友碱业、唐山陶瓷等一大批大型骨干优势企业。对外开放初步形成了全方位、多层次、宽领域格局。累计实际利用外资 22 亿美元，外商投资企业达到 381 家。唐山市作为煤炭城市向一般性城市转型的过程具有如下特点：

第一，城市非煤产业的发展与现存的煤炭企业（开滦矿业集团公司）没有直接关系。唐钢、冀东水泥、机车车辆、三友碱业、唐山陶瓷这些唐山市的骨干优势企业，可能与历史上的开滦煤矿多少有些渊源，但绝非开滦矿业集团公司产业多角化经营的产物。

第二，离不开中央政府的扶持。唐山大地震后 20 年，相继有一大批水平较高、规模较大的大中型项目在唐山建成投产（张洪河，2001）。

第三，民营经济发展较快，外资企业纷纷落户。而在大多数资源型城市，民营经济发展缓慢，外资企业非常罕见。

第四，地理位置优越、城市环境幽雅、工业基础雄厚。唐山交通四通八达，干线铁路、国道穿境而过、高速公路交织成网，京唐港跻身全国港口 20 强。作为震后崛起的新型城市，环境清新优美，现代化水平较高，1990 年唐山在中国城市中，第一个荣获联合国"人居荣誉奖"。唐山又是中国近代民族工业的摇篮，工业基础雄厚。

（3）资源型企业、城市演化中的协同作用

资源型企业、城市演化中的协同作用表现在两个方面：一方面资源型企业实现产业转型带动资源型城市转化一般性城市；另一方面资源型城市转化为一般性城市为资源型企业实现产业转型创造条件。

第一，资源型企业实现产业转型带动资源型城市转化一般性城市

城市的经济变迁、产业转型需要具体的企业来完成，具体的企业可以是资源型企业也可以是其他企业。但是，在大多数资源型城市中资源型企业一直为城市的经济支柱，聚集了企业中最优秀的人才，因此资源型企业总是被认为是资源型城市实现产业转型的主体和希望。

从一些资源型城市转型的情况来看，资源型企业的作用不可忽视。湖南萍乡市已经从单一的煤炭城市而发展成拥有机械、冶金、化工、建材、陶瓷等多支柱产业的工业城市。而萍乡矿业集团在城市产业转型中担当了主要角色，目前企业生产经营范围涉及煤炭、玻璃、客车、客车空调、电力、水泥、电焊条、炸药、矿泉水等，其"安源牌"客车畅销全国。唐山市目前的诸多支柱企业，如冀东水泥、机车车辆，或者从是原开滦煤矿分离出来的，或者与原开滦煤矿有这样或那样的渊源。

第二，城市的转化为资源型企业实现产业转型创造条件

区位环境和外部条件是决定资源型企业产业转型是否成功的重要条件。如果城市经济主体多元化、其他产业（特别是外向产业）发展良好，那么资源型企业产业转型的选择空间大得多，至少可以从事第三产业。大港油田的石油资源日趋枯竭，企业因毗邻天津区位条件好，产业转型比较成功，主要以第三产业为主。

日本著名煤炭问题研究专家矢田俊文（1994）教授的研究结果表明：第二次世界大战后日本煤炭企业的产业转型，只在两类地区取得成效。一是有利于发展新兴产业的首都圈附近的矿区和濑户内海工业带的矿区，二是与高速发展的新兴都市相邻近的矿区，比如札幌附近的石狩区和福冈市附近的矿区。

可见，资源型国有企业建立起来的资源型城市（特别是无依托资源型）城企关系具有"一城一企、政企合一、企业办社会"的特点；在资源型城市建立后的相当长时期内，城市的基本经济职能主要由资源型企业完成，企业与城市的协同发展；资源型企业是带动资源型城市变迁的主要力量，但不是唯一力量。资源型城市中多元化经济主体的培养、外部经济主体的引入对资源型城市可持续发展非常重要。外部力量（如外资、外地企业）的介入、甚至突发事件（比如地震）对资源型城市、企业的产业转型起到了推动作用。

（二）资源型城市产业的贡献

资源型城市的共同特征体现为城市的兴衰与资源的可开采储量密切相关，

与该城市资源型产业在经济结构优化升级过程中的地位密切相关，与该城市资源型企业的市场竞争能力密切相关。我国目前共有资源型城市118个，分布在黑龙江、内蒙古、山西等22个省份，其中黑龙江的最多，达到13个；山西、吉林两省资源型城市也在10个以上。东北三省共有30个资源型城市，占全国总数的1/4。按照城市分类，这些资源型城市又可以分成六类：煤炭城市、有色金属冶金城市、黑色金属冶金城市、石油城市、森工城市以及其他城市。

表3-1　我国资源型城市的分类

城市类型	煤炭城市	有色金属城市	黑色金属城市	石油城市	森工城市	其他
数量	63	12	8	9	21	5

资料来源：国家计委宏观经济研究院课题组，《我国资源型城市的界定与分类》，宏观经济研究，2002（11）

资源型城市为我国经济发展做出了的贡献是不容忽视的。半个多世纪以来，资源型城市一直为我国的经济建设输送大量的原材料和能源，是我国经济建设的动力和保障。资源型城市的建立，也为当地人民提供了大量的就业机会、加快了我国的城市化进程。

以黄石市为例，黄石市是以本地铁矿、铜矿、煤炭、石灰石等矿产资源开采、加工，生产钢、铜、水泥、能源为主导产业的一个典型的综合性资源型城市。黄石于1950年8月建市，是新中国成立后湖北省最早设立的两个省辖市之一。毛主席曾于1953年、1958年两度亲临黄石，察看了冶钢生产现场和大冶铁矿。黄石是我国中部地区重要的原材料工业基地，被誉为"青铜古都"、"钢铁摇篮"、"水泥故乡"、"服装新城"。

早在上世纪五六十年代，黄石就被列为全国重点建设城市之一，一大批项目布点黄石。进入80年代，黄石成为全国科技体制等几项改革的试点城市。90年代被定为沿江开放城市。湖北省第六次党代会以来，省委、省政府一直把黄石作为大城市和鄂东地区的中心城市来规划发展。第七次党代会提出，黄石是湖北经济发展"金三角"重要支点，随后又把黄石作为全省"一特五大"中的大城市来规划。第八次党代会提出，将宜昌、襄樊、黄石等中等城市建设成为区域性中心大城市。2007年，在湖北省政府批准的《武汉城市圈总体规划中》将黄石定位为武汉城市圈副中心城市。

19世纪末，两湖总督张之洞在黄石建立大冶铁矿，由此谱写了近代中国冶金工业的第一章。新中国成立后，国家就在黄石集中投资新建和扩建了一批重点骨干企业，使黄石成为我国重要的原材料工业基地。经过建市近60年的建设和发展，黄石已形成包括冶金、建材、能源、服装、机械、化工、医药等14种主导产业在内的工业门类，拥有2家销售收入过100亿元的企业、5家百年老厂、10家上市公司（其中5家借壳上市），拥有工业产品5000多种、中国名牌5个、中国驰名商标5件、湖北名牌50个。

　　据统计，建市以来，黄石累计向国家提供铁矿石1.9亿多吨、铜精矿（含铜金属）75万吨、原煤7000多万吨、各种非金属矿5.6亿吨；累计产钢3000多万吨、铜300多万吨、水泥1.38亿吨。1990年前，黄石一直是武汉的"粮仓"，武钢70%的铁矿石和武汉市70%的生产生活用煤均由黄石提供。截止目前，黄石累计上缴利税270亿元，加上统配价差，黄石工业累计为国家贡献约350亿元左右，相当于国家同期投入的6倍。①

　　（三）资源型城市产业的特征

　　资源型城市的形成和发展对当地的资源具有特殊的依赖性，受资源储量的约束和资源枯竭性的影响，呈现出特殊的发展规律：建设——繁荣——衰退——枯竭消亡或转型复兴。经过长期开发甚至高强度开发后，现在许多资源型城市资源储备日趋枯竭，开采成本不断上升。在体制改革深化、对外开放扩大和经济结构调整不断加快的形势下，资源枯竭型城市，即矿产资源开发进入后期，其累计采出储量已达到可采储量的70%以上的城市，普遍面临着经济、社会，就业、环境等问题。扭转资源渐趋枯竭，资源开采收益下降对资源枯竭型城市经济发展的消极影响，改变对自然资源的过度依赖，使资源枯竭型城市摆脱"资源富城兴、资源竭城衰"的困扰，深入分析资源枯竭型城市的现状，研究其产业结构的特征，并探寻在新形势下调整和优化产业结构的有效措施，对实现资源枯竭型城市的复兴和可持续发展有重要的意义。

　　国内学者对我国资源型城市产业结构存在的问题以及相应的调整措施有较多的研究。徐建中、赵红（2001）分析了资源型城市产业结构所面临的问题及成因，并从产品结构、技术结构和组织结构三方面提出产业结构调整对策；张秀生、陈先勇（2001）对我国资源型城市产业结构的现状进行了分析，在探讨其面临困境的根源的基础上，提出了产业结构调整的对策；山西省资源型城市经济转型研究课题组（2003）认为山西省资源型城市产业结构刚性化和单一化明显，提出要以产业结构调整为主线，以提高经济增长的质量和

---

① 任世茂：《黄石资源枯竭型城市转型情况调查》，载《政策》，2009年第9期。

效益为中心，着力培育接续和替代产业，走新型工业化道路；张军涛（2003）分析了辽宁省盘锦市产业结构的基本特征，阐述了在经济全球化背景下产业结构调整、转化的原则和措施；孟辉（2005）对资源枯竭型城市产业结构调整进行了讨论，认为要实现资源枯竭型城市可持续发展应培育新的主导产业、支柱产业，优化产业结构。

资源枯竭型城市的数量、具体分布及其产业结构特征：

1. 产业结构呈超重型

长时间以来，我国把重工业放在优先发展的地位，资源型城市的主导产业是围绕资源开发而建立的采掘业和初级加工业。在资源开采初期，大量资金的流入促进了资源产区的资源开采，也带动了其他产业的发展，促进了地区经济的繁荣。但资源性产业也有缺陷：（1）生产的时限性。时限性是指由于资源的有限性，开采到最后必须停止生产的特点。一个地区不论资源储量多么丰富，开采强度多么低，总有开采完毕、停止生产的那一天。进一步讲，资源性产品之间的相互替代性也会导致资源开采的不经济。（2）生产成本有不断上升的趋势。资源型产业受自然条件的影响大，开采成本总体上不断上升。因为人们对自然资源的开采一般是自上而下、由近而远、先易后难、先优后劣。因此，资源开采业和制造业有着不同的成本变动规律，由此带来的结果是资源型城市和制造业城市之间的差距越来越大。随着资源开采的不断深入，原有的资源优势将会逐渐消失，从而制约相关产业的发展，最终导致城市经济的衰退。欧盟和日本的产业转型是在资源开发已进入衰退期，政府为了解决严重的经济、社会等方面问题而采取的被迫应对措施。

资源型城市一般以能源、原材料工业为主，以采选业和初加工业为首的重工业占据了工业总产值中的相当大的比例。这种超重型的产业结构严重制约了资源的合理利用和生产力的合理配置，也导致了城市经济对资源的依赖，面对经济形势急剧变化和新技术革命挑战，资源枯竭型城市产业结构不能及时适应市场需求变化。如2000年，阜新煤炭采掘业及电力工业产值占工业总产值的比重为58.64%，攀枝花采掘业及矿产加工业产值占工业总产值的比重为81.23%。阜新以煤炭开采为主，攀枝花以黑色金属冶炼为主，可见重工业在资源型城市中占绝对主导地位，采掘业及初级加工业成为主导产业，资源型城市产业结构的超重化、单一化明显。

由于资源条件恶化，开采成本不断上升，城市经济效益低。选取人均国民生产总值（GNP）（E1）、百元固定资产原值实现工业总产值（E2）以及百元总产值实现利税（E3）等作为反映城市经济效益的指标，统计分析见

表3-2：

表3-2　城市经济效益指标比较单位：元

指标 城市类型	E1	E2	E3
全国城市合计（1991年）	3656.92	136.09	10.69
全国城市合计（1997年）	…	130.63	7.31
资源型城市合计（1991年）	2822.39	69.01	8.72
资源型城市合计（地级以上）（1997年）	9578.93	85.19	7.34

表3-2中，1991年数据和1997年数据均表明，资源型城市经济效益均明显低于全国城市平均水平；随着城市经济结构综合化程度的提高，城市经济效益也相应提高。在数据分析中我们发现，随着采选业比重的逐步降低，城市经济效益指标明显提高；石油城市经济效益比较稳定，对国家利税贡献较大。而煤矿城市经济效益稳中略有上升，其他类城市发展明显滞后，甚至出现衰退迹象。总体来看，1991年至1997年矿业城市的发展明显滞后于全国城市的平均水平。

由于资源型城市经济效益低下，导致城市财力严重不足，自我建设和发展能力极其薄弱，见表3-3。

表3-3　财政收支结构

指标 城市类型	人均财政收入（元）		人均财政支出（元）	
	1991年	1997年	1991年	1997年
全国城市	537.91	905.01	355.03	1119.92
资源型城市	54.48	552.33	210.75	715.37

资料来源：根据1992、1997年《中国城市统计年鉴》资料计算整理

随着资源开发的年限延伸，资源开发的难度越大，其成本越高，从而导致矿山企业的收益递减，资源型城市财政收支持续低于全国城市平均人均财政收支水平，随着资源型城市采选业比重的增加，城市的人均财政收支水平愈益低下。财政收支水平的低下，导致资源型城市既无资金建设地方一般工业，也无力为国家大型建设项目进行资金匹配，从而丧失了发展的机会。在这种情况下，资源型城市若不及时改变城市主导产业的断档局面，必然会导致产值的急剧下降，大量剩余劳动力无法安置，城市经济和社会问题严重等现象。以煤炭资源为例，据统计，在全国93个矿务局中，煤炭资源条件趋向衰竭，接近报废的矿务局有36个，其中只有极少数城市如抚顺、唐山、焦作等在结构转换中布置较早的城市所受影响较小外，大量仍未摆脱传统发展模

式的资源型城市正面临着日益恶劣的经济严冬。

2. 产业结构低度化,产业次序低

我国资源枯竭型城市产业结构低度化,具体表现为:一是对资源的加工程度低,以初级原材料的形式向外输出产品;二是资源加工中的技术水平低,产品附加值低,资源的大规模消耗没有带来相应的经济效益;三是加工工业和基础产业不发达,处于产业链末端高加工度化的产业比重小;产业集中度低,规模经济效益差;现代服务业发展缓慢,新兴产业比重低。三次产业中,第一产业比重偏低,第二产业比重过大,第三产业发展缓慢、滞后。

表 3 - 4　三次产业 GDP 结构的"标准模式"

	库兹涅兹模式（1971）人均 GDP（1958 年美元）		钱埃西模式（1970）人均 GDP（1964 年美元）		赛饯模式（1989）人均 GDP（1980 年美元）	
	500	1000	600	1000	500	1000
第一产业（%）	19.4	10.9	21.8	18.6	31.7	22.8
第二产业（%）	42.5	48.4	29.0	31.4	33.4	39.2
第三产业（%）	38.1	40.7	49.2	50.0	34.6	37.8

资料来源：库兹涅茨《各国的经济增长》,商务印书馆,1985

表 3 - 5　国部分资源枯竭型城市三次产业结构

城市	年份	GDP（万元）	第一产业比重（%）		第二产业比重（%）		第三产业比重（%）	
			从业人员	占 GDP	从业人员	占 GDP	从业人员	占 CDP
阜新	1994	346434	1.1	5.12	60.7	61.41	38.2	31.57
	1997	407309	1.3	4.57	54.0	49.70	44.7	45.73
	2001	703271	2.69	14.25	50.07	39.02	47.24	46.46
铜陵	1994	251424	14.0	2.82	65.0	65.60	20.9	31.58
	1997	416023	8.8	2.34	54.6	57.28	36.6	40.39
	2001	801435	3.35	6.2B	63.95	55.79	32.70	37.93
茂名	1994	542410	45.5	8.94	31.2	58.43	23.3	32.63
	1997	861420	30.6	8.99	37.5	56.06	31.9	34.96
	2001	1326064	0.25	6.64	53.17	58.24	46.57	35.11
攀枝花	1994	635691	17.9	2.10	63、3	78.89	18.8	19.01
	1997	851171	17.9	2.60	59.8	72.77	22.3	24.63
	2001	1241647	0.82	6.75	75.15	67.72	24.03	25.53
伊春	1994	291170	3.8	7.70	74.6	59.03	21.6	33.29
	1997	414254	4.4	9.22	72.2	50.02	23.4	40.76
	2001	785572	1.41	16.44	80.20	48.32	18.39	35.24

续表

城市	年份	GDP（万元）	第一产业比重（%）		第二产业比重（%）		第三产业比重（%）	
			从业人员	占 GDP	从业人员	占 GDP	从业人员	占 CDP
金国	1994	312037149	36.7	12.39	35.5	52.35	27.8	35.26
城市	1997	~	20.6	–	42.0	–	37.4	–
台计	2001	1039258555	6.81	14.26	42.08	46.38	51.12	39.36

资料来源：《中国城市统计年鉴》（1995.1998.2002）

由表 3 - 4 和表 3 - 5[①] 可以看出，与标准模式和我国城市的总体水平相比，我国资源枯竭型城市的三次产业结构比例不合理、序次低。产业结构序次低这一结构性因素是直接导致经济效益低下的最根本原因之一。资源型产业发展中，为了获得较大的效益，往往较重视储藏地的开发以及运输成本，它们普遍属于上游产业，而忽视能够产生更大附加值的深度加工业。因此，城市发展中普遍存在产业链不完善的问题。此外，我国很多资源型城市的经济增长方式还停留在劳动密集型向资金技术密集型转变过程中，产业结构中科技含量较低，因而资源耗费严重。以 2002 年《中国城市统计年鉴》资料为依据进行分析见表 3 - 6：

表 3 - 6　行业产值占城市工业总产值比例单位:%

	采选业	食品	纺织	电力	化工	建材	冶金	机械	石化	合计
全国城市合计	4.01	5.11	9.61	3.71	7.48	3.54	13.73	9.98	4.07	61.72
资源型城市合计	33.61	4.13	5.06	7.17	5.57	4.42	14.04	5.58	6.26	86.59

从表 3 - 6 可以得出如下结论：

第一，资源型城市的产业结构单一、工业经济综合化发展程度低下，以采选业及其初加工业为首的重工业占据了工业总产值中的相当大的比例。资源型城市采选业产值占工业总产值比例达 33.6%，若再加上石油加工及冶金、化工等初加工业，其产值超过工业总产值的 50%；产业结构层次比较低、结

---

① 吴诗荣：《我国资源枯竭型城市产业结构特征的初步分析》，载《财经政法资讯》，2006 年第 5 期。

构失衡。工业以传统产业为主，资源依赖程度高。2004 年，徐州规模以上的工业企业中，工业总产值居于前几位的分别是普通机械制造业、饮料制造业、煤炭采选业，电力、蒸汽、热水生产和供应业、纺织业、化学原料及化学制品制造业，还有木材加工及门、藤、棕、草制造业等。这些行业对资源的依赖程度高，产业链延伸能力弱。

第二，城市经济的畸形发展。资源型城市第一、二、三产业比重明显不协调，第二产业比重偏高，第三产业发展不够。2002 年第二产业产值比例高达国内生产总值（GDP）的 64%，比同期全国平均水平高约 8 个百分点，第三产业则低约 11 个百分点；到了 2004 年这一畸形的产业结构状况并未得到明显改善，2004 年资源型城市（地级以上）的二、三产业比重仅与 2002 年全国城市的平均水平大体相当，仍远滞后于全国城市产业结构的发展水平。虽经多年结构调整，目前徐州工业结构仍然偏重，且增长速度仍然是重工业偏快。2006 年徐州工业产品销售收入 1586.71 亿元，其中轻工业产品销售收入 495.31 亿元，重工业产品销售收入 1091.40 亿元，轻工增速 25.3%，重工业为 32.3%。传统工业占比过大，徐州十大行业中，机械、食品、冶金、化工四大传统产业产值占全市经济的 63.2%，产业结构失调，现代服务业落后，迟滞新型工业化进程。

第三，产业结构调整缓慢。资源型城市传统产业比重明显偏高。随着综合化程度的提高，加工程度较高、技术含量较高的化工、建筑、冶金及机械行业产值比重明显提高；随着采选业比重的下降，加工业的产业链相应延伸，城市产业结构向高级化方向转换。我国学者根据世界 100 多个国家的资料，计算出人均收入 1000 美元时，各国的国内生产总值在一、二、三产业的比重大致为 18.6：31.4：50，就业结构大致为 28.6：30.7：40.7。2006 年徐州三次产业比重为 12.6：51.9：35.5，就业结构为 37.8：30.9：31.3 需要在进一步提升第二产业层次的基础上，来促进第三产业发展。从三次产业在江苏省和国内生产总值所占的比重来看，见表 2-7，徐州同其他十二个城市相比，第一产业排名比较靠前，所占的比重比较大，而第二、第三产业的排名比较靠后。虽呈现"二三一"格局，属于工业化中期，但其产业结构调整缓，产业升级还需要继续。

表 3 - 7　徐州市国民经济主要指标占全省比重（2005 - 2008）[①]

产业　　项目		江苏省生产总值（亿元）	徐州市生产总值（亿元）	徐州市占全省的比重（%）
地区生产总值	2005 年	18305.66	1212.15	6.62
	2006 年	21645.08	1428.80	6.60
	2007 年	25741.15	1679.56	6.52
第一产业	2005 年	1461.48	169.96	11.63
	2006 年	1545.01	180.82	11.70
	2007 年	1816.24	192.65	10.61
第二产业	2005 年	10355.04	613.92	5.93
	2006 年	12250.84	741.36	9.05
	2007 年	14306.40	881.96	6.16
第三产业	2005 年	6489.14	428.27	6.60
	2006 年	7849.23	506.62	6.45
	2007 年	9618.51	604.95	6.29

3. 产业结构布局分散化，企业规模结构不合理

资源型城市布局缺乏整体规划，分散性较强。由于受资源生成条件和开采条件的制约，大多数开采地、加工地分布不均，我国绝大部分资源枯竭型城市是依山、靠矿而建，城市内部布局较为分散，一般都是先取条件较好、位置适中的地段为点，然后集中规划和建设，使之成为相对集中的中心生活区，以一定的交通线连接起来，构成点状分布的城镇群，在宏观上呈现组团式的分散辐射状结构。资源型城市的开发具有突发性，其快速发展主要以对资源开发的大规模投入为基础，并没有从一开始对城市或区域进行详细、整体的布局规划，形成了我国现在资源型城市普遍存在的一个共性：点多、线长、面广，从而也造成了资源型城市一般都缺乏现代化城市应具有集聚经济效应。以资源开发为主的产业结构决定了资源型城市分散布局的城市空间结构以及城市规模小，城市综合功能较弱的城镇发展特点。资源型城市往往按矿区进行城市规划，城市交通线布局，城市生活区、生产区、产业区布局不合理问题非常严重。这些问题加重了城市的生态破坏，治理环境污染又由于不合理的城市规划而受很大限制。

企业规模结构不合理。一是原有工业布局分散，缺乏规划和引导，难以

---

① 姚文涛等：《经济危机下资源型城市产业结构调整——以徐州为例》，载《改革与战略》，2009 年。

形成规模。2006 年全市工业企业 1586 家,年销售收入超亿元的 184 家,占 11.6%;利税超亿元 18 家,占 1.13%。工业企业中大多数行业缺少领航的龙头,如徐州市 180 多家纺织企业,而规模以上的只有 30 多家,像电子衡器、医疗器械、网架、液压油缸、压力机械等,更是小企业林立。粗放经营导致资源浪费、环境恶化,恶性竞争损害了徐州区域经济和特色产业品牌形象。二是开发区和工业集中区实力不强、功能定位不突出,产业雷同、缺乏差异、缺失特色、分工协作差,产业链接、同质竞争,难以形成错位发展格局。

以自然资源开发为主的产业结构加速了资源的下降速度,使人均"自然财富"的占有率下降,给资源枯竭型城市经济可持续发展带来了直接的威胁。资源枯竭型城市经济增长势力集中资源产业上,尤其是产业链中的始端产业上。我国资源枯竭型城市的采掘业、原材料和制造业之间衔接不紧密,配套产业发展不足。加工制造业大多是"嵌入式",与其他产业纵横联系少。作为主导产业的资源型产业对相关产业的关联效应辐射弱,扩散效应不强。产业低关联度使得城市经济过分依赖产业链的始端产业,容易导致城市经济畸形或衰退,城市经济随市场供求的变化而起落不定。见表 3-8、3-9。

表 3-8 四大产业前向完全关联效应系数(感应度系数)

	1981 年	1987 年	1990 年	1995 年
冶金工业	1.2572	1.3144	1.3416	2.1542
煤炭工业	0.8731	0.7747	0.7005	0.8767
石油工业	1.0319	1.0504	0.9349	1.0067
化学工业	1.2922	1.5172	1.5491	2.4558

资料来源:刘志彪、王国生现代产业经济分析 [M]. 南京大学出版社,2001 年

表 3-9 四大产业后向完全关联效应系数(影响力系数)

	1981 年	1987 年	1990 年	1995 年
冶金工业	1.1558	1.1150	1.1522	1.1011
煤炭工业	0.9016	0.8942	0.9654	0.8576
石油工业	0.9100	0.8051	0.8742	0.7846
化学工业	1.1217	1.1046	1.0700	1.1266

资料来源:同上

从表 3-8、3-9 中可以看出,在四大原材料产业中,煤炭工业前后向关

联效应均较弱,石油工业前向关联效应大于后向关联效应,只有冶金工业和化学工业在1981－1995年的前、后向关联度始终大于1,而且前向关联度较后向关联度高。从表3－8可知,中间投入型初级产品、中间投入型制造业产品中资源型产品的后向关联效应小于前向关联效应。赫尔曼进一步研究证明,后向关联效应比前向关联效应更为重要。所以,资源型产业不适合作为经济发展的增长极。

4. 产业结构二元性突出

资源枯竭型城市的主导企业"大而全"、自成体系,缺乏工业与农业、重点建设与区域发展的协调机制,生产要素不能有效流动,工业企业缺乏促进和带动系统外其他企业发展的机制。因此在资源枯竭型城市中,二元经济结构明显,具体表现为"四大,四小":

第一,"大工业,小农业"。在大部分资源枯竭型城市中,农业在国内生产总值的比重都小于10%,如茂名1997年农业产值占当年GDP的8.99%,2001年占6.64%。

第二,"大重工业,小轻工业"。资源枯竭型城市产业结构普遍呈现超重化,如2000年,攀枝花采掘业及矿产加工业产值占工业总产值的比重达到81.23%。

第三,"大企业、小市政"。多数资源枯竭型城市地方经济基础薄弱,城市承载力小。如攀枝花中央省属网有大中型企业户数只占1.8%,而产值占77%,税利占85%,国有资产占93%,成为城市经济支柱。

第四,"大国有企业,小私营企业"。资源枯竭型城市所有制结构明显失衡。2000年,阜新工业总产值4.45761万元,其中国有及国有控股工业产值为3.57101万元,占80.11%,私营工业占3.24%。从1992年统计数据看(见表3－10),资源型城市全民所有制工业企业产值占工业总产值的82.67%,高于全国平均水平达12个百分点,而除全民、集体所有制企业外的其他类型工业企业产值低得不足1%。[①]资源型城市工业企业产权结构单一,国有企业尤其是大型国有企业在城市经济结构中占有举足轻重的地位,非公有经济成份在城市几乎无立足之地;改革开放滞后,市场机制在这类城市的作用还远未充分发挥出来,企业机制不活,还远未形成多种所有制经济成分共存发展的竞争局面。

---

① 刘力钢、罗元文:《资源型城市可持续发展战略》,经济管理出版社2006年版。

表 3 – 10　所有制结构指标

	全民所有制工业产值比例（%）	集体所有制工业产值比例（%）	其他所有制工业产值比例（%）	人均外商投资额（美元）	
	1991 年	1991 年	1991 年	1991 年	1997 年
全国城市	70.93	19.95	9.12	30.16	113.82
资源型城市	82.67	16.58	0.74	8.84	27.36

　　数据表明，资源型城市经济结构单一，非公有经济成分在城市经济中增长的贡献低，且招商引资力度远低于全国城市的平均水平，改革开放力度不大。这说明资源型城市由于长期的计划管理体制，思想观念比较保守，创新与开拓意识不够，抑制了富有市场活力的非公有制经济成分的发展。

　　要改变资源枯竭型城市产业结构的现状，应优化产业结构，实现产业结构的合理化和高度化。产业结构合理化反映若干个产业结构系统聚合的质量，是指遵循再生产过程对比例性的要求，追求产业规模的适应性、产业关联的协调性和产业发展速度的均衡性。产业结构高度化又称产业结构升级，指产业结构系统不断从低级向高级演进的过程，实质是产业结构的知识集约化和经济服务化，使得产业具有更高的附加值。

三、资源型城市产业结构的演化

（一）产业结构演变的规律

　　产业结构具有继承性和动态性，一国或一地区的产业结构是在多种因素的共同作用下形成和演化的。我国资源型城市产业结构的形成深受计划经济体制下国家产业政策的影响。在 1953 – 1978 年的 25 年时间里，我国实行的是中央高度集权的计划经济。由于我国的经济发展水平比较落后，因而在建国初期就实施了优先发展重工业的赶超战略。在这种背景下，中国的产业结构在建国后 20 多年的发展中呈现出明显的倾斜态势。从三次产业的产值结构来看，第一产业和第三产业在国内生产总值中的比重呈下降趋势，第二产业的比重则迅速上升，从 1952 年的 21.7% 增长到 1978 年的 48.6%；在工业内部，重工业的发展速度远远快于轻工业，二者在 25 年间的平均增长速度之比为1.48∶1。新中国在建国后用了短短 20 多年的时间，便在一个落后的农业国基础上建立了比较完备的初步的工业体系，其成就是巨大的，但是国民经济中农、轻、重及其他产业的比例关系出现了严重失衡。资源型城市产业结构的特点，就是高度的非均衡性，或者称为单一性，具体表现为资源性产业在城市经济发展中居主导地位，而且在产业结构中占有很高比重。资源性产业在资源型城市中既是主导产业，又是支柱产业。据上世纪 90 年代初期的统计，全国 80 个主要矿业城市的采选业产值占所在城市 GDP 比重的平均水平在 40％以上。

这种高度非均衡的产业结构便是国家根据各地的自然资源禀赋和全国范围内的区际分工对产业结构进行统一布局的产物。丰厚的地方自然资源禀赋是资源性产业成为城市主导产业的必要前提，资源型城市便是依托自然资源而兴起或得到发展的。在计划经济体制下，自然资源禀赋因素得到了放大，国家过分强调这些城市的专业化功能，主要对这些地区的资源性产业进行投资，在产业安排上形成了以资源开采为主的产业结构。这种过分依赖于自然资源的产业结构是不可持续的，不可再生的自然资源一旦枯竭，作为其主导产业的资源性产业必然萎缩。倘若城市产业结构具有较强的转换能力，则有可能在主导产业萎缩之前或开始萎缩之时形成替代主导产业，支撑城市与区域经济的发展。然而资源型城市高度非均衡的产业结构一旦形成，便具有很强的刚性，这种刚性严重束缚了城市产业结构的转换能力。具体来看，这种刚性形成的原因主要有两方面：

一方面，制度约束造成了区域内的产业关联弱。在所有权与管理体制上，作为城市主导和支柱产业的资源性产业主要是国有企业，国家对这些资源性产业从投资、生产到销售实行全程包揽，所开采或加工的资源，如煤炭、石油等，必须以指定的价格出售或无偿调拨，这些城市的地方利益在很大程度上通过政府补贴的形式得到实现。这样便使资源性产业及其所支撑的城市形成了相对独立的运行系统，区域关联产业得不到有效发展。加之煤炭采选、石油、电力、建材等部门都属于中间投入型产业，产业关联的特点是后向连锁效果小，只有前向连锁效果大，这也在一定程度上限制了资源性产业对地方经济的关联带动作用。

另一方面，产业技术约束造成了资源性产业具有很高的产业"锁定"性。资源性产业中的大量资产具有较高的专用性，包括设备、基础性生产设施、专业技术知识、人才等。比如，在煤矿建设过程中，井筒、巷道、峒室等固定资产约占固定资产总量的35％，这部分资产难以进行流动和重组。矿井一旦报废或转产，采煤设备、采煤机械等也很少能转作他用，这些都制约了资源型城市产业结构的转换。

正是由于这些刚性，我国许多资源型城市的产业结构在 20 多年的经济改革历程中没有得到显著改变。对这种刚性的打破需要很高的成本，完全靠市场是无法实现的。资源型城市的产业转型，主要就是通过有效的产业政策及相关配套政策，甚至政府对相关产业适时适地的直接介入，积极调动各方因素，改变历史形成的不合理的城市产业结构。

产业结构演变的作用力来源于资源在不同产业之间的流动和重新配置。资源的流动与配置是在一定的资源配置机制的作用下发生的。资源配置可以通过完全的计划手段，也可以采取纯粹的市场机制，还可以采用一定产业政策引导。不同的资源配置机制会产生不同的产业结构演变规律。在这里，我们仅探讨一般市场经济条件下的产业结构演变问题。

（二）产业转型是资源型城市可持续发展的必然选择

资源型城市的产生和发展与工业化进程密不可分，其主导产业是围绕资源开发而建立的采掘业和初级加工业，经过多年的高强度开发，资源储备逐渐枯竭，开采成本急剧上升，竞争力严重削弱，富余下岗人员大幅增加。主导产业的衰退不可避免地影响到这些城市的经济和社会发展，一些情况严重的城市已经陷入举步维艰的地步。如辽宁省阜新市是"一五"期间建立的煤炭基地，为国家做出过历史性的巨大贡献，但随着近年来煤炭资源逐渐枯竭，煤炭工业全面萎缩，全市经济与社会发展已陷入严重困境，全市人均 GDP 仅为全省平均水平的 41%，城镇失业率超过全省平均水平3.7 个百分点。[①] 阜新的困境仅仅是国内资源型城市的一个缩影，如何在资源逐步枯竭的情况下实现资源型城市的产业转型，是众多资源型城市不可回避的问题。

由于多种金属资源和燃料矿种在物理特性方面都存在某些共性，决定了矿产品使用上具有广泛的相互替代性。随着工业化生产的发展和社会需求迅速增长以及科技手段的进步，新的矿种不断被发掘和利用，结果造成原有矿种消费相对重要性的下降和矿产资源消费结构的多元化发展。如作为支持和推动工业化发展达 200 年之久的关键燃料矿种——煤炭，自 20 世纪中叶起其地位被同类中的石油和天然气所取代，加速了煤炭消费需求强度的下降；而作为工业发展史上的另一重要矿种——铁矿，其产品的主导地位也愈来愈受到铅、镍、铝、锰等其他金属矿种和矿电化工制品的共同挑战。技术进步在创造大量的新能源、新材料的同时，也促成了新工艺的大量产生及生产效率

---

① 刘力钢、罗元文：《资源型城市可持续发展战略》，经济管理出版社 2006 年版。

的大大提高，为不断提高矿产资源的利用效益提供了各种有效手段，从而导致对矿产资源需求的相对下降，甚至绝对下降。在我国一次能源消费结构中，煤炭占了34%，而世界平均水平为20-30%。随着经济发展，对我国能源消费中煤的比重将逐渐下降，对各种新型能源和材料的需求将会增加，这将加剧资源型城市矿产品市场实现的困难。这一问题的影响在未来的经济发展中将越来越明显。

经济全球化的条件下，竞争不仅是国内市场的竞争，我国的企业和城市还将面临国际市场上更为严峻的竞争。以煤炭工业为例，我国目前有煤炭工人700万人，年产煤10多亿吨，而美国产煤同我国差不多，从业人员不过20万人，其整体效率远高于我国，效率的低下使得我国能源产品的国际竞争力低下。一旦大量优质价廉的能源产品涌入中国，我国的能源工业及城市将面临更严峻的形势。目前，由于我国已开始部分进口能源，资源型城市如铜、铁、镍等出口受明显打击。2006年初现端倪、2008年9月15日以雷曼兄弟申请破产为标志的美国金融危机对我国第二产业的冲击既直接又强烈。一是使工业增速大幅度地回落。从2008年6月份16%一路下滑，到11月降到5.4%，12月降到了5.8%。2009年1、2月份是3.8%，从现在看仍然没有走出低谷。二是国际市场初级产品的价格高起高落，导致国内市场原材料价格也剧烈地波动。尤其是2008年7月份以后是跳水价格，原油、钢材、铜、铝以及石化产品出现大幅度的跌落。三是使一些行业产业下降，出现亏损。2008年11月，粗钢、汽车、乙烯等产量分别同比下降了12.4%、15.9%、12.2%，工业用电下降了7.5%，12月继续下降。四是使一批中小企业和部分大型企业生产经营困难，库存增加，资金短缺，停产、限产、歇业乃至关闭涉及面扩大。2008年年底统计，中小企业像这类企业停产、歇业和关闭占7.5%，裁员减薪的情况也在增多。在这种背景下，我们必须高瞻远瞩，探讨资源枯竭型城市的产业转型。

产业转型是指资源枯竭型企业非资源化的退出途径，摆脱对原矿产资源的依赖性，发展接续产业和替代产业。资源型城市的产业转型通过进入新产业，提高企业的盈利能力、解决富余员工的就业问题，从而逐步减少对资源的依赖性，脱离原有产业，实现企业的退出。退出资源枯竭型产业的途径有多种，其中产业转型是一种渐变式的退出方式，不会在短时间内产生大量的失业人员。如果新的产业发展前景良好，还会给企业带来较好的经济效益。对当地资源的依赖性、资源的可耗竭性使得资源枯竭型企业一般要经历从开采期、到成熟期、衰退期，最后到枯竭期的阶段，再加上当前异地、异国采矿的仍受到较大限制，因而进行产业转型是大部分矿产企业实现未来可持续发展的必然选择。

从国内外城市发展的历史来看，大多数城市是在优越的区位和商品集散地基础上经过较长时期逐步形成和发展起来的，具备自我调节和发展的机制。而资源型城市作为一种特殊类型的城市，是在资源的大规模开发中，依赖外部大量人力、物力和财力的集中投入而迅速发展起来的，对本地资源和外部投入的依赖性大，因此其城市的可持续发展取决于能否成功实现产业转型。

1. 资源型城市产业转型符合产业结构演变的一般规律

产业结构演变与经济增长具有内在的联系。产业结构的高变换率会导致经济总量的高增长率，而经济总量的高增长率也会导致产业结构的高变换率。产业结构是同经济发展相对应而不断变动的，这种变动主要表现为产业结构由低级向高级演进的高度化和产业结构横向演变的合理化。这种结构的高度化和合理化推动经济的向前发展，产业结构的演进有如下规律性：

（1）从工业化发展的阶段来看，产业结构的演进有如下几个阶段：前工业化时期、工业化初期、工业化中期、工业化后期和后工业化时期五个阶段。前工业化时期：第一产业占主导地位，第二产业有一定发展，第三产业的地位微乎其微；工业化初期：第一产业产值在国民经济中的比重逐渐缩小，第二产业有较大发展，工业重心从轻工业主导型逐渐转向基础工业主导型，第二产业占主导地位，第三产业有一定发展，但在国民经济中的比重还较小；工业化中期：工业重心由基础工业向高加工度工业转变，第二产业仍居第一位，第三产业逐渐上升；工业化后期：第二产业比重继续下降，第三产业继续快速发展，其中信息产业增长加快，第三产业开始占有支配地位；后工业化时期，产业知识化为主要特征。

霍夫曼根据近20个国家的时间系列数据，分析了制造业中消费资料工业和资本资料工业的比例关系，这一比例关系就是消费资料工业的净产值和资本资料工业净产值之比，其比值就是霍夫曼比例，公式为：

$$霍夫曼比例 = \frac{消费资料工业净分值}{生产资料工业净分值}$$

"霍夫曼定理"就是工业化进程中霍夫曼比例不断下降的规律。

霍夫曼根据霍夫曼比例的变化趋势，把工业化过程分为如下阶段（见表3-11）：

表2－1　霍夫曼比例

第一阶段	5（±1）
第二阶段	2.5（±1）
第三阶段	1（±0.5）
第四阶段	1以下

霍夫曼认为，在工业化第一阶段，消费资料工业的生产在制造业中占统治地位，资本资料工业的生产是不发达的；在第二阶段，与消费资料工业相比，资本资料工业得到较快发展，但消费资料工业规模仍比资本资料工业规模大得多；第三阶段，两种工业规模大致相当；第四阶段，资本资料工业规模消费资料工业规模。

罗斯托根据科学技术和生产力发展水平，将经济成长的过程划为6个阶段：传经社会，包括牛顿之前的整个世界。当时不存在现代科学技术，生产力水平低下；为"起飞"创造前提阶段。此时，近代科学技术开始在工农业中发生作用，占人口75%以上的劳动力逐渐从农业移到工业、交通、商业和服务业，投资率的提高明显超过人口增长水平；"起飞"阶段，相当于产业革命时期，积累率在国民收入中所占的比率由5%增加到10%以上，有一种或几种经济主导部门带动国民经济的增长；向成熟挺进阶段，投资率达10%～20%，由于技术的不断改进和新兴工业的迅速发展，经济结构发生了变化；高额大众消费阶段，工业已高度发达，主导部门已转移到耐用消费品和服务业部门；追求生活质量阶段，主导部门不是耐用消费品工业，而是为提高生活质量的产业，包括教育、保健、运动、游泳等部门。

（2）从三大产业内在变动来看，产业结构的演进沿着以第一产业为主导到第二产业为主导，再到第三产业为主导的方向发展。在第一产业内部，产业结构从技术水平低下的粗放型农业向技术要求较高的集约型农业，再向生物、生态等技术含量较高的绿色农业、生态农业发展；在第二产业内部，产业结构沿着劳动密集型产业—资本密集型产业—知识技术的密集型产业方向演进；在第三产业内部，产业结构沿着传统型服务业—多元化服务业—现代型服务业—信息产业—知识产业的方向演进。

克拉克在威廉·配第研究成果的基础上，深入地分析研究了就业人口在三次产业中分布结构的变动趋势后，认为，随着经济的发展，人均国民收入水平的提高，劳动力首先由第一次产业向第二次产业移动；当人均国民收入水平进一步提高时，劳动力便向第三次产业移动。劳动力在产业间的分布状况为：第一次产业将减少，第二、三次产业将增加。

库兹涅茨在继承克拉克研究成果的基础上，从国民收入和劳动力在产业间的分布两个方面，对产业结构变化作了分析研究，结论如下（见表3 -12）：首先，农业部门实现的国民收入在整个国民收入中的比重以及农业劳动力在全部劳动力中的比重，随着时间的推移处于不断下降之中。其次，工业部门的国民收入的相对比重，大体是上升的，而工业部门劳动力的相对比重，大体不变或略有上升。最后，服务部门的劳动力相对比重几乎在所有国家都是上升趋势。但是，国民收入的相对比重却未必和劳动力相对比重的上升同步。

表3 – 12

	劳动力的相对比重	国民收入的相对比重
农业部门	下降	下降
工业部门	大体不变，略有上升	上升
服务部门	上升	大体不变，略有上升

（3）从产业结构演进的顺序看，产业结构由低级向高级发展的各阶段是难以逾越的，但各阶段的发展过程可以缩短。从演进角度看，后一阶段产业的发展是以前一阶段产业充分发展为基础的。只有第一产业的劳动生产率得到充分发展，第二产业的轻纺产业才能得到应有的发展。只有第二产业的快速发展，第三产业的发展才具有成熟条件和坚实的基础。产业结构的演进是遵循先以第一产业为主导，进而第二产业为主导，最终以第三产业为主导的发展规律的。整个演变是从低级到高级，上升式的、前进的发展进程。在最后阶段，资源大量集中于第三产业。而从资源型城市的特点中可以看出，其主导产业是第二产业，这表明城市发展正处于工业经济时代。如果再进一步演化，第三产业得到大力发展。而在资源型城市中，第三产业所占比例非常低，第二产业的过度发展在一定程度上压制了第三产业的进一步发展。这种产业结构的不协调，不符合产业结构演变的一般性规律，必然也会阻碍城市经济向新经济时代的发展。只有通过产业结构调整，才能使其经济增长得到进一步体现，才能符合产业结构的一般演进过程。

2. 资源开发的特点决定了资源型城市产业转型的必要性

资源的开发一般经历四个阶段，即前期开发、增产期、稳产期和衰退期。在前期开发阶段，需要集中大量人力、物力和财力进行投入，在我国这主要是由政府，尤其是中央政府的投入而实现的。大量外部投资的涌入，往往使资源开发地区成为区域经济的增长极，随着资源开发的兴起，逐步形成了该区域的经济、政治和文化中心——城市。增产期是资源型产业大发展的时期，在这一时期，产量不断上升，而生产成本基本保持稳定，甚至由于生产规模的扩大而有所下降，主导产业的大发展推动着资源型城市快速发展。稳产期是资源开发的鼎盛时期，产量维持在一个较高的水平，但此时由于资源开发程度的加深，开发难度提高，生产成本开始上升。衰退期是产量不断下降，而成本大幅上升的阶段，在这一阶段资源型产业开始迅速萎缩，由于资源型产业在整个城市结构中处于主导地位，其萎缩将威胁到整个城市的存在与发展。因此，资源型城市在资源大规模开发的同时，如果不能建立替代产业，随着资源的枯竭，城市将逐步衰退甚至消亡，在国内外均不乏这样的事例；反之，如果能成功实现产业转型，城市就能继续保持繁荣和发展，并逐步发展为综合型城市。

但是，在实践中，资源枯竭型城市产业转型的一个突出障碍是产业转型与环境治理"两难交织"。由于对矿产资源长时期、高强度、大规模开采，许多地区土地大面积沉陷，水资源遭到破坏，环境污染问题严重。再加上地方政府经济疲软，基础设施建设跟不上，缺少财政和税收的优惠政策，资源枯竭型城市软硬投资环境均得不到改善，城市经济陷入恶性循环中，这些问题构成了资源枯竭型城市产业转型的巨大障碍，如不能得到及时、妥善的解决，有可能阻碍经济发展、影响群众生活、激起社会矛盾、影响社会稳定。因此，如何从各个资源枯竭型城市的实际情况出发，综合运用多种政策和手段，采取有效措施，顺利解决城市产业转型中的环境治理问题，就显得更有理论价值和重大现实意义。

（1）产业转型是提高资源型城市竞争力必要手段。城市竞争力是其综合发展能力的体现，它使得城市在日趋全球化的竞争中获得有利的地位。Gordon and Cheshire 就曾指出，城市竞争力是一个城市在其边界内能够比其他城市创造出更多的收入和就业机会。这不仅表现在它会获得更多的稀缺资源，而且还会优化配置这些资源，提高资源利用率。但是现阶段我国资源型城市的经济高增长是靠资源型单一产业的高投入来支撑的。这种粗放型经济增长方式，不仅过度消耗了大量资源，而且使这些处于上游产业的企业的生产效率和附加值更加低下。因而必须通过产业结构调整，使其经济增长方式向技术密集型转变，提高生产效益。这不仅可以缓解我国能源消耗的巨大压力，而且有利于改变城市的产业结构技术构成，使其产业链趋于完整，更能提升城市综合竞争力。

（2）资源型城市产业结构调整符合科学发展观和可持续发展的要求。环境污染和生态破坏是资源型城市的共有现象。大规模资源开发和利用必然会造成所在区域"三废"的增加，同时也破坏了当地的生态环境。在资源性约束日趋严峻的情况下，国家在 2007 年发布《国务院关于促进资源型城市可持续发展的若干意见》，明确指出，应全面贯彻落实科学发展观和构建社会主义和谐社会的战略思想，大力推进产业结构优化升级和转变经济发展方式，改善生态环境，促进资源型城市经济社会全面协调可持续发展。而产业转型是资源型城市进行产业结构优化的重要手段之一，是减少环境污染和保护生态环境的根本方式。

（3）资源型城市产业结构调整是保证国民经济和社会生活稳定与发展的必要途径。现阶段，我国资源型城市已有不少处在资源枯竭的边缘，城市在发展过程中已经累积了许多矛盾和冲突。例如就业结构单一，较大比例的劳动力集中在第二产业中，一旦发生资源衰竭的情况，就会造成大规模的人口失业，这对于城市的稳定与和谐发展将有重要的影响。除了就业方面，这些矛盾与冲突还表现在经济结构失衡、替代产业发展能力较弱、环境污染严重等方面。因此，资源型城市产业转型就成为解决这些问题的重要手段，成为保证国民经济和社会生活稳定与发展的必要途径。

3. 我国的实际国情决定了资源型城市产业转型的重要性

世界各国由于国情各异，在对待资源型城市的发展问题上做法不尽相同。以美国为例，由于该国地广人稀，人口流动性大，对待资源型城市的典型作法是"矿竭人去"、"人去城衰"，在美国有上百座因资源开发殆进而人去城空的所谓"鬼城"。而我国人口稠密，资源型城市的人口规模普遍较大，没有地方可以吸纳众多的资源型城市移民，放弃资源型城市的做法会给国家、社会带来巨大的冲击和压力，是不可取的下策，可行的方法是就地实现产业转型和人员安置。

我国目前的资源枯竭城市"矿竭城衰"、企业关闭破产、就业矛盾突出、居民生活困难、经济增长缓慢、地方财政乏力以及严重的沉陷和环境污染等诸多问题凸现，直接影响了区域经济乃至整个国民经济的发展和社会稳定。资源枯竭型城市的经济和社会问题受到国家的重视，近年来国家开始大力支持资源枯竭型城市的经济转型。2001 年，煤炭城市阜新被确定为全国第一家"资源枯竭型城市经济转型试点城市"，2005 年黑龙江的石油城市大庆和森工城市伊春、吉林省煤炭城市辽源，2006 年吉林综合型资源城市白山，也被确定为试点城市。2008 年已经确定包括黄石市在内的 44 座资源枯竭型城市的名单,并给予政策扶持其产业转型。

我国资源型城市面临十分紧迫和繁重的产业转型任务。我国的资源型城市主要兴起于 20 世纪 60 年代至 70 年代,这些城市的资源开发大多数已进入稳产期或衰退期。以辽宁省盘锦市为例,该市为我国第三大油田辽河油田所在地。该地区的石油勘探始于 20 世纪 50 年代,1964 年打出第一口探井,1970 年 3 月经国务院批准,从大庆、大港等油田抽调近万名职工云集盘锦进行石油勘探开发大会战。20 世纪 70 年代以来,辽河油田油气产量迅速上升,成为国内第三大油田,有关数据如表 3 – 13 所示。

表 3 – 13 辽河油田油气生产基础数据①

项目	单位	年份									
		1990	1991	1992	1993	1994	1995	1996	1997	1998	1999
原油产量	万吨	1360	1370	1385	1420	1502	1552	1504	1504	1452	1430
天然气产量	亿 m^3	17.5	17.6	17.7	17.6	17.5	17.5	15.9	15.5	12.0	11.0
原油开采成本	元/吨	180.10	212.84	243.48	322.72	476.10	572.65	591.84	679.75	681.20	695.46
天然气开采成本	元/千 m^3	130.68	141.20	161.65	243.29	408.71	502.91	538.57	689.44	634.24	659.66

从表 3 – 13 可以看出,辽河油田原油产量于 1995 年达到 1552 万吨的高峰后开始下降,由于开采难度加大,生产成本大幅度上升,油田已逐渐步入衰退期。在盘锦市的经济发展中,辽河油田仍然起着主导作用,该市 1999 年的国内生产总值中,第一、二三产业构成比例为 13.7:66.7:19.6,在第二产业中,石油开采的增加值所占比例高达 76.4%,从业人员所占比例高达 37.9%。随着辽河油田进入衰退期,油气产量将加速下降,用工人数将大幅减少,盘锦市如不能及时实现产业转型,城市的发展将受到严重影响,由于原有替代产业的基础十分薄弱,转型的任务十分繁重。

(三) 资源型城市产业转型的障碍

资源型城市的产业转型意味着资源型城市要逐步脱离对资源性产业的严重依赖,发展接续产业和替代产业,实现城市经济的可持续发展。然而,由于产业刚性的存在,产业准入与退出机制的不完善,体制不顺的影响,就业

---

① 张米尔等:《资源型城市产业转型障碍与对策研究》,载《经济理论与经济管理》,2001 年第 2 期。

压力的存在，城市文化的记忆特征，人才匮乏以及资源开发过程中造成的环境污染等限制性因素的束缚，使资源性城市的产业转型面临重重困难。

1. 路径依赖导致的产业刚性严重束缚了资源型城市产业转型的能力

资源枯竭型城市产业结构的特点是产业高度的非均衡性，或者称为单一性，表现为资源性产业既是主导产业，又是支柱产业。这种过分依赖于自然资源的产业结构是不可持续的，随着资源开采进入衰落期，不可再生的自然资源逐渐枯竭，为主导产业的资源性产业必然萎缩。然而高度非均衡的产业结构一旦形成，便具有很强的刚性，这种刚性导致非资源型产业发育不足、产业结构序次低、三次产业比例结构不合理，同时也严重束缚了城市产业结构的转换能力。

（1）产业结构中第二产业比重偏大

资源枯竭型城市三次产业结构的比例失调，第一产业基础薄弱，第二产业比重过分偏大且超重型化，如山西省的大同、阳泉、晋城，辽宁省的抚顺、本溪、盘锦，第二产业的比重均超过55%，第三产业发展缓慢、滞后。在第二产业中，重工业产值年均增长速度大大快于轻工业，形成超重型的产业结构；而在重工业中，采掘工业和原材料工业比重过大，加工工业比重偏小，这就使资源的合理利用和生产力的合理配置受到严重制约。以资源产品为主的产业因处于产业链条的上游，档次低，产品附加值低。低效益产出只能提供有限的资金用于城市建设，难以适应经济发展的需要，也使产业结构升级遇到资金和技术的缺口。第二产业中的采掘业与配套产业作为主导产业形成了紧密的产业链，产业关联度大，配套产业的依附性强，整个城市经济发展对资源具有高度依赖性，极易产生"牵一发而动全身"的效果，城市产业结构难以对资源型产业的衰退产生缓冲作用，产业转型的基础薄弱。

譬如，黄石一直处于产业链条的低端，是原材料输出和资源型产品粗加工城市，长期以来以生产原材料和资源型产品粗加工为主。由此决定了黄石经济结构呈现"三多三少"，即资源型企业多、高新技术企业少；初级产品多、终端产品少；关联度低的单体企业多、产业集群配套企业少。尽管这些年来，黄石历届市委、市政府一直致力于调整，但这种结构仍没有根本转变。比如大冶市156家规模企业中，有113家是资源型企业，占比高达72.5%；资源型企业对经济增长的贡献率高达80.8%，这还是在大冶市这几年坚持不懈推进城市转型的基础上取得的。产业结构单一又导致经济结构失衡，严重制约了资源型城市的综合发展。一旦资源枯竭，城市经济将不可避免地走向衰退，导致"矿竭城衰"。

表 3 – 14　2007 年我国部分资源型城市三产比重与从业人员分布比例

指标 城市	第一产业 占 GDP 比 重（%）	第二产业 占 GDP 比 重（%）	第三产业 占 GDP 比 重（%）	第一产业 从业人员 比重（%）	第二产业 从业人员 比重（%）	第三产业 从业人员 比重（%）
抚顺市	2.04	60.04	37.92	0.99	64.54	34.47
盘锦市	0.96	82.46	16.58	6.36	59.52	34.12
淮北市	4.03	62.44	33.53	0.05	67.34	32.61
铜陵市	0.81	69.81	29.38	2.25	66.27	31.47
景德镇市	2.38	58.08	39.54	5.02	55.76	39.21
枣庄市	7.99	65.43	29.58	0.2	56.13	43.67
铜川市	6.02	58.62	35.36	0.71	57.99	41.30
城市平均	12.09	48.88	39.02	9.39	51.75	41.58

资料来源：中经网统计数据库，其中城市平均为地级市各指标的平均值

（2）沉淀成本存在导致产业结构刚性

沉淀成本是指企业进入一定的产业和市场所投入、积累而退出该市场时不能回收的那部分投资。比如，在煤矿建设过程中，井筒、巷道、峒室等固定资产约占固定资产总量的 35%，这部分资产往往都会因企业转产而不能完全回收当初的投资。产业技术约束造成了资源性产业具有很高的产业"锁定"性，矿井一旦报废或转产，采煤设备、采煤机械等很少能转做他用，形成沉淀成本。沉淀成本的存在加大了企业退出衰退行业的机会成本，再加上进入其他行业和市场需要的必要资本金、绝对规模等进入壁垒的存在，枯竭产业中的企业往往只能低效率地运营。资源枯竭型城市大量沉淀资产的存在，导致产业结构的刚性，使资源性产业的退出存在很大障碍，同时也制约了产业结构的转换。

（3）非资源型产业发育不足

由于资源型产业成长中所特有的优势条件，并且由比较优势所带来的低层次竞争优势，导致资源型产业与当地其他产业之间效益工资的巨大差异，造成经济要素的单向性流动，使本地区较为稀缺的资金、技术、人才和劳动力等大量地流入资源性产业，进而使得其他产业发展的空间和条件明显受损，一些具有良好成长潜力的产业难以正常发育和发展，这也正是资源型产业结构调整始终难见成效的根本原因。同时，为了追求产品数量的增长，以致那些有利于提高资源综合利用程度、提高资源转换率的相关产业及其他优势产业得不到发展，产业基础薄弱。这种缺乏弹性的单一的产业结构，既不利于城市的产业结构调整，也不利于就业问题的解决。

（4）缺乏产业集聚的效应

资源枯竭型城市的产业间关联度低，一方面，资源性产业从投资、生产到销售往往由国家实行调控和调拨，这些城市的地方利益在很大程度上通过政府补贴的形式得到实现。这样便使资源性产业及其所支撑的城市形成了相对独立的运行系统，区域关联产业得不到有效发展。另一方面，资源性产业都属于中间投入型产业，产业关联的特点是后向连锁效果小，前向连锁效果大，乘数效应弱，难以带动下游产业及相关产业的发展。此外，在重工业中，采掘业、原材料和制造业之间衔接不紧密、产业链短、配套产业发展不足。关联度低，缺乏产业集聚的效应，限制了资源性产业对地方经济的关联带动作用，使得城市经济过分依赖资源产业，转产难度大，造成城市经济畸形或衰退。

2. 产业准入机制与退出机制不完善使资源型城市的产业转型遇到巨大的外部障碍

产业准入机制与退出机制是否健全对资源枯竭型城市产业转型有着重要的影响。由于传统计划经济体制的惯性作用，一些产业对民间投资的进入还存在限制，产业准入门槛高，不利于该产业引入竞争机制与产业的升级，同时也造成部分企业尤其是大型国有企业对该产业的垄断。资源枯竭型城市中民营企业少，尽管已有少数民间投资开始进入部分领域，但民间投资主体仍难顺利参与市场竞争，即使在国家法律和政策没有明令禁止和限制的一些行业或领域，对民间投资进入也存在一些歧视性政策和不公平待遇。另一方面，产业退出机制不顺畅，枯竭型产业的剩余资源无法转移到其他短缺产业中去，造成资源配置的低效率。由于资源枯竭型国有企业存在强大的退出壁垒和某些产业存在较强的进入壁垒，使得国有经济结构的调整与非国有企业的结构升级都遇到了巨大的外部障碍。

我国大多数资源型城市的建立带有浓重计划经济色彩。资源型城市的主体企业在所有制上是国有企业，在规模上是大型企业，其他经济类型企业和小企业发展明显滞后。而且国有企业和当地的其他经济成分关系脱离严重。因此，当资源型城市大型国企面临发展问题时，其他类型经济成分必然难以消化大批失业人口，导致资源型城市的失业率明显高于普通城市，进一步引发社会问题。例如，辽宁省阜新市2000年底全市下岗人员达到了15.6万人，占市区职工总数的36.7%，农村的贫困人口和返贫困人口达60多万人，占农村人口50%以上。抚顺市资源开发还未进入枯竭，全市140万人中已有20万人生活在贫困线以下。全民企业下岗职工要求提高基本生活费标准、集体企业下岗职工要求享受低保待遇等一系列问题引发群体事件，仅在2002年1月至 3 月份就发生 94 起、4500 余人次。

黄石市作为老工业基地长期累积的体制性、机制性、结构性矛盾日益显现。用前市委书记王振有的话说就是："一大、二老、三弱、四多"。"一大"，国有经济比重大、国有大中型企业密集，非国有经济特别是民营经济发展不够，经济活力不足；"二老"，老企业和老产品多，科技含量低，经济效益差，缺乏市场竞争力；"三弱"，第三产业发展不充分，城市服务功能不完善，资源消耗大，环境污染重，缺乏接续替代产业，可持续发展能力弱；"四多"，由于以上问题，导致老工业基地社会矛盾突出，下岗职工多、特困群体多、历史欠账多、上访事件多，社会保障难度大，群众生活水平难提高。

黄石市一方面表现为低水平下的结构性、地区性生产过剩，另一方面又表现为企业低素质下的生产高消耗、高成本和低效益。2008 年，轻重工业比已经达到 9.21：90.79。国有经济运行质量不够理想。全市国有企业盈利能力不强，整体竞争力在全省处于中等水平。2005 年，黄石市 GDP 在全省的位次为第 8 位。2008 年年底，全市规模以上企业亏损数为 76 户，亏损面为 25.94%，而在全市 64 户国有及国有控股企业中，亏损企业户数竟达 20 户，亏损面为 31.25%，亏损额达 1.03 亿元。国有经济行业分布不够优化。黄石市国有资本在一般生产加工行业中仍然占有较大比重，相当一批国有企业还处于产业链的低端环节，产业聚集程度低，未形成成型的产业集群。国有企业组织结构不是十分合理，国有经济的控制力、影响力和带动力仍然不够。目前黄石市各类产业的一个普遍现象是分散程度较高，集中度较低。全市国有企业中有影响力、带动力的大企业集团偏少，同时还有部分劣势企业尚未退出市场。2008 年，全部工业产值按经济类型分，国有及国有控股企业占全部工业产值的比重为 35.40%，比 2004 年下降了 3.06 个百分点。

3. 体制不顺妨碍资源型城市的产业转型

资源型城市通常是先有企业，后有政府，资源型企业长期受中央主管部门垂直领导，自成体系，与地方协调性差，大企业与小政府的格局带来诸多矛盾。在这种格局下，政府难以帮助企业实现产业转型，企业又难以发挥对城市经济的辐射与带动功能，在实际工作中造成大量摩擦和内耗。

体制不顺具体表现为政企不分、企业缺乏活力。企业长期承担了许多本应由政府承担的社会功能，这严重地削弱了企业竞争力，增加了企业的运营成本，也给城市产业转型带来了沉重负担。资源型城市大企业小政府的格局带来了诸多矛盾，政府难以帮助企业实现产业转型，企业又难以发挥对经济的辐射和带动作用。

4. 产业转型所带来的就业压力影响资源型城市的产业转型

由于资源型城市的主体企业在所有制上是国有企业，在规模上是大型企业，其他经济类型企业和中小企业发展明显滞后计划经济体制的影响和国有企业在改革中出现的问题在资源型城市暴露得比较充分。20 世纪 90 年代以来，我国国有企业就业人数持续下降，新增就业岗位主要由民营、三资等多种经济成分企业提供。资源型城市由于企业的所有制结构单一，中小企业发展滞后，难以消化大量的转型就业人口，使城市失业率明显高于其他类型城市。

随着资源枯竭，资源型产业出现萎缩，大量的产业工人需要转移到其他行业，而新的替代产业又未形成，就业容量和潜力十分有限，就业岗位严重不足成为一个突出的社会问题。可以说，产业转型最大障碍是职工安置问题。产业转型需要社会保障体系的支撑，但由于资源型企业历史欠账多，地方财政又十分困难，造成社会保障体系不健全。因此，随着转型的深入，产业转型与充分就业之间矛盾会越来越突出。

5. 城市文化的记忆特征妨碍资源型城市的产业转型

城市文化，从广义上看，包括物质层次、制度层次与精神层次三个方面；从狭义上理解，主要是指人的素质、道德观念、价值标准、城市法规与体制等要素。城市文化是城市发展过程中经过岁月流逝积累而形成的且具有组织的记忆功能，会对人们现在的行为产生潜移默化的影响。良好的文化有助于提高市民的素质，树立良好的社会风气，为城市发展节省社会成本，有利于优化城市人文环境，吸引人才和投资、提高城市整体创新能力。反之，失衡的城市文化则对城市社会经济的发展有很大的影响。在资源型城市的长期发展中，也逐步形成了为成员普遍接受的价值观念以及由这种价值观念所决定的行为准则和行为方式。这种价值观和行为准则可能未被明确宣布，但它们通常隐含于个体成员作为其行为前提的思维模式的假设中，是已经被大家无意识普遍认可的。他们的行为会自觉或不自觉地受到这些观念和行为准则的影响。由于资源型城市一般是"先企后城"，不可避免地要带有它脱胎换骨的旧企业的印迹，一元文化痕迹显著，福利思想覆盖范围广，符合时代精神的新价值观倡导不力，即资源型城市文化的发展存在严重的推移失衡现象。作为组织记忆的城市文化，不仅制约着人们的思维方式，而且通过对人们思维方式的影响，限制着政府以及企业的行为选择，从而制约着资源型城市产业转型战略的调整。

6. 人力资源匮乏制约资源型城市的产业转型

人才匮乏已成为制约资源型城市转型的瓶颈，人才的专业构成、年龄结构都难以适应科学技术的飞速发展和愈来愈激烈的市场竞争，难以适应产业转型与发展的需要。资源型城市的技术人员主要集中在传统行业，其他专业技术人员也主要集中在医疗卫生和教育机构等，高新技术人才和高素质的管理人才匮乏。资源型城市多处于偏远地区和经济欠发达地区，生活环境、工作条件、福利待遇等均难以对高层次人才产生吸引力。

资源型产业的大部分工人来自当地，整体素质不高，技术水平较低。人才资源的短缺制约了资源型产业向其他行业的扩展和延伸的能力，无法实现产业的升级。资源型城市主要提供初级产业用品，自身资金积累能力较差，无力承担产业转型所需要的大量资本。同时，我国为了保证经济的快速发展，长期以来对资源价格进行行政干预，资源型产业为其他地区发展提供大量廉价的原材料和能源，反过来资源型城市向其他地区购买大量的制成品，巨大的"剪刀差"导致资源型城市经济价值的"双向流失"。

资源型城市的主导产业为上游基础性产业，产品附加值远低于下游加工业，这是造成资源型城市财力薄弱的根本原因。其次，资源产品的价格变动波及面大，国家为保护下游产业，稳定整个价格体系，往往对资源产品价格实行行政性干预和管制，我国目前由国家直接干预和管制价格的少数产品中，大部分为稀缺性资源产品，这使资源产品价格长期难以反映其价值和市场供给变化，导致资源型城市利益大量外流。第三，国有大中型企业是资源型城市经济的主体，也是城市财政收入的主要来源，但这些企业相当部分是中央直属企业，所得税上缴中央财政，对地方财政贡献少。这使得资源型城市呈现出"资源丰富，经济贫困"的尴尬局面，城市自我发展的能力明显不足。

7. 环境污染限制了产业转型的顺利实现

资源枯竭问题是我国所有资源型城市发展过程中面临的主要问题。资源型城市矿竭城衰的例子也很多。经过新中国成立60年来的大规模开采，黄石主要矿产资源进入了开采晚期，保有储量大幅下降，煤、铁、铜、钴和金的保有储量分别只占累计探明储量的24.25%、23.03%、39.68%、26.90%和39.52%，可开采资源严重不足。铁矿石开采量由最高年份的620万吨下降到目前的285万吨，原煤开采量由最高年份的264万吨下降到目前的140万吨。辽宁的北票煤矿具有120年的开采历史，累计生产原煤1.5亿吨，现已基本无矿可采，矿务局整体破产。云南省东川市拥有丰富的铜矿，在1958年设为地级市，是"一五"时期国家重点项目，但20世纪90年代后因资源枯竭，东川矿务局下属4个铜矿全部破产，东川市的行政建制也被取消，变成昆明市的一个县级区。[①]

---

① 吴春玲：《我国资源型城市产业转型问题研究》，载《巴音郭楞职业技术学院学报》，2009年第2期。

资源型产业是环境污染和破坏型产业，尤其是煤炭、石油化工和有色金属行业等，对城市自然景观造成严重破坏，导致资源型城市的大气、水质和水环境遭到不同程度的污染。恢复环境和治理污染任务重。黄石地表植被破坏严重，需要治理的矿山植被面积约 7 平方公里，共有开山塘口 400 多处，工业尾砂库 153 座，占全省三分之二，大量的尾矿、尾砂堆积造成了严重的安全隐患。地质灾害严重，历年开矿形成了 8.4 平方公里塌陷区、290 余个地质灾害隐患点和 7 万余亩矿山废弃地，泥石流、地裂等地质灾害也有不同程度的发生。与此同时，矿山安全生产的压力也非常大。

资源产业的发展，伴随着各种各样、程度有别的外部损益超过企业内部收益的外部不经济问题。多数情况下，资源开发会对景观、土地、植被、生物多样性、水资源等产生不同程度的破坏或影响，这种生态环境的破坏不仅表现为"三废"的排放，而且破坏地表植被、过度利用地下水造成大规模的地表塌陷、滑坡、泥石流等，造成环境污染，带来生态衰退或生态紊乱。同时，由于资源枯竭型城市长期以来对资源粗放式开采，环境污染严重，不利于新兴产业发展，制约着对环境要求特别严格的高新技术产业的发展，极大地限制了高技术产业、旅游产业、绿色农业等新兴产业的发展。以高技术产业为例，绝大多数高技术产品如微电子产品、精细化工产品在生产过程中，一般要求空气清新、温度湿度适中，这是保证高成品率的前提，同时良好的环境也是吸引和留住人才的重要前提。

（四）资源型城市产业转型的机制

1. 资源开发补偿机制

资源开发补偿机制是资源（枯竭）型城市产业转型的基础。所谓资源开发补偿机制，是指为了节约资源、实现资源型城市可持续发展，在资源开采的不同阶段（按资源开发程度可分为成长期、鼎盛期和衰退期），通过收取资源补偿费、资源税等资源开发补偿资金，建立一整套补偿措施和扶持办法，支持矿产资源勘探与合理开发、保护和恢复被破坏的地质环境和生态环境，促进资源（枯竭）型城市产业转型。[①]

由于历史的原因，中国的资源开发一直是控制在政府手中，主要由国有企业来承担，因此，也没有建立起符合市场经济体制的资源开发补偿机制。但随着经济体制的转轨，资源所有权和使用权分离，为此，资源开发补偿机

---

① 高玫：《论资源型城市产业结构转型》，载《科技广场》，2009 年第 10 期。

制的建设和完善提上了政府议事日程。建立资源开发补偿机制，就是要确立自然资源有价的观点，对过去自然资源被无偿取走的城市和地区进行补偿，其中包括自然资源补偿费用、生态建设补偿费用等。

当然，资源开发补偿机制的建立和完善需要经历一个长期过程，当务之急是改革资源税费制度，提高资源税费征收比例，使资源价格真正体现其价值，也补偿由于资源开采而造成的各种不利影响。

1984 年 9 月 18 日，国务院颁布《中华人民共和国资源税条例（草案）》，规定自 1984 年 10 月 1 日起对原油、天然气和煤炭征收资源税。1993 年 12 月，国务院颁布第 139 号令，规定自 1994 年 1 月 1 日起实施《中华人民共和国资源税暂行条例》，按照开采数量，开采矿产资源（包括盐）应缴纳资源税。从此，资源税制度一直执行到今天。

1986 年 3 月 1 日，《中华人民共和国矿产资源法》颁布实施，明确要求征收矿产资源补偿费。随后，1989 年和 1990 年财政部分别颁布了《开采海洋石油资源缴纳矿区使用费的规定》和《中外合作开采陆上石油资源缴纳矿区使用费的暂行规定》，开创了征收矿产资源补偿费的先河。一些地区也陆续制定了征收诸如"采掘费"、"矿管费"和"资源补偿费"等管理办法，尽管不够规范，但为后来矿产资源补偿费制度的全面实施提供了经验。1994 年 2 月，国务院颁布《矿产资源补偿费征收管理规定》，在全国从价征收矿产资源补偿费。

总的来看，资源税和资源补偿费共同构成了中国资源有偿使用制度的主体，并成为资源开发补偿机制的重要组成部分。然而，资源税费制度一直很不完善，费率、税率都过低，征收总额有限，被截留、挪用的现象比较普遍，并且其主要用途是用于基础性、公益性的地质勘查，对资源型城市或地区的补偿过少，环境保护也不尽如人意，没有真正起到资源开发补偿作用。具体思路是，增强资源税费制度的可操作性，提高资源税率、资源补偿费率，加大征收力度。在分配上，将资源税确定为地方税种，完全留给地方，同时，重新调整资源补偿费在中央和地方之间的分配关系，加大地方的留成比例。在使用上，中央分成部分可以继续用于基础性、公益性的地质勘查；而地方留成部分，则应主要补偿资源型城市或地区，用于环境保护、基础设施更新、产业转型等领域。条件成熟时，应该建立全国性的资源型城市产业转型基金，供全国资源（枯竭）型城市使用。

2. 衰退产业援助机制

资源枯竭型城市出现衰退的资源开采和初加工以及配套产业中，国有企业占据着绝对优势地位，因此，衰退产业援助机制有两层含义：从产业层面上看，是指对于进入衰退期的资源型城市的资源开采和初加工产业，以及与之配套的相关产业进行援助，帮助其退出原有产业；从企业层面上看，资源枯竭型城市衰退产业援助机制实质上就是援助资源枯竭型国有企业退出，即由中央、省（自治区、直辖市）和资源枯竭型城市政府对资源枯竭型国有企业的退出提供援助。

在产业转型初期，资源产业在资源枯竭型城市产业结构中还占据着主导地位，因此，资源枯竭型城市的衰退产业主要是资源开采和初加工产业，以及与之配套的相关产业。在经过长期开采后，资源逐渐枯竭，资源开采和初加工产业成为衰退产业，与之配套的相关产业也失去了基础，成为衰退产业。资源枯竭型城市的衰退产业表现出产业生产能力明显过剩，开工严重不足；产业利润率很低，甚至出现全产业亏损现象；退出障碍高，产业处于过度竞争状态。一般而言，竞争力下降和面临资源枯竭约束的资源枯竭型城市衰退产业演进趋势是逐渐退出现有产业结构布局，这也是资源枯竭型城市产业转型的主要内容之一。

资源枯竭型国有企业主要有关闭破产、改制重组、迁移等退出方式，在这一过程中，涉及职工安置、社会保障、环境恢复、资产处置等诸多问题，其中最主要的障碍是职工安置困难。因此，在资源枯竭型国有企业退出时，对于职工，政府可以采取下列方式进行安置：离退休退养人员、提前退休退养人员、集体企业在职职工移交资源枯竭型城市政府接收安置；社会职能职工成建制移交给资源枯竭型城市政府，在岗全民固定工采取发放经济补偿金和安置费两种形式解除劳动关系；集体混岗工比照全民固定工进行安置。同时，将资源枯竭型国有企业的社会保障体系纳入资源枯竭型城市的社会保障体系，建立并完善统一的社会保障体系，加强对失业职工、特困职工、伤工残人员等弱势群体的援助力度。对于环境恢复，一是要对资源枯竭型城市的基础设施进行更新改造；二是对由于资源开采造成的水、大气、固体废弃物污染和采空区塌陷、水土流失及荒漠化、噪音等进行治理；三是对尚未被破坏的生态环境进行保护等。对于资源枯竭型国有企业的资产，一是进行改制重组，组建股份制、合伙制等多种所有制形式的企业，吸纳和鼓励职工自主创业；二是加强资产变现工作，依法对企业进行资产审计、评估和拍卖，并加大资金回收力度，提高资金使用效率。

从上面分析可见，职工安置、社会保障、环境恢复等都必须有足够的资金作为支撑，因此，在资源枯竭型城市产业转型的衰退产业援助机制构建中，中央政府和省（自治区、直辖市）政府的财政政策起着关键作用。当然，由于资源枯竭是一个过程，并不会立刻枯竭，因此，短期内也可以以民营经济为主，依托剩余资源，适当发展资源产品深加工的接续产业，政府提供一定的援助，但不宜再对资源枯竭型国有企业建设新项目等生产经营活动提供大量援助。

3. 替代产业扶持机制

所谓替代产业，是指不依赖于资源枯竭型城市正在耗竭的自然资源的产业，包括除了自然资源开采和初加工及相关配套产业以外的所有其他产业（通常也不太可能是新的资源产业）。发展、壮大不依赖于自然资源的替代产业是资源枯竭型城市产业转型的关键和根本之路，也是产业转型的难点和重点，对此，政府应该发挥重要作用，构建替代产业扶持机制。

所谓替代产业扶持机制，就是政府通过财税、金融、环境、产业政策等手段，扶持资源枯竭型城市非资源型的替代产业发展，以彻底摆脱对原来资源的依赖，促进资源（枯竭）型城市向综合型城市的转变，实现城市可持续发展。事实上，资源枯竭型城市产业转型的根本目的就是发展非资源型的替代产业，替代产业扶持机制是政府推动资源枯竭型城市产业转型的最主要动力机制。资源枯竭型城市发展替代产业的主要优点是可以实现产业结构升级优化，不再依赖资源；构建新增长点，推动经济增长；调整就业结构，缓解就业压力；缓解转型动荡，保持社会稳定；保护生态环境，实现持续发展。资源枯竭型城市发展替代产业的主要困难是基础较差、受非资源产品市场影响较大、缺乏资金和相应技术、人才匮乏、基础设施落后。最突出的难点是非资源产品销售市场空间狭小、替代主导产业弱小和资金人才匮乏。因此，构建资源枯竭型城市替代产业扶持机制的重点可以先集中在开拓非资源产品销售空间，培育和发展替代主导产业，采取优惠的财税、金融和投资政策，引进和培养创业型企业家，培训劳动者等方面，实现重点突破。

从三次产业的角度看，资源枯竭型城市培育和发展替代产业主要有"退一进一"（将城市经济活动重心从资源采掘业转向农业，以农业替代资源采掘和初加工业，作为城市经济主导产业和支柱产业）、"退一进二"（将城市经济活动重心从资源采掘业转向第二产业，其中又以制造业为主，在计划经济体制下，中国大多数资源枯竭型城市进行产业转型时，都选择了建材、机械、电子、石化等制造业作为主导产业或支柱产业，实施"退一进二"）和"退一进三"（将城市经济活动重心从资源采掘业转向诸如商贸、旅游、社区服务业等第三产业）三种具体途径。因此，替代产业扶持机制应该有所侧重，不应该千篇一律。例如，对于"退一进一"的，最重要的是帮助销售农产品，并引进和培训生产技术；对于"退一进二"的，最重要的是开拓产品销售市场、加大招商引资力度、缓解资金瓶颈、引进和培养管理者和普通劳动者等；对于"退一进三"的，最重要的是引进和培育创业型人才，缓解创业资金瓶颈。

政府扶持资源枯竭型城市替代产业发展的政策中，财政税收政策居于核心地位。一方面，政府可以采取财政转移支付、国债资金投放等措施，扶持资源枯竭型城市进行环境治理、基础设施建设等，既为替代产业的发展创造一个良好的环境，也可在短期内调整资源枯竭型城市的就业结构，防止经济衰退和社会动荡；另一方面，政府可以借鉴经济特区的某些做法，对资源枯竭型城市替代产业的发展实施税收优惠政策，如对替代产业实施减税甚至免税，或者提高资源枯竭型城市国税的返还比例等特定政策，增加资源枯竭型城市替代产业发展的资本实力和竞争力。

表3-15　资源枯竭型城市替代产业三种发展途径比较

途径	主要内容	主要优点	主要缺点	适用条件	实施难点
退一进一	进一步发展现代农业	发挥农业资源优势 吸纳就业能力较强 资金需求数额较少 政策扶持较为容易	依赖于农业自然资源 农产品市场影响较大 矿工未掌握所需技术 背离城市化总体趋势	农业资源比较丰富 市场利润空间较大 资金、技术条件好 人才和劳动力丰富	农产品销售困难 生产技术不过关
退一进二	发展制造业	资源依赖程度较低 产业附加值较高 产业结构升级优化 矿工转岗比较容易	资金需求的规模较大 相应市场竞争较激烈 见效慢，周期较长 缺乏相应人才与技术	前期具有一定基础 招商引资比较容易 基础设施条件较好 政府扶持政策到位	市场空间待开拓 招商引资较困难 资金、人才匮乏
退一进三	发展第三产业	吸纳就业能力较强 资金需求数额较少 见效快、周期较短 岗位技术要求较低	受制于城市经济规模 依赖于第二产业发展 相应市场竞争较激烈 依赖于创业型企业家	民营经济比较发达 城市具有区位优势 创业环境比较宽松 基础设施条件较好	创业型人才匮乏 创业资金较匮乏

4. 创新资源型城市管理体制，促进地企协同发展

由于体制的分割及特定的历史原因，资源型城市企业办社会的现象比较普遍，结果导致资源型城市和资源企业功能重叠、功能缺位与功能越位，由此派生出两个城市功能主体。两个城市功能主体的重叠、不足与越位，浪费了资源与机会，其结果是形成大量的沉淀成本。沉淀成本的巨大压力，既限制了资源型城市的转型，也制约了资源型企业的转发。因此，结合资源型城市、资源型企业的实际情况，借鉴德国鲁尔区的成功转型经验，可在打破

"条块分割"的前提下，建立统一的规划机构和规划措施，把资源型企业纳入资源型城市的产业规划范围内，分清责任、厘清权限、合理归位，利用各自优势，相互支持、相互促进，实现两者的协同发展。另外，政府应对资源型城市可持续发展实行统一规划，将资源型城市振兴纳入国家宏观决策；转变资源开发模式，由国家单一开发主体向国家与地方共同参与的多元化开发主体转变，并尽快制定有关配套政策，帮助协调理顺地企关系，解决一些资源型城市遗留的矛盾问题，建立新型的共生、共助、共荣的地企关系。

5. 建立技术创新机制，推动产业转型

资源型城市要充分利用有限甚至是短缺的资源，建立技术创新机制，推进技术创新，提高产业活动的技术层次和产品的技术含量，推动产业转型。一方面，以企业技术创新为基点，带动产业技术创新是形成企业与产业两方面核心能力，进而拥有竞争优势的重要途径。应通过高新技术改造传统技术、高新技术产业的辐射作用有效地扩散技术创新效应，加强产业创新系统与区域经济之间的联系，促进区域产业结构调整。另一方面，应积极塑造良好的区域创新环境，发挥政府在培育技术市场尤其是新兴技术市场上的先导作用。如通过政府投资扶持和产业政策的支持，增加 R&D 的投入规模，形成组织化与制度化的产业技术创新机制与技术成果扩散系统。通过强有力的技术支撑，特别是持续不断的创新诱导和激励，形成新的竞争优势，增强市场竞争能力和抗风险能力，逐步减轻对自然资源的依赖，提高城市经济结构弹性。

（五）资源型城市产业转型的模式

资源型城市产业转型有各种各样的方式，其中比较典型而且成功的有：

1. 产业链延伸模式

即在资源开发的基础上，发展下游加工业，建立起资源深度加工和利用的产业链，如图 3－3 所示。采掘业属于中间投入型基础产业，其产业关联特点是前向关联效应大，而后向关联效应小，产业链延伸模式利用这一特点向前延伸产业链。其优点是在转型的初期能够充分发挥本地的资源优势，同时上下游产业在生产、管理和技术方面具有明显的相关性，实施转型的难度较小。随着下游产业的不断发展壮大，其竞争能力和自我发展能力将逐渐增强，将来即使本地资源逐渐枯竭，也可以从外部输入资源进行加工，维持该城市或地区的持久繁荣。

随着产业链的延伸，下游企业和配套服务企业的数量不断增长，大量生

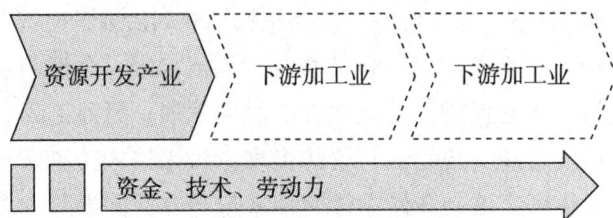

图 3 - 3 产业链延伸模式

产经营相关联的企业在一定空间内的聚集所带来的专业化生产，低运输成本，低交易费用，便捷的沟通和配套服务将导致聚集经济。从竞争的角度来看，产业链实质上是一条价值链，资源型城市在这一条价值链的源头已经拥有廉价资源的优势，加上产业聚集带来的聚集经济，使得这一价值链具有竞争优势，整个城市经济也将因此获得竞争优势。

我国资源型城市产业结构存在的突出问题是过于依赖采掘业，下游加工业薄弱，对外输出的主要是廉价的初级产品，这不但使资源型城市的产业结构过于单一，也造成了全国产业结构布局的不合理。如西煤东运不但给铁路带来了巨大的压力，而且东部地区的企业分散消耗大量煤炭还造成了酸雨等严重的环境问题。由于历史原因，一大批高耗能工业仍然主要分布在东部地区，而东部地区较高的能源价格削弱了这些企业的竞争能力。如果在煤炭产区利用本地丰富、廉价的煤炭资源建设坑口电站，集中进行脱硫处理，对外输出电力；或建立起高耗能的加工业，不但有利于实现资源型城市的产业更替，对全国的产业布局优化也是极为有利的。地处准噶尔盆地边缘的克拉玛依市随着油田的开发而兴起，该市在油气开发过程中建立了包括炼油、乙烯和下游深加工的石油化工体系，主导产业逐步由单纯的油气开采转变为油气开采和石油化工并重。虽然克拉玛依市的产业转型工作还远没有完成，但它的发展道路是十分清晰的。

2. 产业更新模式

即利用资源开发所积累的资金、技术和人才，或借助外部力量，建立起基本不依赖原有资源的全新产业群，把原来从事资源开发的人员转移到新兴的产业上来，如图 3 - 4 所示。产业更新模式是最彻底的产业更替和导入模式，它摆脱了对原有资源的依赖，但如何在以采掘业为主导的产业基础上，发展有竞争力的替代产业群是该模式面临的最大挑战。

吸引外来投资，包括国外投资和国内投资是建立有竞争力的替代产业的有效途径。资源型城市一般具有以下优势：廉价的资源、充足的动力供应、

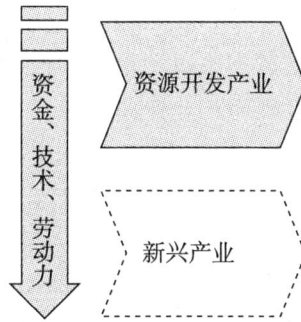

图 3 - 4　产业更新模式

大量空闲土地和劳动力，这是吸引外资的重要因素。但仅有这些条件是不够的，当前，软环境的优劣越来越成为吸引投资的决定性因素，包括廉洁高效的政府、良好的商业氛围、高素质的市民和文明的社会环境等，对资源型城市而言，提高政府服务质量将是改善投资软环境的有效措施。

　　在吸引外来投资的同时，由于历史原因，资源型城市的主体企业在所有制上是国有企业，在规模上是大型企业，其他经济成分企业和中小企业发展明显滞后，所以，应大力发展中小企业和多种经济成分企业。在这一过程中，应推动中小企业与大企业形成协调合作的企业网络。企业网络是企业和市场相互替代而形成的企业契约关系或制度安排，在激烈复杂的商业竞争环境下，企业为实现长期经营目标，将趋向于合作竞争方式，在组织结构上表现为企业之通过分工协作而形成的动态利益联盟。这些企业发挥自身优势和特长，专注于特定的细分市场，不再是过去的那种"小而全"、"大而全"的企业。企业网络是一种动态联系的系统，这一系统通过纵向与横向的整合联系，使得企业与购买者和供应商之间的知识、信息和产品交流更加顺畅，通过这种联系企业可以提升竞争力，整个企业网络具有任何单个企业所无法获得的竞争优势。以法国洛林为例，面对已经完全丧失竞争力的煤炭和铁矿开采业，法国政府采取了断然措施，目前铁矿已被关闭，煤矿也将于2004年关闭。为促使替代产业的发展，采取了一系列措施，如制定优惠政策，大量吸引外资；建立企业园圃，培育中小企业；加强职业技术培训，促进劳动力转岗就业。发展汽车产业时，洛林首先引进了雷诺汽车公司在此投资建厂，并促进了大量配套企业在当地的发展，进而吸引其他的汽车公司在这里建厂。经过这种良性循环，洛林的产业转型取得了明显成效，汽车、电子和塑料加工已经取代了传统的煤炭和铁矿开采业。

3. 复合模式

有的资源型城市产业更替不是以上单一的模式，而是以上两种模式的复合，通常是在转型的初期表现为产业链延伸模式，城市主导产业逐步由采掘业转变为加工业；随着加工业的发展，城市功能逐步完善，新兴产业不断发展，城市逐步演化为综合性城市，如图 3-5 所示。

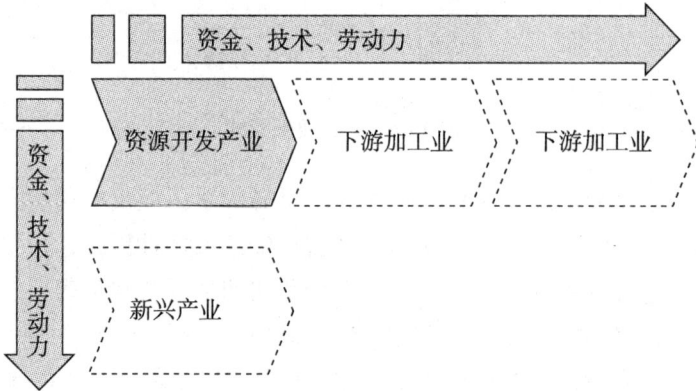

图 3-5　复合模式

在这种转型模式的初期，城市主导产业逐步由采掘业转变为以资源深加工业为主导的产业群。大量加工企业在一定区域内的聚集除了导致聚集经济，还有利于企业之间的技术外溢并促进技术进步和新产业的发展。资源型城市原有的采掘业技术专用性强，从业人员流动性差，生产作业封闭，社会化程度低，主要由企业内部自我配套，与其他企业的协作交流少。而加工业要求不同企业相互协作配套，企业间的技术相关性强，和采掘业相比，加工业的技术通用性强，从业人员流动性大，新技术容易在上下游企业以及同行业企业中传播。随着资源加工产业群的建立和发展，企业间的技术外溢和乘数效应日益加强，为其他产业的发展提供了条件。资源型城市要利用这一条件，推动不依赖本地资源的新产业的发展。在这一过程中，要充分利用国内外重大技术创新和技术创新群的出现所带来的新的投资机会，进行产业升级和产业替代，逐渐降低对资源的依赖程度，实现城市的产业转型。休斯敦的发展过程是复合模式的典型代表。1901 年休斯敦发现油田后迅速发展成为美国石油工业的中心，20 世纪 60 年代，休斯敦的石油开采开始滑坡，但由于石化产业群已经形成，休斯敦的发展并没有因此而减慢。20 世纪 70 年代以来，电子信息、仪器仪表、精密机械等行业以及第三产业发展迅速，休斯敦的石油工业虽然已日趋衰退，但整个城市已转变为综合性城市，实现了持续繁荣。

第四章　资源型城市主导产业的选择

资源枯竭型城市的产业转型定位是核心问题，即确定发展何种主导产业。最早提出主导产业的是美国经济学家赫希曼，稍后罗斯托对主导产业进行了系统的研究。罗斯托在《经济增长的阶段》一书中指出，整个经济的增长率在一定意义上是某些关键部门的迅速增长所产生的直接或间接的效果。一个区域的主导产业即是在该地区经济发展中具有广阔的市场前景、较强的创新能力和扩散效应、对其他产业增长具有较大的拉动作用、对区域经济发展起导向性作用的产业。罗斯托的主导产业学说认为，前一个成长阶段的主导产业会对下一阶段的主导产业产生诱导作用，原来的主导产业部门在完成了带动其他部门和经济增长使命后，就会让位给新的主导产业部门。资源枯竭型城市的产业转型就是重新确定、发展主导产业的过程。一般认为资源枯竭型城市的主导产业可以从接续产业或者替代产业中产生，也可两者一起混合发展。①

2009 年 9 月份，温家宝总理主持召开了三次新兴战略性产业发展座谈会，对新能源、节能环保、电动汽车、新材料、新医药、生物育种和信息产业等产业进行广泛的讨论，最终形成"七大战略性新兴产业"。此后，温家宝总理在多个场合表示，要支持新兴战略性产业发展。除了税收支持之外，新兴战略性产业 2010 年还将获得国有资本，以及金融政策等方面的支持。国资委主任李荣融在 2009 年 12 月 14 日召开的央企负责人会议上指出，2010 年，国资委将结合编制"十二五"规划和实施重点产业调整振兴规划，引导国有资本向高技术和战略型新兴产业加大投入。在国家政策的支持下，新兴战略性产业将会是 A 股市场的一大热点，也应该成为资源型城市产业转型的方向。

---

① 齐建珍：《资源型城市转型学》，人民出版社 2004 年版。

一、主导产业的涵义

资源型城市在充分考虑地区资源和劳动力就业等因素的基础上，应该尽快调整产业扶持政策，促进产业结构多元化均衡发展。抓住作为国家循环经济、资源型城市经济转型试点城市、东部沿海地区产业梯次转移等新的发展机遇，在用好、用活、用足中央及省各种倾斜性扶持政策和财政转移支付资金的基础上，积极争取加大财政转移支付力度。鉴于目前实行"资源无价，矿产品低价，深加工产品高价"的政策，导致国家对矿业索取过多的状况，为减轻企业负担，建议设立资源型城市税收改制的试验区，探索建立财政增资、招商引资、民间投资银行融资、企业自主筹资的多元化投融资机制，健全完善政、银、企三方协调机制，充分发挥政府协调作用，促进银企互动对接，鼓励和引导银行对符合国家产业政策、市场前景好的工业项目扩大信贷投放。鼓励和支持有条件的企业发行企业债券、争取上市或通过重组借壳上市，提高企业直接融资能力。完善中小企业担保中心贷款担保机制，帮助中小企业解决发展资金不足问题。建议有针对性地发放地方建设债券，按照资本运作的市场化原则，建立有效的民间资本利用途径，逐步尝试建立贷款担保公司，有效积聚闲散资本，为企业发展注入新的活力。从而打造资源型城市的主导产业。

（一）主导产业的概念

最早提出主导产业的是美国经济学家赫希曼，稍后罗斯托对主导产业进行了系统的研究。罗斯托在《经济增长的阶段》一书中指出，在任何特定时期，国民经济不同部门的增长率存在着广泛的差异。这时，整个经济的增长率在一定意义上是某些关键部门的迅速增长所产生的直接或间接的效果。他把这些关键部门称为驱动部门或主导部门。我国理论界对主导产业的专门研究很少，对主导产业的界定也不统一。在不同的文献中有不同的表述方法：主导产业是在产业结构中处于主体地位，发挥引导和支持作用的产业（简新华，2001）；主导产业是产品需求收入弹性和价格弹性最大，进而前后向联系效应最大的产业（李永禄，2002）；主导产业又称带头产业或领衔产业，它是指一个国家在一定时期内，经济发展所依托的重点产业，这些产业在此发展阶段形成国民经济的龙头，并在产业结构中占有较大比重（邬义钧，1997）；主导产业是指那些在当前和未来经济发展过程中具有较强的前向联系或后向联系的产业部门（杨公朴，1999）。等等。他们分别从主体地位、支撑作用、关联作用、推拉作用、前后向联系、带动作用、引导作用等方面描述了主导产业概念。在经济发展的不同阶段，各产业的发展速度是不同的，有的产业发展很快，有的产业发展慢，也有些产业处于不断萎缩之中。在特定的经济发展时期和特定的产业结构系统中，各产业所起的作用和所做的贡献是不一样的，整个经济的增长有时就取决于一些起关键带头作用的产业，这样的产业即为"主导产业"。因此，主导产业是在经济发展过程中或在工业化的不同阶段上出现的一些影响全局的在国民经济中居于主导地位的产业部门，它对产业结构和经济发展起着导向性和带动性作用，并具有广阔的市场前景和技术进步能力的产业。主导产业也叫主导增长产业，它是指那些能够迅速和有效地吸收创新成果，对其他产业的发展有着广泛的影响，能满足不断增长的市场需求并由此而获得较高的和持续的发展速度的产业。

主导产业首先是先导作用突出。一个产业在产业结构中占多大比例反映的是该产业在此系统中支柱作用的大小，起带头作用的不一定也有支柱作用。支柱产业不等于主导产业。支柱产业是指在国民经济中所占比重最大，具有稳定而广泛的资源和产品市场的产业，支柱产业构成一个国家或地区产业体系的主体，提供大部分国民收入。支柱产业的构成及其技术水平决定了产业结构在演变过程中所处的阶段。主导产业是在产业体系中处于技术领先地位的行业，它代表产业结构演变的方向或趋势，是支柱产业的前期形态。主导产业的选择主要侧重于国民经济和产业结构的长期目标，而支柱产业的选择则注重于短期或中期目标，在于培育国民经济增长的主力产业。在时间上一般呈现为支柱产业对主导产业的继起。

基础产业也不等于主导产业。二者是从不同角度、不同层次进行划分、考察得出的不同概念。基础产业是支撑一个国家或地区经济运行的基础部门，决定着工业农业商业等直接生产活动的发展水平。一般是经济社会活动的基础工业和基础设施，包括能源工业基本原材料工业，交通运输、邮电通讯、港口、机场、桥梁等公共设施。还包括一些提供无形产品或服务的部门，如教育科学文化卫生法律等，有时也特别强调农业的基础地位。

主导产业是动态的，要在大范围内、在产业结构变动中去选择。罗斯托是主导产业理论研究的先驱者，他认为在任何时期，一个经济系统之所以能够具有或保持"前进的冲击力"，是由于若干"主导成长部门"迅速扩张的结果。这些"主导成长部门"，就是所谓的主导产业。罗斯托认为，一个产业要成主导产业，应当具备一些基本的条件，如足够的资本积累、充足的市场需求等等。

（二）主导产业的特征

在现代社会经济生活中，由于经济活动和各产业部门之间的技术经济联系，主导产业具有一些显著特征：一是多层次性。由于发展中国家在优化产业结构的过程中，实现目标的多重性，使处于战略地位的主导产业群就呈现出多层次性特征。二是综合性。由于发展中国家在经济发展中面临的问题是多样的，各产业不满在为发展目标服务时，其作用既各有侧重有又互为补充，主要取决于产业部门的特性。这就要求在选择主导产业时候要考虑多种因素。三是序列更替性。经济发展的阶段性决定的。

从主导产业的性质看，主导产业的发展特性有：一是扩散效应。二是转换效应，主导产业群的转换。三是技术进步效应。能够迅速吸收先进的科技成果，具有与新技术相关联的新的生产函数，改变产业之间的投入产出关系，波及其他产业的发展，使主导产业本身获得更多的扩展和产出。

按照罗斯托 W. Rostow 的解释，主导产业的特征有：

一是导入了创新并创造市场需求。一般来说，创新所带来的新的生产函数，都会导致产业技术进步。但对有些产业而言，技术进步不一定创造新的市场需求。因此，在这些产业中，由于市场需求的原因，创新对促进产业发展的作用十分有限，使之不能对其他产业的发展起领头作用，所以这样的产业，不能成为主导产业，如现代产业结构中的纺织业和食品工业等传统产业即属于此种情况。而对于主导产业来说，创新不但为其导入了新的生产函数，加速了产业技术的进步，更重要的是还为其带来了新的市场需求，对整个产业结构具有引导作用，对其他产业发展也具有巨大的带动作用。

二是具有持续的高增长率。由于主导产业导入了新的生产函数，促进了产业技术的进步，并创造了新的市场需求，因此主导产业可以获得快的发展速度，表现出较高的产业增长率。然而，值得注意的是较高的产业增长率并非一定是由导入新的生产函数所致。在经济系统和产业结构受到其他一些因素影响时，在经济的扩张时期，一些产业也会表现出较高增长率。但是这种高增长率在影响因素消失后，会马上回落，而主导产业的高增长率是由产业的技术进步和新的市场需求所促成，所以它是持续的。

三是具有突出的扩散效应。也就是罗斯托所说的"回顾效应"、"前向效应"、"旁侧效应"。

1. 回顾效应，指主导部门的增长对那些向自己供应投入品的供应部门产生的影响。罗斯托认为，根据主导部门的技术特点，在它们处于高速增长阶段时，会对原材料和机器设备等投入品产生新的投入要求。如，近代棉纺织业的发展刺激子纺织机械和蒸汽动力机的制造，并在广泛的领域促进和改进了冶炼技术。

这些投入，反过来又要求现代设计观念和方法的发展，于是，便带动了为其提供投入品的产业的发展。但是，新吸收的投入也可能是人力，例如棉纺织业需要新型的工厂工人、领班和经理。而且，新的要求还可能是制度方面的，如铁路的发展刺激了以更大的规模从小额储蓄者那里动员进行长期投资的方式。

2. 前向效应，指主导部门的成长诱导了新兴工业部门、新技术、新原料、新材料、新能源的出现，改善了自己供应给其他产业产品的质量，或者通过削减其他工业部门的投入成本，提供进一步开发新产品和服务的条件，或者产生一个瓶颈问题。这样，主导部门产生了一种刺激力，促进需要其供应品的产业的发展。

罗斯托认为，现代工业活动创造了能够引起新的工业活动的基础，或者通过削减其他工业部门的投入成本，提供吸引企业主管们进一步开发新产品和服务的条件，或者产生一个瓶颈问题。这个瓶颈问题的解决肯定是有利可图的，所以它能吸引发明家和企业家。这样，主导部门产生了一种刺激力，产工业区更大范围的经济活动提供了可能性，有时候，甚至为下一个重要的主导部门的出现建立起台阶。

如：英国 18 世纪棉纺织业的扩张，直接而有力地增加了刺激力，使棉纺制造业摆脱了对水力的依赖；而且还有助于奠定一个基础，在这个基础上，瓦特在波尔顿的精心培育下，发明了蒸汽发动机，完成了结果远远超出纺织业的任务。棉纺织业的扩张甚至更直接地增加了寻求新运输途径的刺激力，以更便宜的方式在港口和工厂之间运输棉纺织品材料和最终产品；而且，由此加速了曼彻斯特－物利浦或波士顿－罗威尔的铁路建成。这些铁路的建成又导致了在更广泛的经济前沿中开办新的铁路线。类似地，铁轨的迅速过时，对解决廉价钢的问题产生了有力的刺激，廉价钢又反过来对改进造船、建筑和机器制造技术产生了刺激。主导部门不仅在技术上，而且在原材料供给上，都具有前向效应。

罗斯托认为，经验已经证实了经济增长中主导部门概念的合理性，即这三种来自迅速增长部门的扩散效应的组合促进了经济的快速增长。

3. 旁侧效应，指主导部门的成长引起它周围地区在经济和社会方面的一系列变化，这些变化趋向于在广泛的方面推进工业化进程。现代工业活动围绕在城市人口、服务和各种制度等方面。这些制度加强了工业成为一个不断发展的过程的基础：即由技术决定的等级制度建立起有纪律的劳动力队伍；处理法律问题及投入和产出市场各种关系的专业人员；城市先行资本投资；银行和商业制度；满足驾驭新工业结构的人的需要而存在的建筑业和服务业。这样，新主导部门的出现常常改变了它所在的整个地区。例如，棉纺织业革命改变了曼彻斯特、波士顿；汽车工业改变了底特律，并引起了老都市中心的改造和新城市中心的产生。这些不仅仅是为了维持铁路，而且还为了经营管理铁路，使之可能成为有利可图的产业。这些旁侧效应，即以起飞期间城市化的加速为标志，扩大了现代人在总人口中的比例，并且强化了关于生产过程的现代观念，这种影响远远超出了新活动本身和投入的直接影响。

（三）主导产业的实现形式

主导产业及其综合体的形成是与一国或地区的经济发展阶段相适应的。在发达国家工业化各个阶段上明显地表现出主导产业及其综合体的有序转换。从产业发展的历史进程来看，无论哪个国家及其在何种经济发展阶段上，主导产业及其综合体的形成、发展和转换，都是推动其整体经济发展的根本因素和原动力。同时，主导产业的形成是有一定条件的。

罗斯托认为，主导产业的形成必须具备如下条件：（1）足够的资本积累。（2）充足的市场需求。（3）创新，包括技术创新和制度创新。

此外，罗斯托还提出了主导增长部门、辅助增长部门和派生增长部门三个概念。

从世界各国的实践来看，主导产业的实现形式无非有如下两种：

1. 市场自发调节

采取这种形式的国家认为，市场竞争和供求关系足以促进具有竞争能力的产业的发展。产业结构的高度化也可以通过市场供求和价格机制来实现，没有必要制定产业规划和为对某些主导产业进行扶持而制定产业政策。同时认为，政府对选择主导产业的认识不如市场力量更有权威性。

2. 政府积极干预

采取这种方式的国家通过制定产业政策，选择主导产业和确定产业发展序列，不断促进产业结构的高度化。

（四）主导产业与其他产业的关联分析

主导产业是在工业化不同阶段上出现的一些影响全局并在整个国民经济

中处于主导地位的产业，其关联效应大、产业链长，其增长可以带动一系列相关产业的投资和发展。主导产业的发展不但有利于产业结构的调整和优化升级，而且有利于产业结构的高度化和协调发展，提高产业发展的效率。而每一次产业结构的调整和升级，就是新一轮经济增长的开始。在经济发展中，主导产业发挥的作用越大，产业结构转换的效率就越高，促进经济发展的作用就越强。

产业经济学中，可以利用关联指数来对某产业的直接关联效应进行分析。一般使用产业的关联效应、扩散效应、结构效应进行分析。

产业的关联效应就是指一个产业的生产、产值、技术等方面的变化通过它的前向关联关系和后向关联关系对其他产业部门产生直接和间接的影响。前向关联效应就是指一个产业在生产、产值、技术等方面的变化引起它前向关联部门在这些方面的变化，或导致新技术的出现、新产业部门的创建等。产业部门前向关联指数等于产业 i 对产业 j 提供的中间投入之和与产业 j 的总产值之比。

$$LF(j) = \sum_{n=1}^{n} Xin/xj$$

后向关联效应就是指一个产业在生产、产值、技术等方面的变化引起它后向关联部门在这些方面的变化，例如由于该产业自身对投入品的需求增加或要求提高而引起提供这些投入品的供应部门扩大投资、提高产品质量、完善管理、加快技术进步等变化。产业部门后向关联指数等于产业 j 为生产总产值 Xj 而从产业 i 获得的中间投入之和与产业 j 的总产值之比。

产业的扩散相应是指某些产业部门在各个历史间歇的增长中，"不合比例增长"的作用对其他关联产业产生的影响。具体表现在以下三个方面：一是回顾效应，主导部门的增长对那些向自己供应投入品的供应部门产生的影响。二是旁侧效应，主导部门的成长还会引起它周围地区在经济和社会方面的一系列变化，这些变化趋向于在广泛的方面推进工业化进程。三是前向效应，主导部门的成长诱导了新兴工业部门、新技术、新原料、新材料、新能源的出现，改善了自己供应给其他产业产品的质量。

产业结构效应，是指产业结构变化对经济增长所产生的效果，即对经济增长发挥着一种特殊的作用。

美国经济学家、世界银行经济顾问、哈佛大学教授钱纳里（H. Chenery）和日本经济学家渡边经彦对美国、日本、挪威和意大利四国的 29 个产业部门的数据进行了产业关联效应分析，得到了一组重要的数据和结果。钱纳里和渡边经彦依据这些数据将全部的产业为分为四类：

第 I 类中间投入型基础产业，其特点是前向关联效应大而后向关联效应小。在表 1 的 29 个产业中，属于该类产业有农林业、煤炭业、金属采矿业、石油及天然气业、非金属采矿业以及电力业。

第 II 类中间投入型制造业，其特点是前、后向关联效应都比较大。在表 1 的 29 个产业中，属于该类的有钢铁业、纸及纸制品业、石油产品业、有色金属冶炼业、化学工业、煤炭加工业、橡胶制品业、纺织业以及印刷出版业。

第 III 类最终需求型制造业，其特点是前向关联效应小而后向关联效应大。在表 1 的 29 个产业中，像服装和日用品业、造船业、皮革及皮革制品业、食品加工业、粮食加工业、运输设备制造业、机械工业、木材及木材制品业、非金属矿物制品业以及其他制造业等均属于此类。

第 IV 类最终需求型基础产业，其特点是其前、后向关联效应都比较小。在表 1 中的 29 个产业中，如渔业、运输业、商业和服务业就是此类型的典型代表。钢铁业、纸及纸制品业、石油产品业、有色金属冶炼业、化学工业、煤炭加工业、橡胶制品业、纺织业以及印刷出版业。

罗斯托认为，经验已经证实了经济增长中主导部门概念的合理性，即这三种来自迅速增长部门的扩散效应的组合促进了经济的快速增长。

二、主导产业的选择与培育

（一）主导产业选择的原则

1. 主导产业的现有选择原则

（1）区域比较优势的标准

能否把一个产业确立为一个区域的主导产业，首先要看该产业在这个区域是否具有比较优势，并按照各国乃至全球产业区域专业划分上的基本格局，结合本地区产业结构进步程度及其相关产业潜在能力，综合选出符合社会需求导向原则、获得比较利益并能够带动其他产业发展的区域主导产业。这个主导产业还要求在本地区拥有产业比较生产规模优势、产业比较生产率优势和产业比较利益优势。

（2）高收入弹性原则

从根本上说，产业结构的变动是由社会需求的变化引起的，它的演进往往随着社会需求变化而兴起，逐步发展成熟，然后随着边际效用递减而趋于衰落。在市场经济的条件下，国民收入经过初次分配和再分配，最终形成了对各种产品的有支付能力的需求。由于人们需求弹性的大致一致性，并且存在需求的示范效应的影响。西方经济学家得出一个结论，即在同一个地区的不同收入水平下，新增加的收入往往会集中用于某几类商品的消费。生产这种产品的产业面临着潜在的大幅增长的国内国际市场需求，可以以较高的速度增长，因此，可以选择这种具有较高收入需求弹性的产业作为资源型的主导产业。

（3）生产率上升标准

生产率反映了一个产业投入与产出之间的效率关系，通常所说的生产率指的就是劳动生产率，如果对某个产业加强 R&D 的投入力度，在长期看能使其劳动生产率提高，并能提高资金产出率和成本利润率，那么，从长远的角度看，这种产业具有很强的发展潜力。从技术创新和进步的角度看，当今世界竞争本质是一场技术优势的竞争，占领现代科技的制高点，就掌握了较高的劳动生产率，就会容易地使产品占领市场，因而也就掌握了经济发展的主动权。所以，为了提高资源型城市竞争力，确保竞争优势，就需要不断开发、引进、吸收高新技术，并利用自身科技优势，制定相应的政策来扶持重点产业，设立技术进步标准，以便选出应该优先发展的技术水平高、科技进步速度快以及技术进步对产值、利润贡献大的产业作为主导产业。

（4）产业的关联度基准

国民经济各部门是一个相互联系、相互依存的整体，产业间存在着横向的经济联系和纵向的生产技术联系，一个产业的产出往往是与之相关联的另一个产业的投入。各产业之间通过前向关联、后向关联和旁侧关联，并通过依次扩散影响和梯度转移效应形成波及效应，而影响到其他产业和部门的发展。因而，资源型城市在选择和培育主导产业时，一定要从现实的地区经济优势产业出发，按照全国产业区域专业划分上的基本格局，结合本地区产业技术的进步程度及其相关产业的潜在能力，来综合选出既符合社会需求导向原则，又能带动区域内其他产业发展的主导产业。这样，资源型城市主导产业才可能最大限度发挥自身的比较优势，同时，又能形成有效的区域产业集群，最终实现区域规模经济。

2. 现有主导产业选择原则的偏差

选择什么样的产业作为资源型城市的主导产业，实际上是如何认识资源型城市主导产业在政策上的反映。在产业经济和发展理论中，罗斯托的"部门总量分析法"、筱原三代平的"收入弹性基准"和"生产率上升基准"、古典经济学家李嘉图以及稍后的赫克歇尔和俄林的"比较优势基准"，以及"边际储蓄基准"、"货币回笼基准"、"高附加价值基准"等等，被认为是后发展国家确立主导产业以迅速实现工业化的一般准则。由于我国学界对资源型城市主导产业的主流认识，是先从国民经济再到区域经济的逻辑顺序，所以，长期以来，关于资源型城市主导产业选择的研究，也就自然是接过国家主导产业选择的一般理论，然后"移植"到资源型城市经济中。据此，动态比较利益、高产业关联度、高收入弹性、高附加值率、高新技术等标准，被作为我国区域主导产业选择的普遍公理，也被照抄照搬的应用在资源型城市新兴产业的选择过程中。这是导致"九五"期间区域主导产业成为国家主导产业的翻版、各省区、各资源型城市主导产业选择雷同等问题的根本原因。

在这里，姑且不论这些基准对一个国家产业发展是否合理或有效，问题是，基于工业化先行国家经济成长过程的经验总结和对后发展国家工业化道路的基本假设的这些原则或基准，是否可以用来指导当今资源型城市的主导产业选择呢？

（1）均质空间假定完全抽象掉空间因素

即使上述标准适合于国家主导产业的发展，但把国家层次上的一般基准，直接应用于区域层次，并转化为实际的资源型城市的发展战略和政策，这对于空间结构极不平衡的发展中大国来说，却是要慎之又慎的。而且，产生于20世纪50年代的这些基准，都是工业化背景下提出的，在当今经济全球化、新技术革命、知识经济的浪潮冲击下，新型工业化被赋予了崭新的内容，基于传统工业化的产业选择标准本身也需要重新审视。就单个资源型城市而言，或许可以按照这些标准来选择产业，促进本区域的发展；但从全国范围来看，如果所有资源型城市都统一行事，其结果无疑是各个区域选择的产业在很多领域发生重复，于是，为了争夺资源和市场，许多资源型城市发展的产业被卷入恶性竞争，继而半途夭折。这就是经济学所谓的"合成谬误"。

（2）同一个基准对不同空间层次的含义是不同的比如，需求收入弹性基准，虽然强调了主导产业最终要取决于市场选择，但如果不对需求的地域空间进行界定，那么这个基准对资源型城市主导产业的选择则没什么意义。因为就世界市场需求而言，按需求收入弹性系数计算的结果，对各国是一样的，就一个国家的市场需求而言，其计算结果对各资源型城市是一样的。按需求收入弹性基准进行选择，结果是各国各地各个资源型城市都只能在重复建设的怪圈中恶性循环。

（3）未触及区域产业结构的本质

资源型城市的产业选择首先要符合国家宏观产业布局，将国家主导产业选定为资源型城市经济主导产业固然好，但这只是个别情况。从一般意义上讲，由于资源型城市产业结构的非独立完整性、产业演进的二重性和产业结构的开放性，使资源型城市主导产业选择具有自身的特点。

一是较强的非独立完整性。一个国家的产业结构必须保持较强的独立完整性，因此，国家主导产业的确立要兼顾带动整个国民经济发展和保持国家产业结构的独立完整。资源型城市产业结构不必像国家那样追求独立和完整，资源型城市主导产业首先应依据各自的优势来发展相应的优势产业，突出特色。

二是产业演进的二重性。一方面，随着经济发展水平的提高、市场需求的变化和科学技术的进步，区域产业结构将逐步趋向高级化，与产业结构演进的一般规律表现出相对一致性；另一方面，由于各资源型城市的资源禀赋和发展条件不同，而且区域相对于国家来讲，其参与市场分工与协作的程度更高，经济发展更具有不稳定和不均衡性，因而资源型城市产业可能出现"跳跃式"发展或"逆结构"演进。因此，资源型城市主导产业选择，不能盲目跟从产业结构演进的一般规律。

三是产业结构的开放性。由于区域之间贸易不存在关税、汇率等壁垒，要素流动相对自由，因此资源型城市产业结构比国家产业结构更具开放性，其区域主导产业则必须是面向区外市场的外向型产业。因此，资源型城市主导产业的选择，首要的是坚持区外市场导向原则。

3. 资源型城市新兴主导产业"3＋4"选择原则

资源型城市新兴主导产业的形成和发展，必须有利于化解或缓解经济运行和发展中的基本矛盾，有利于调整生产力布局和促进资源型城市经济协调发展，有利于提高经济发展水平和增强竞争力。因此，新兴主导产业的选择应考虑以下基本原则前面3项原则是建立在普通区域意义上的，后面4项则是特别针对资源型城市而言，因此取名为"3＋4"选择原则，如图4－1所示：

1.科技创新原则 2.现在优势利用原则 3.比较优势原则	资源型城市新兴主导产业"3＋4"选择原则	4.潜在增长性原则 5.带动性强原则 6.扩大就业原则 7.可持续发展原则

图4－1 "3＋4"选择原则

（1）科技创新原则

科学技术是第一生产力。在当代，经济的增长主要通过科技创新实现的，每一次产业革命的出现，都带来了产业结构质的变化。资源型城市主导产业作为优先发展的产业，必须是有巨大的吸纳科技创新的潜力，才可以推动区域整体的科技创新速度。因此，资源型城市未来主导产业的选择要考虑具有科技创新优势，这是从主导产业发展的创新性考虑的。

（2）现有优势利用原则

主导产业是未来的支柱产业，应具有预期的产业优势，但新兴主导产业的壮大很大程度上依赖于现有产业优势的发挥，以及现有支柱产业所提供的推动力。因为新兴主导产业的壮大实质上是资源型城市支柱产业和产业优势的动态发展的过程，现实的支柱产业是新兴主导产业发展的基础，现实的产业优势是新兴主导产业优势得以创建、积累的条件。

（3）比较优势原则

合理的产业结构才能发挥区域优势。主导产业要根据资源型城市经济发展阶段，选择比较优势大的产业部门。首先，作为主导产业应具备产业间竞争的优势。即该产业与其他产业相比，在资源配置中占有特定的优势地位，具有相对于其他产业更强的获取稀缺资源的能力，从而能在激烈的产业竞争中得以发展、成长和壮大。其次，作为主导产业应具备显著的产业内竞争的优势。某资源型城市在某产业领域内拥有产业内竞争优势，是指该资源型城市在该产业内的国内外竞争中相对于其他区域占据特殊的优势地位，从而使该资源型城市在该产业的国内外竞争中处于领先和拥有较大的市场份额。在主导产业领域内，某资源型城市可能尚未有现实的比较优势，但应具有预期的比较优势。

（4）潜在增长性原则

产业的潜在增长性，从根本上说取决于产业的需求收入弹性。需求收入弹性高的产业，随着人均收入水平的提高需求扩张幅度较大，产业的增长具有广阔的市场前景，或者说迅速扩张的市场需求会拉动该产业较快增长。与需求收入弹性相关并反映产业潜在增长性的另一个指标，是各个产业近年来的增长趋势。因为在市场调节起基础性作用的条件下，产业增长速度基本上表明了市场需求增长的趋势。

（5）带动性强原则

一个产业要成为新兴主导产业，不仅自身要有较强的增长趋势或潜在增长性，而且必须对其他产业和整个区域经济具有较大的带动效应。而要具有较大的带动效应，一个产业必须具有两个基本特点：一是有较高的产业比重；二是有较高的产业关联度。比重高的产业，每增长 1 个百分点就能带动较大比例的总产出和总就业；关联度高的产业，则其增长能影响较多产业（或受较多产业影响）而增加更多的总产出和总就业。产业关联度在各个产业发展过程的相互影响中表现为影响力和感应度。产业影响力是指一个产业影响其他产业的程度，产业感应度是指一个产业受其他产业影响的程度。作为主导产业，其带动效应主要通过影响力表现出来，但由于主导产业与其他产业具有相互影响的关系，因而感应度的大小对于加强带动效应也有重要作用。

（6）扩大就业原则

我国资源型城市新兴主导产业的选择，一个重要的新特点就是要考虑产业的扩大就业，这是由资源型城市巨大的就业压力及其经济和社会影响所决定的。从产业的要素密集度看，劳动密集型产业的扩大就业强，资本密集型产业的扩大就业弱，技术密集型产业则分为两种情况：劳动－技术密集型产业的扩大就业相对较强，资本－技术密集型产业的扩大就业相对较弱。从产业的相对就业密度看，可以从两个方面来加以分析。一个方面是每亿元工业增加值或产品销售收入所对应的就业人数。亿元增加值对应的就业人数表明一定量产出所使用的就业量，亿元销售收入对应的就业人数表明一定量收益所使用的就业量。另一个方面，可以从产业的资本与劳动力比率来分析提供一个就业机会所需要的资本量。第一个指标是资产合计与劳动力的比率，反映的是一个就业岗位所对应的全部有形和无形资产的数量；第二个指标是资本总额与劳动力的比率，反映的是一个就业岗位所对应的生产过程中实际投入的资本量；第三个指标是固定资产与劳动力的比率，反映的是一个就业岗位所对应的生产过程中实际投入的固定资产净值。

（7）可持续发展原则

从产业的长期稳定发展看，可持续发展原则应成为资源型城市选择主导产业的一个依据。制造业产业的可持续发展原则，主要表现在资源消耗（物耗和能耗）低和环境污染小两个方面。这两个方面基本上可以通过产业的经济效益水平来考察，而环境污染的大小一般可以通过治理污染的成本反映出来。由于上面已经分析了产业的生产率上升率基准，这里主要通过总资产贡献率和工业成本费用利润率两项指标来考察我国制造业中各个产业的经济效益水平。总资产贡献率是利润、税收和利息之和与总资产的比率，属于毛利润率指标；工业成本费用利润率是利润与成本费用的比率，属于净利润率指标；后者比前者更能反映产业的经济效益水平。

（二）主导产业的选择基准

1. 产业关联基准（赫希曼基准）

美国经济学家赫希曼在《经济发展战略》一书中提出。赫希曼指出，在产业关联链中必然存在一些与其具有关联关系的前向产业和后向产业，在投入产出关系中关联系数较大的产业，这些产业的发展，对其前后向产业的发展有较大的影响，可以促进或带动其前、后向产业，以主导产业带动其他产业的发展。

依据关联强度来选择主导产业称为关联基准，所谓产业关联基准就是选择关联强度较大，能对其前、后向产业起较大带动作用的产业作为主导产业。

其意义在于：突出后向联系意味着主导产业部门的选择以最终产品的制造部门为主，这样，主导产业部门的市场需求就有了保证；主导产业部门具有强烈的中间产品需求倾向，这又为支持主导产业部门增长的中间投入部门提供了市场。因此主导产业部门通过需求扩大的连锁效应可以带动经济的有效增长；其出发点在于，在不发达国家没有于资本相对不足，而且扩大资本形成能力的要求相当迫切，所以基础产业的成长要靠市场需求带动供给。

2. 需求收入弹性基准

需求收入弹性是指在其他条件不变的情况下，某一产品的需求增长率与国民收入或人均国民收入增长率之间的比率。

Ei＝某一产业产品的需求增加率/人均国民收入的增加率

日本经济家筱原三代平将是否具有较大的需求收入弹性作为选择主导产业的基准。因为如果选择需要收入弹性较大的产业作为主导产业的话，随着经济的发展和国民收入的提高，需求收入弹性较大的产业在未来的产业结构中将会有较大的市场需求，对进一步推动经济的增长有更大的作用。

3. 生产率上升率基准

是筱原三代平在20世纪50年代在其论文《产业结构与投资分配》中提出的另一个主导产业选择基准，与上述的需求收入弹性一起被称之为"筱原二基准"。

生产率是综合要素生产率，即产出对全部投入要素之比。造成生产率上升的原因很多，其中最重要的因素是技术进步速度。利用新古典经济增长模型，从生产的增加率中扣除劳动力和资本的增加率，以求出技术进步率。

技术进步率＝生产增长率－A 劳动力（工资）增长率－（1－A）资本增加率

按生产率上升率基准选择主导产业，其实质就是，选择那些技术进步速度最快、产品附加价值最高的产业为主导产业。

选择技术进步速度快的产业作为主导产业，其理由是：技术进步可以降低生产成本，因而技术进步速度快的产业，可以获得比其他产业更快的快速发展；技术进步速度快的产业获得发展，可以通过技术的扩散，促进整个产业结构系统的技术进步。

4. 就业弹性基准

美国经济学家奥肯 A. M. kun 根据美国统计资料，测算出实际国民生产总值增长率与失业率之间关系的规律，称为奥肯定律。根据奥肯定律，如 GNP 增长 2.5%，则失业率降低 1%。但经济增长并不一定带来相应的就业增加，还应该考虑就业弹性。

经济增长的就业弹性是指当影响经济增长的其他因素不变时，每一单位的经济增长引起就业增长的比率。就业弹性一定时，提高经济增长就可增加就业量；经济增长率一定时，提高就业弹性也可增加就业量。就业弹性越大，单位经济增长带动就业增长的水平水平就越高，依靠经济增长拉动就业的作用旧年越明显；就业弹性小，即使经济增长高速，也不会对就业有较强的拉动。在工业化初期，就业弹性水平较高；第三产业资本和技术密集度较低，它有利于提高就业弹性水平；劳动密集型产业比重大，就业弹性水平就越高；

5. 过密环境基准和丰富劳动内容基准

过密环境基准要求选择能满足提高能源的利用效率，强化社会防止和改善社会公的力，并具有扩充社会资本能力的产业作为主导产业。原因：

经过 20 世纪 60 年代的发展，日本经济进入了起飞阶段，工业化与环境保护、经济发展与社会成本之间的矛盾日益突出。为了解决这些矛盾，日本产业结构审议会提出了过密环境基准，以缓和和解决发展与环境、经济与社会之间的矛盾。

丰富劳动内容基准要求在选择主导产业时要考虑到发展能为劳动者提供舒适安全和稳定劳动场所的产业。这一基准与过密环境基准的一个共同之处是反映了日本当时经济发展与社会发展如何协调的问题，丰富劳动内容基准的提出，标志着已经到了将发展经济的最终目的与提高劳动者的满意度如何联系的时代。

6. 其他基准

此外还有比较优势基准，边际储蓄率基准，在选择我国今后的主导产业时，应充分考虑我国国情的主要特点，将会适用以上基准、同时考虑其他国家在不同经济发展阶段中选择主导产业的一般做法和产业结构变动规律。

主导产业的选择基准撇开了许多具体因素，是抽象的理论模式，放眼于未来经济成长，在理论逻辑上是成立的，但要发挥基准的作用，还必须具备一定的前提条件：基础产业相当完善，不存在瓶颈制约；产业发展汇总不存在技术上的硬性约束，基本具备或可以通过某种途径实现主导产业发展所需的技术条件和管理条件；不存在资金约束。

还有值得进一步探讨的问题：市场容量大、生产率上升快的产业为什么需要产业政策的支持？这类产业不需要政府支持也会很快发展，日本经验支持了这种判断，这些产业不仅不会投资不足，反而会重复建设。基准如何具体化、如何计算基准的指标？对未来的研究难度大，不确定的因素多，只能够指出大致的趋势，落不到具体的产业和产品上。在我国关于需求增长快、收入弹性后高的产业应该包括哪些产业就争论了十多年，还没有形成共识。不同基准之间如何排序？基准很多，一个产业很难符合所有基准或多数基准，当不同基准冲突时，应该如何判断不同基准的重要性？哪些基准应该优先考虑？至今没有答案。

（三）主导产业选择的指标体系

1. 区域比较优势指标

主导产业也是动态的，随着经济发展，新兴产业的出现，通过积蓄力量，发展壮大，将取代原先的主导产业，而成为一个新的主导产业，但一定时期，在一个特定的区域，主导产业是恒定的。

2. 收入弹性指标

产业结构的变动是由社会需求结构变化引起的。产业的发展是随人们的需求而开始，进而发展成熟，再而随着需求的满足和边际效用递减趋于衰落。在商品经济下，国民收入经过初次分配和再分配，最终形成对各种产品具有支付能力的需求。随着人均国民收入的增长，社会对各种产品的需求发生增减变化，反映市场需求程度可以用收入需求弹性来衡量，在价格不变的情况下，某一产业的产品需求增加率与人均国民收入增加率之比越大，则该产业收入需求弹性越高。其数学表达式为：$C_1 = \dfrac{\Delta X_i}{X_i} \Big/ \dfrac{\Delta y}{y}$

其中：ΔX_i 是 i 产业产品需求变化，X_i 是上期实现的对 i 产业产品的需求；y 和 Δy 为人均国民收入及其增量。

3. 产业生产潜力指标

产业生产潜力以行业生产率上升率的高低来衡量。从供给角度分析，产业产品是否能占领市场取决于供给成本。不同产业部门的技术进步率不等，在其他条件相同的情况下，技术进步快的产业部门，产量上升快，从而成本下降也快，最终能开拓市场，即生产率上升率高。

生产率主要用劳动生产率和资金产出率来衡量，在现实生活中，二者呈现此消彼长的情况，技术进步率正是这一过程的综合反映。各产业的技术进步率一般使用增长函数方程求取，其公式为：

$$A = y - aL - (1-a)K$$

式中：A 为技术进步率；y 为生产增长率，a 为劳动分配率或称劳动投入弹性，L 为劳动力增加率，K 为资金增长率。同时，可以选取技术进步对经济增长的贡献这一相对数来代替 A。技术进步对经济增长的贡献（B）的计算公式为：$B = A/y$。

4. 产业的关联度指标[①]

区域的主导产业应当具有产业关联度大、带动性强、具有较好的经济效益的特点。可以采用灰色关联度来分析资源型城市各产业的关联性。灰色关联度是根据系统特征序列与比较序列的几何相似程度来判断其联系的紧密程度，关联度越大，曲线越接近。

其主要思路是：各产业产值序列的极性基本一致，先利用均值来准确观察其发展态势，均值计算公式：

$$X_I' = X_i / x_i (I) = (X_I'(I), X_I' \cdot 2) \quad (i = 1, 2 \cdots n)$$

再求序列差：$\triangle_i(k) = |X_I'(k) - X_I'(k)| \quad (i = 1, 2 \cdots n)$

求关联系数：

$$y(X_I(k), X_I(k)) = \frac{\min_i \min_k |X_I(k), X_I(k)| + \xi \max_i \max_k |X_I(k), X_I(k)|}{|X_I(k), X_I(k)| + \xi \max_i \max_k |X_I(k), X_I(k)|}$$

其中，$k = 1, 2$；$i = 1, 2 \cdots$，"称为分辨系数"，$\in (01)$，常取 0.5。最后计算关联度，某一行业的关联度大，表明该行业对工业总产值的影响大，在总产值中的地位重要。灰色关联度计算公式：

$$y(X_I, X_i) = \frac{1}{n} \sum_{k-1}^{n} y(X_I(k), X_i(k)) \quad (k = 1, 2; i = 1, 2, 3, n)$$

---

① 魏喜成：《资源型城市主导产业的选择》，载《统计与决策》，2008 年第 16 期。

（四）主导产业选择的方法

在确立了上述选择指标后，基于数据的可获得性，可以采用下述方法对资源型城市的主导产业进行选择。

首先，确定参选的各个产业，基本原则在于选择那些利税高、产值高、就业人数多、资产高的产业作为备选的产业。

其次，对各个产业进行比较优势的评价。选择各个产业的固定资产净值、总产值、利税总额等，并计算这些指标在地区所占的比重。再将各个产业的固定资产比重、总产值比重利税比重按照 3：3：4 的权重进行加权平均得出各个产业的产业比重 A_i，作为该产业的比较优势指标。

第三，对各个产业进行收入弹性的评价。其中，由于数据的可获得性，用产业总产值代替产品的需求，用人均财政收入代替国民收入及其增量。按收入弹性的求取模型计算各个产业的收入弹性系数 B_i。

第四，对各个产业进行生产潜力的评价。通常，评价过程中用总产值增长率来代替生产增长率；用工资与总产值之比计算各产业劳动投入弹性 a；采取人均工资增长率表示劳动力增长率 L，用净产值增长率表示资金增长率 K。再按照生产潜力的评价模型计算出各个产业的技术进步对经济增长的贡献作为生产潜力指数 C_i。

第五，对各个产业进行关联度的评价。一般采取产业产值 X_i 作为主要因素，选择连续年份构成 X_i 在 k 年期的观察数据，分别构成关联子集，再选取资源型城市连续年份的工业总产值 X_i 为系列特征序列按照灰色关联度分析计算产业的关联度 D_i。

最后，把产业比重 A_i、收入需求弹性 B_i、技术进步对经济增长的贡献 C_i、产业关联度 D_i 四项指标作为评判因素的集合。同时，确定评判因素的权重分配，确定权重分配的模糊子集，分别赋予通行的权重 [1/6, 2/6, 2/6, 1/6]，若某产业 A_i、B_i、C_i、D_i 中有一指标为负可将其剔除，最后把剩余产业进行综合分析和产业排序，从而确定资源型城市的主导产业。

（五）新兴主导产业的培育

按美国罗斯托的主导产业学说认为，前一个成长阶段的主导产业会对下一阶段的主导产业产生诱导作用，原来的主导产业部门在完成了带动其他部门和经济增长使命后，就会让位给新的主导产业部门。

选择合适的新兴主导产业加以扶持和培育，是使资源型城市走出困境，步入可持续的良性发展轨道的重要条件。在产业经济学中，选择主导产业的基准主要有以下几方面：产业关联基准、需求收入弹性基准、生产率上升率基准、比较优势基准、过密环境基准和丰富劳动内容基准等。这些基准对于资源型城市选择接续产业具有重要的参考价值，但却不能简单地套用，而必须充分考虑我国国情、各资源型城市的主要特点，综合运用以上基准，科学合理地确定未来的主导产业。

现代区域经济的增长，从根本上讲是产业部门成长的过程，而成长首先是从主导产业部门成长开始。

1. 自主创新会凸显区域主导产业的特色。作为特定经济区域内国民经济的支柱，主导产业是地域分工的产物。在不同的区域内，会因其自然资源、资金投向、劳动力和市场情况等因素形成不同的主导产业。如果一国内各经济区域的主导产业趋同，那么该国将失去完整有序的产业结构，并在国际贸易中基本受制于人。主导产业的产品受国际性市场左右，进而该国的经济亦难以自立。区域经济究其实质也就是区域特色经济，创新即特色，科技的自主创新有利于推动各地区结合本区现有资源，通过市场竞争，确立和发展主导产业和优势产品，创造不同以前的市场价值。

2. 自主创新能促进区域主导产业的增值。主导产业是一区域的经济结构支柱，而自主创新通过技术创新，将使生产的可能性边界不断扩大，从而提高经济效益；相反，缺乏了自主创新的主导产业将在区际贸易中处于极为不利的境地。

3. 自主创新将实现区域主导产业的飞跃。区域主导产业是一定地域空间经济在较长一段时间内经过理性和非理性的碰撞、市场竞争与政府引导后大浪淘沙的产业选择。主导产业能在一定时期内支撑起区域经济的发展，但受产品生命周期及区际竞争的影响，不可能永葆长青。在既有主导产业已显颓势、新的区域主导产业尚未成型时，只有依靠自主创新来提高区域主导产业的生产率、改进其产品质量、完善其产品性能，从而提高产业竞争力，延长以至推进区域主导产业再获发展。自主创新对于区域主导产业的优化有着至关重要的作用。

三、主导产业的转换和发展

实践表明，主导产业的转换和发展经过五个不同的历史发展阶段，如表4-1所示。

表 4 - 1

阶段	主导产业部门	主导产业群体或综合体
第一阶段	棉纺工业	纺织工业、冶炼工业、采煤工业、早期制造业和交通运输业
第二阶段	钢铁工业、铁路修建业	钢铁工业、采煤工业、造船工业、纺织工业、机器制造、铁路运输业、轮船运输业及其他工业
第三阶段	电力、汽车、化工和钢铁工业	电力工业、电器工业、机械制造业、化学工业、汽车工业，以及第二个主导产业群各产业
第四阶段	汽车、石油、钢铁和耐用消费品工业	耐用消费品工业、宇航工业、计算机工业、原子能工业、合成材料工业，以及第三个主导产业群各产业
第五阶段	信息产业	新材料工业、新能源工业、生物工程、宇航工业等新兴产业，以及第四个主导产业群各产业

上述主导产业发展的五个历史阶段说明，在经济发展的历史长河中，产业结构的高度化是主导产业及其群体不断更替、转换的一个历史演进过程，是一个产业结构由低级到高级、由简单到复杂的渐进过程。在这个过程中，主体需要的满足和主体发展中不同阶段的不可逾越性，以及社会生产力发展中技术的不同阶段之间的不可间断性，决定了发展中国家在选择和确定主导产业及其群体进行主导产业及主导产业群的建设时，一方面必须循序渐进，另一方面也可以兼收并蓄。

表 4 - 2　我国一些区域的主导产业

区域	主导业产
长江三角洲	电子信息产品制造业、汽车制造业、石油化工及精细化工制造业、精品钢材制造业、成套设备制造业、生物医药制造业
	纺织业、化学原料及制品制造业、电子及通信设备制造业、普通机械制造业、电气机械及器材制造业、交通运输设备制造业、黑色金属冶炼及压延加工业
	纺织业、电气机械及器材制造业、服装及其他纤维制造业、化学原料及制品制造业、普通机械制造业、交通运输设备制造业
珠江三角洲	电子及通信设备制造业、电气机械及器材制造业、交通运输设备制造业、金属制品业、化学原料及制品制造业
京津唐地区	电子及通信设备制造业、电子机械及器材制造业、专用设备制造业、交通运输设备制造业、化学原料及化学制品制造业、黑色金属矿物制品制造业、黑色金属冶炼及压延加工业、石油加工及炼焦业
	电子及通信设备制造业、交通运输设备制造业、石油及天然气开采业
	黑色金属冶炼及压延加工业、化学原料及化学制品制造业、非金属矿物制品业、石油加工及炼焦业、交通运输设备制造业、医药制造业、纺织业、食品加工业、食品制造业

四、波士顿矩阵在资源型城市主导产业选择中的应用

经济增长与产业结构的优化和升级是紧密相连的，是由主导产业的演变推动的。正确选择资源型城市工业主导产业，促进工业结构的调整与优化升级非常紧迫和重要。我国学者关于主导产业概念的界定主要有两种观点，一种观点认为，主导产业就是能起"带头作用"的产业；另一种观点强调，主导产业具有的不仅仅是带头作用，其在经济系统的产出中还应占有较大的比重。这种分歧导致在主导产业的选择上存在不同的选择基准，我国现代城市产业确立的"雷同性"和"混乱性"正是这种理论分歧在现实产业发展中的外在表现。随着我国城市经济发展的聚集化和国际国内范围内的产业转移，城市主导产业的确立与发展成为各个城市产业经济发展的重点。在这里，我们以黄石市为例，进行实证分析。

（一）现有工业行业的绩效情况

衡量一个行业的运行态势是否良好，是否有发展后劲，主要看该行业的产值占工业总产值的比重、行业产值的增长速度、行业利润占工业总利润的比重、行业增加值占工业总增加值的比重这 4 个指标。

表 4 - 3　2007 年黄石主要工业行业的 4 项经济指标（单位:%）

工业行业	占年工业总产值比重	年均产值增长速度	占年工业利润比重	占年工业增加值比重
煤炭开采洗选业	0.65	4.77	0.52	0.09
黑色金属矿采选业	3.31	26.52	12.13	2.15
有色金属矿采选业	2.57	5.53	2.36	0.42
非金属矿采选业	0.84	38.53	4.06	0.72
农副食品加工业	0.35	31.25	1.46	0.26
食品加工业	0.45	28.13	1.73	0.31
饮料制造业	2.47	46.97	13.81	2.44
纺织业	1.25	7.17	1.46	0.26
纺织服装鞋帽制造	1.34	6.93	1.52	0.27
皮革毛皮羽毛及其制品业	0.01	− 29.27	− 0.09	0.02
木材加工制品业	0.03	76.42	0.21	0.04
家具制造业	0.02	− 0.15	0	0.00001
造纸及纸制品业	0.13	109.91	1.21	0.21
印刷及媒介复制	0.05	− 52.55	− 0.91	0.16

工业行业	占年工业总产值比重	年均产值增长速度	占年工业利润比重	占年工业增加值比重
化学原料及化学制品制造业	1.7	19.58	4.87	0.86
医药制造业	0.52	20.8	1.58	0.28
橡胶制品	0.13	20.96	0.39	0.07
塑料制品业	0.41	44.87	2.22	0.39
非金属矿物制品业	9.02	46.97	50.37	8.91
黑色金属冶炼及压延加工业	21.82	24	73.79	13.05
有色金属冶炼及压延加工业	33.48	58.06	214.88	38.01
金属制品业	2.73	25.62	9.73	1.72
通用设备制造业	4.94	58.64	31.9	5.64
专用设备制造业	0.89	-14.6	-2.66	0.47
交通运输设备制造	0.93	18.4	2.54	0.45
电气机械器材制造	0.78	142.42	7.98	1.41
通信电子设备制造	0.06	47.31	0.33	0.06
仪器文化机械制造	0.08	4.48	0.06	0.01
废弃物回收加工业	0.02	-46.73	-0.29	0.05
电力热力生产	8.79	7.9	11.25	1.99
供应燃气生产和供应业	0.05	100	0.92	0.16
水的生产和供应业	0.13	22.78	0.43	0.08

资料来源：黄石市统计局 2007 黄石统计年鉴

　　根据黄石实际情况，设产值比重和利润比重均超过2%、发展速度超过20%的行业为绩优行业。黄石全面达到这3项指标的绩优行业黑色金属矿采选业、饮料制造业、黑色金属冶炼及压延加工业、有色金属冶炼及压延加工业、通用设备制造业5个行业；有两项指标达标，另一项指标表现不俗的行业有有色金属矿采选业、化学原料及化学制品制造业、金属制品业、电气机械及器材制造业4个行业。3项指标都不达标的行业有煤炭开采洗选业、皮革毛皮羽毛及其制品业、家具制造业、造纸及纸制品业、印刷及媒介复制、专用设备制造业、废弃物回收加工业等7个行业，且除了煤炭开采外，其他行业都出现了明显的负增长，属于业绩不佳的行业。介于两者之间的行业，有的发展速度惊人，但产业和利润比重指标不高，这些行业很可能是新兴行业。如非金属矿采选业38.53%、农副食品加工业31.25%、食品加工业28.13%、木材加工制品业76.42%、造纸及纸制品业1.9.91%、医药制造业20.8%、橡胶制品20.96%、塑料制品业44.87%、通信电子设备制造47.31%、燃气生产和供应业100%、水的生产和供应业22.78%。

据黄石统计局资料，黄石目前在湖北省占很大比重的主要工业产品，产量不断增加的有钢、成品钢材、纱、电解铜、饮料酒、铝、磁卡、压缩机、太阳能热水器，产量不断减少的有原煤、发电量、铁矿石、水泥、服装。黄石有 18 项国家金银奖产品、142 项部优、112 项省优精品名牌。一些有代表性的产品，如特钢、电解铜、"堡垒牌"水泥、中国劲酒、美尔雅西服、磁卡、冷柜压缩机、锻压设备、纺织机械、镀锌板等出口和销售在国内外市场均占有一定的位置。黄石已经形成了冶金、建材、轻工、纺织服装、化工、医药、电子和能源工业等门类，通过引进中国中铝及瑞士 HOLCIM 等战略投资者，特钢生产、铜的延伸加工、水泥生产已经成为领跑全国的巨人行业，并且把冶金、建材、机械和服装加工业作为黄石的主导产业。但是，在实际的经济发展过程中，工业增加值在地区生产总值中的比率较低，工业经济增长速度不平稳，大起大落现象比较严重，产业科技层次较低，工业大多数还都停留在原来的水平和工艺上，主导产业没有规模效应，造成全市工业缺少产业联系，拉动作用不明显。随着武汉城市圈规划的启动，要想顺利实现黄石城市定位，必须科学地确立黄石工业主导产业。

（二）工业行业的波士顿矩阵分析

波士顿矩阵法是美国大型商业咨询公司——波士顿咨询集团公司（The Boston Consulting Group，BCG）首创的一种规划企业产品组合的方法。它认为一般决定企业产品结构的主要因素有两个：市场引力与企业实力。以上两个因素相互作用，产生四种不同性质的产品类型：A. 销售增长率和市场占有率"双高"的产品群（明星类产品），B. 销售增长率和市场占有率"双低"的产品群（瘦狗类产品），C. 销售增长率高、市场占有率低的产品群（问号类产品），D. 销售增长率低、市场占有率高的产品群（现金牛类产品）。据此将企业战略业务单位分为四种：（1）问题（Question marks），问题业务是指高市场增长率、低相对市场份额的业务；（2）明星（Stars），明星业务是指高市场增长率、高相对市场份额的业务；（3）现金牛（Cash cow），现金牛业务是指低市场增长率、高相对市场份额的业务；（4）狗（Dogs），狗类业务是指市场增长率低、相对市场份额也低的业务。[①]

波士顿矩阵是用产值比重和增长速度两条指标线作为坐的纵轴和横轴，并相交而分为 4 个象限。每个行业均可以拥有的指标而确定其在象限中的位

---

① 黄信灶等：《波士顿矩阵在区域产业选择中的应用》，载《经济研究导刊》，2008 年第 2 期。

明星 Stars	问题Question marks	20%
现金牛Cash cow	狗Dogs	10%
		0%市场增长率

图4-2　成长份额矩阵分析

置。为方便论证的可行性，我们把波士顿矩阵的横坐标和纵坐标以及矩阵内容进行重新定义。

1. 对横纵坐标的重新定义

产业经济学中，区域 GDP 增长率是衡量区域内产业增长的一个重要指标，若某一个产业的增长速度高于 GDP 增长率，说明这一产业在经济发展中是一个相对高速增长的产业，就具有某些主导产业的特征；若低于 GDP 增长率，则说明这个产业是一个发展相对缓慢的产业。考虑到 GDP 核算的方便性，在 BCG 矩阵中我们把纵坐标定义为产业增长率，即产业的增长速度；考虑到产业年增长率的波动性，以该产业近三年的平均增长率为基准，并且把区域 GDP 增长率作为衡量产业增长快慢的标准。把横坐标定义为区域产业规模在全国范围内或在某一个更大区域内产业规模中的比例，这可以衡量该区域产业的竞争力。

2. 对矩阵内容的重新定义

在管理学中，BCG 所反映的是企业的某一个或某几个产品的对比发展情况，在此可以把矩阵内容引申为研究区域产业的对比发展情况。鉴于黄石工业行门类较多，而规模不甚发达的实际情况，确定以行业产值在工业总产值中的比重占3%为纵轴，以各行业的平均增长速度26.28%为横轴，编制黄石的波士顿矩阵图（图4-2），并将全市的行业分为以下4个类型。

Ⅰ问题类行业，代表的是该产业的增长速度高于区域或全国产业发展平均速度，产业规模水平较低的产业；特点是目前所占比重低于3%，但增长率高于平均速度26.28%，其中有些行业具有增长潜力，是潜在的、未来的主导产业或支柱产业，未来可能进入明星类，但有些行业未来发展则可能进入衰退。

Ⅱ明星类行业，代表的是该产业的发展速度高于区域或全国的平均发展速度，产业规模在区域或全国范围内占有相当高的比例，即"双高产业"；特点是当前产值比重超过3%，且增长速度高于平均速度26.28%的行业，它们属于快速发展的主导产业或支柱产业，未来一段时间仍将是支柱行业。

Ⅲ现金牛类行业，代表的是该产业的发展速度低于区域或全国产业发展的平均速度，产业规模在区域或全国范围内占有相对较高的比重；特点是当前产值比重高于3%，是目前的支柱产业，但近年来的增长率低于平均速度，属于发展动力不足的支柱产业，通过改进技术和生产方式等措施，其中某些行业有望加快增长速度，步入明星类行业之列；而有些行业不符合产业结构调整的趋势，将逐步退出。

Ⅳ瘦狗类行业，该产业发展速度低于区域或全国产业发展平均速度，且产业规模的占有比例也较低，即"双低产业"；特点是比重低于3%，且增长速度低于平均速度的部门，属低增长或衰退型行业，一般属调整改造对象。若一个行业持续居于瘦狗类，则应淘汰，以保持整个区域工业的竞争力。①

通过采用波士顿矩阵法对黄石市工业结构进行分析，可以得出黄石市工业行业中的优势产业：黑色金属矿采选业、非金属矿物制品业、有色金属冶炼及压延加工业、通用设备制造业、黑色金属冶炼及压延加工业、电力热力生产和供应业。

Ⅰ问题类：非金属矿采选业、农副食品加工业、食品加工业、饮料制造业、木材加工制品业、塑料制品业、通信电子设备制造、燃气生产和供应业。

Ⅱ明星类：黑色金属矿采选业、非金属矿物制品业、有色金属冶炼及压延加工业、通用设备制造业。

Ⅳ瘦狗类行业：煤炭开采洗选业、有色金属矿采选业、纺织业、纺织服装鞋帽制造业、皮革毛皮羽毛及其制品业、家具制造业、印刷及媒介复制、化学原料及化学制品制造业、医药制造业、橡胶制品、金属制品业、专用设备制造业、交通运输设备制造、仪器文化机械制造、废弃物回收加工业、水的生产和供应业。

Ⅰ问题类：非金属矿采选业、农副食品加工业、食品加工业、饮料制造业、木材加工制品业、塑料制品业、通信电子设备制造、燃气生产和供应业。	Ⅱ明星类：黑色金属矿采选业、非金属矿物制品业、有色金属冶炼及压延加工业、通用设备制造业。
Ⅳ瘦狗类行业：煤炭开采洗选业、有色金属矿采选业、纺织业、纺织服装鞋帽制造业、皮革毛皮羽毛及其制品业、家具制造业、印刷及媒介复制、化学原料及化学制品制造业、医药制造业、橡胶制品、金属制品业、专用设备制造业、交通运输设备制造、仪器文化机械制造、废弃物回收加工业、水的生产和供应业。	Ⅲ现金牛类行业：黑色金属冶炼及压延加工业、电力热力生产和供应业。

图4-3　黄石工业行业结构波士顿矩阵图

---

① 罗曦等：《波士顿矩阵法在县域主导产业选择中的应用》，载《长沙铁道学院学报》，2007年第1期。

Ⅲ现金牛类行业：黑色金属冶炼及压延加工业、电力热力生产和供应业。

(三) 工业行业主导产业的确定

区域主导产业的选择是一项复杂的系统工程，在实际的主导产业选择中，必须以主导产业的选择基准为指导，结合区域现实情况，全面考虑各种约束因素，根据选择基准来确定一组适合区域情况、体现区域特色的主导产业群。

作为老工业基地，黄石市一直延续上世纪大多数工业城市的工业发展模式，以劳动和资本密集型的传统产业为主，以冶金和纺织业为主导产业。上世纪80~90年代，黄石以纺织服装为主的轻工业在全市工业产值中还占有较大比例，产值占比平均可达到30%左右，以冶金钢铁为主要行业的重工业占工业总产值的比重可达到70%左右。近20多年来，黄石市政府也是以这两个产业作为重点，围绕这两个产业制定相关产业政策。但这两个行业之间的联系少，在产业规划上缺乏政策互补性。目前，黄石轻重工业比例已经达到7.26：92.74，纺织及服装业在日益衰退，而黄石目前的产业布局仍呈现出冶金和纺织并举的局面，主导产业定位仍很混乱。

在研究黄石市主导产业定位问题时，必须考虑武汉"8＋1"城市圈内的产业发展状况。表2显示，武汉城市圈工业呈现出明显的重工化和单极化构架特征，重轻工业比例为3：1；主导行业比重较大，制造业占83.2%，仅黑色金属冶炼及压延加工业和电力的生产与供应业即占圈域工业总产值的31%。武汉城市圈发展对黄石的产业发展规划是：重点抓好冶金，建材，机械，纺织，轻工5大传统产业的创新，以磁湖高新技术开发区为载体，重点发展光电子信息产业、新型材料产业、新型生物和医药产业、机电一体化产业和节能产业。规划中明确规定把黄石作为武汉光电信息产业的制造基地，但2007年黄石高新技术产业产值为46.33亿元，占GDP的11.4%，整个黄石市真正意义上的高新技术产业只有一家；高新技术产业的发展还处在一个较低的水平，这与城市圈发展规划对黄石市的"副中心"城市定位以及对其高新技术产业的发展规划还存在很大的差距。[①]考虑到城市圈中某些与黄石有关的制造业在全国范围内的竞争优势，应该初步确定制造业为黄石市的主导发展产业。

----

① 《湖北省统计局》2006年湖北省社会经济发展公告。

表4－2　2006年武汉城市圈主要工业行业构成分布情况及在全国的区位商[3]

指标名称	工业总产值比重（%）	区位商	是否主导产业
黑色金属冶炼及压延加工业	18.6	2.79	是
电力热力的生产与供应业	12.4	1.49	是
交通运输设备制造业	8.0	1.00	是
纺织业	4.9	0.90	
石油加工业	5.2	0.60	是
化学原料及成品制造业	4.1	0.64	是
通用设备制造业	4.5	0.88	
通讯及电子设备制造业	3.6	0.38	
非金属矿物制品业	4.6	0.98	是
有色金属冶炼及压延加工业	3.0	0.95	
农副产品加工业	3.0	0.71	是
服装鞋帽制造业	2.3	1.09	
金属制品业	3.1	0.87	
医药制造业	2.0	1.10	
专用设备制造业	1.7	0.78	
黑色金属矿采选业	……	3.31	
有色金属矿采选业	……	1.42	
非金属矿采选业	……	1.12	

　　根据主导产业选择原则，并考虑现有行业行业的绩效情况，对上述行业进行筛选归并，确定冶金业、建材（非金属矿物制品业）、机器制造业为现有工业行业中的重点培育的主导产业，应该将其做强做大。对问题类产业应该根据其具体情况而采取不同措施，有的可以通过增加技改投入，进行更新改造。如非金属矿采选业、通信电子设备制造；有的可以通过资本纽带实行参股和并购，使其提高活力；如农副食品加工业、食品加工业、饮料制造业；对那些没有发展后劲、资不抵债的行业应该让其自然淘汰。如煤炭开采洗选业、印刷及媒介复制业。主导产业还应具备高于其他产业部门的技术应用率和进步率，所以从这个标准上讲，结合黄石市目前的科技创新现状，把传统的制造业作为主导发展产业实为不妥，但这并不妨碍黄石科技发展对传统制

造业的推动作用，并且随着黄石市磁湖高新技术开发区的进一步发展和完善，凭借这一技术水平的进步对黄石传统制造业的改造升级，其制造业的发展必将达到更高的水平。黄石主导产业的发展应该选择以冶金、建材、机械为主体的装备制造业作为结构多元化的主导产业，大力推进技术创新，对传统产业进行技术改造和产业升级，提高产品质量和产品附加值，在此基础上做好城市圈内溢出产业的承接，兼顾发展高新技术产业，以此实现整个产业结构的优化与升级。

第五章　资源型城市衰退产业的调整

　　资源型城市竞争力重塑与提升的系统工程有三大支柱，即经济发展、社会转型、环境改造，他们在该系统中发挥着不同的功能，产生不同的作用。而产业转型是该系统工程的原始动力。现阶段资源型城市竞争力低下的直接原因是经济不发达。经济基础决定上层建筑，只有城市的经济发展了，城市才有能力谋取全面的发展，才能切实实施社会转型和环境改造。因此，从这个意义上说产业转型是三驾马车中的主动力。通过衰退产业的更替和新兴主导产业的导入，产业转型得以实现。

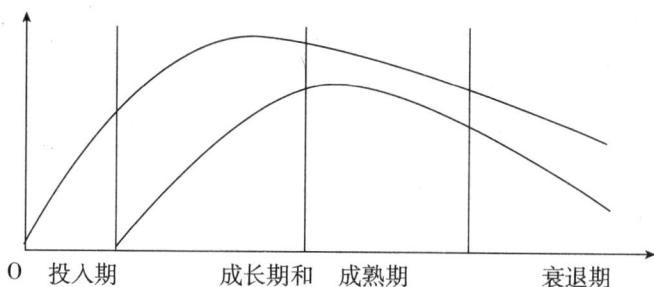

图 5－1　产品生命周期的四个阶段

一、衰退产业的涵义

　　每一个产业都有一个产生、发展和衰退的过程，即具有自己的生命周期。对某单个产业而言，从本质上看它无非是一些具有某种相同生产技术或产品特性的企业的集合。因此，可以说该产业存在的基础是这些企业及其产品。而企业，尤其是产品，是有生命周期的，一般可划分为四个阶段，即投入期、成长期、成熟期和衰退期。在产品的整个生命周期中，其销售额和利润额的变化表现为倒 U 型曲线，如图 5－1 所示。

　　既然某一产业是以具有代表性的产品为基础的，所以我们可以借用产品生命周期的界定划分方法，同样把一个产业的生命周期也划分为四个阶段，即形成期、成长期、成熟期与衰退期。但由于一个产业的产出往往由多种相似的产品组成，很难用一种产品的生命周期来代表整个产业的生命周期，这就造成了两者之间的差异。

（1）并不是所有的产业都有生命周期。

（2）产业生命周期曲线的形状更为平缓和漫长。

（3）产业生命周期存在缩短的趋势。

（4）许多产业可能"衰而不亡"。

（5）衰退产业可能"起死回生"。

产业生命周期的概念表明了一个产业会经历从形成、成长、成熟到衰退，并被新产业所取代的过程。在特定区域内，任何一种既定产业都不可能永远担当主导产业，而是有一个从诞生到成长，到被新的主导产业替代的过程，这正是区域产业结构演化的主线。然而，不同产业的生命周期是不同的，其在形成、成长以及衰退的动因、衰退的表现形式、与新兴主导产业之间的关系等方面都存在许多差异。从产业发展生命周期的角度看，我们可以把处于衰退期的产业称为"夕阳"产业（或衰退产业）。特点是其市场需求逐渐萎缩，发展速度开始变为负数，并在整个产业结构中的地位和作用持续下降。发达国家对"夕阳"产业（或衰退产业）一般采取两种措施：一是进行产业转移，将其转移到广大发展中国家去，通过开辟新市场使其重新焕发生机；二是对其进行高新技术改造，通过提升其技术含量来创造新的需求，使其"焕发青春"，再次走向发展。

就产业衰退而言，可以区分为相对衰退和绝对衰退两种情况。所谓相对衰退是指随着经济的发展，原有产业在技术、市场、产业组织等方面已经成熟，产业收益率不再增长，附加值难有增加，在与新兴的处于成长期的产业部门的对比中，其难以吸引更多的要素投入，从而其主导产业的位置被新兴产业代替。相对衰退的产业并不会消失，它将一直存在于社会生产体系中，满足人类社会衣食住行等方面的需要。而且，这些产业往往还会由于技术创新，尤其是根本性创新而再次获得高增长性。比如农业已经存在几千年，传统农业的主导地位早在几百年前的工业革命时便被现代工业所替代，但当代高新技术向农业的渗透再次在农业领域创造出新的成长性，出现了富有发展前景的基因农业、生态农业等。我们甚至可以认为，衰退的是技术，而不是产业。绝对衰退是指由于某些原因而使原有产业不复存在。这里的原因一般有两种，一是出现了完全的替代产业，比如内燃机对蒸汽机的取代，使服务于蒸汽机的相关产业走向衰亡。另一种是供给的消失造成产业绝对衰退，典型的便是建立在不可再生资源基础上的专业化产业，当资源枯竭时，这类产业必然不复存在，这里产业原来履行的功能需要发展新的产业来承担，比如当前新能源产业的发展，便是人类在石油、煤炭等不可再生资源枯竭时可能的替代选择。新兴产业的形成和成长期与老产业的衰退期之间的衔接是十分重要的，倘若在老产业开始衰退之时，新兴产业已经趋近成熟，那么便可在很大程度上避免产业转换所带来的区域衰退；倘若在老产业开始衰退时，新兴产业基础薄弱，甚至尚未形成，那么经济衰退便是不可避免的。当前资源型城市面临的转型困境，便是因为出现了所谓的产业空档，原有资源性产业已经衰退，新兴产业却没有形成之故。

产业退出最本质的特性是该产业使用要素的减少，但正如前面所讲的，资源型城市产业结构的刚性，大量沉没资产的存在，使资源性产业的退出存在很大障碍。由此而提出的退出途径是增量型退出和存量型退出。所谓增量型退出，即通过在原有产业之外发展新的产业，使原有产业的比重相对下降，逐步将原有产业中可以通用的生产要素，如土地、房屋等，以及可以流动的要素，如劳动力吸纳过来。所谓存量型退出是指在原有产业内部实行内部改造与挖潜，逐步转换的方式。通过将新的产业技术要素注入衰退的资源性产业，开发资源性产业中生产要素的新功能。可以看出，增量型退出和存量型退出在某种意义上类似于发展新兴替代产业和对原有产业进行接续。

二、衰退产业的识别

（一）衰退产业的特征及产业衰退的原因

衰退产业是指持续的一段时间里产品的销售量绝对下降的产业，或增长出现有规则减速的产业部门。衰退产业的基本特征是需求增长减速甚至停滞，产业收益率低于各产业的平均值且呈下降趋势，具体表现为以下特征：

1. 从供求关系看，衰退产业产品需求的价格弹性很小，研究和开发投入降低等。从市场竞争的角度看，衰退产业中的企业行为与标准的经济学理论存在着差距。例如，无论在哪种市场结构下，追求利润最大化的企业的最优定价规则都应该满足价格不小于边际成本这一条件。但在衰退产业中因行业生产能力过剩、需求不足容易导致价格小于边际成本甚至平均成本的恶性竞争的发生。可以说，恶性竞争是衰退产业的特征之一。

2. 从产业组织的角度，垂直一体化是衰退产业的特征。因为在产业的衰退期，随着市场和生产规模的缩小，在产业的成长期或成熟期由企业内部分工分化为社会分工的产业链的各环节只得"重返"娘家，社会分工又转化为企业内部分工，即亚当·斯密所讲的"市场容量限制劳动分工"。①

3. 从国民经济的角度看，衰退产业产品是传统产品，其产业所提供的产值在 GDP 中的比重呈下降趋势，其产品市场不断萎缩。衰退产业的上述特征是识别某一产业是否衰退的主要依据。

当然，具有某些上述特征的产业并不一定就是衰退产业，尤其在市场机制扭曲或被行政机制替代时，更是如此。比如受传统计划价格的管制或经济周期的影响也会导致一些产业出现上述衰退的特征，引起某些产业的低速增长或减速增长，但这本质上不属于衰退产业，不是产业生命周期的"自然"增长减速。显然，识别衰退产业，区分这两种不同性质的产业增长减速，对企业战略决策极为重要。

除了从产业特征上识别某一产业是否属衰退产业之外，还应探明产业衰退的原因，以便制定与之相应的企业战略。造成产业衰退的原因很多，例如，技术创新使某一种商品为另一种新商品所替代，旧商品的需求下降，则该产业必然衰退；经济全球化进程中，某些外国商品的涌入，会使本土产业衰退；国民消费水平提高，消费构成发生剧烈变动，使某些不符合消费潮流的产业部门发生供给过剩；某一部门因加入的企业过多，发生生产能力过剩，等等。从企业战略的角度，衰退的原因可以归纳为技术替代和需求的变化两大类。技术替代是产业衰退的最普通原因。技术革新创造了替代产品，或通过显著的成本与质量的变化而产生了替代产品。因为技术自然进化（Technophysio-Evolution）具有加速发展的趋势，② 这一趋势的必然结果是技术替代的频率加快，产业生命周期的缩短。尤其是每次重大的技术创新，即技术革命都将从根本上改变经济发展的模式，形成一大批新兴产业，传统产业的衰退将难以避免。对于因替代品而造成的产业衰退，识别替代品是企业战略的重要一步。识别替代产品也就是去寻找那些能够实现本产业产品同一种功能的其他产品。应当引起极大重视的替代品是这样一些产品：（1）它们具有改善产品价格——性能比从而排挤原产业的趋势；（2）这些替代产品是由盈利很高的产业生产的。有时替代业的识别相当困难，尤其在替代品出现初期不确定性太大，识别更加困难。然而，由于替代产业的成长需要经历较长的时期，特别在早

---

① G·J·施蒂格勒：《产业组织和政府管制》，上海人民出版社，上海三联书店 1996 年版。

② Robert. W. Fogel · with the Economy. The American Economic Review, 1999 (1), Vol. 89：P1 - 17

期一般新兴产业缺乏市场基础，市场风险相当大，因而对衰退产业的冲击也是有限的。因此，及时识别替代产业，在收割衰退产业的同时，选择适当时机介入新兴产业是企业战略创新的关键。

产业衰退的另一主要原因就是需求的变化，也即消费者偏好的变化。由于社会或其他原因改变了买主的需要或爱好，引致对某种产品的需求可能下降。例如，烟草业的衰退很大程度上是由于香烟的社会认可正在急剧下降。同样，由于全球性的绿色运动的兴起，产品本身不符合现代健康标准的产业或污染较大的产业的需求下降是必然的。又如随着个性化消费成为未来消费的主流，以大批量标准化为特征的传统产业（包括服务业）的需求萎缩也将不可避免。

通过识别衰退并探明产业衰退的原因，给出了企业察觉的产业需求不确定性程度的线索，也为企业战略给出了指示。

（二）衰退产业的识别因素

当前，有关衰退产业更替的研究主要是基于国家层面进行的，针对特定区域的衰退产业更替首先在资源型城市受到重视。由于竞争全球化、产业结构变动和技术的不连续性变化等因素的影响，资源型城市面临着难以避免的产业更替。对于城市这一较小的经济区域，其产业演进具有明显的区域属性，不能简单照搬国家层面的研究结论。如果忽视了衰退产业的区域属性，将不利于深入剖析资源型城市衰退产业的自身特点和衰退机理。因此，有必要开展针对城市层面的衰退产业更替研究，以此为转型产业发展决策提供前瞻性的指导，为政府和相关部门制定政策和采取措施提供科学依据。

我们可以从以下三个维度分析：资源型城市，究竟什么样的产业属于衰退产业，应予更替？

1. 产业生命周期

衰退产业是资源型城市产业新陈代谢机制的产物。在经济发展过程中，产业演进是有规律可循的，从一个较长的时间跨度观察，大多数产业最终将趋于消亡或停滞在某一较低水平。这是因为产业本身是一个有机系统，其成长和衰退受到科技创新、需求变化、产业政策以及人口变化等诸多因素的共同作用。分析产业生命周期，应该从宏观层面进行考察，以消除偶然因素的影响。可以采用全国范围该产业增加值占比重作为衡量指标，当这一指标较长时期持续下降，则可以认为该产业已呈衰退趋势。

2. 产业竞争力

资源型城市产业竞争力是产业持续竞争优势之根源，连接知识、技术优势向市场竞争优势转化的纽带。在开放的经济条件下，特定区域的产业发展取决于其国际竞争力。而国际竞争力的提高越来越有赖于技术、知识等内在能力。在新技术革命向纵深发展的形势下，对区域发展问题的分析超越了过去那种在自然资源和优越的地理位置条件下才能获得区域发展的认识，需要强调技术和知识的因素。

3. 资源禀赋约束

根据资源获取的难易程度，可将其分为易获取资源和不易获取资源。易获取资源是指在通常条件下，能够经济合理地从外部获取的资源，多数资源属于该类资源范畴。反之，在通常情况下，难以获取或因取得成本、交易费用过高而不能经济合理地从外部获得的资源即为不易获取资源。环境资源和土地资源是最典型的不易获取资源，在缺水地区且难以跨流域调水的条件下，淡水即是不易获取资源。在市场经济条件下，资源禀赋约束表现为不易获取资源对特定区域产业发展的较强的制约。

（三）衰退产业的分类识别

以产业生命周期、产业竞争力和资源禀赋约束为三个维度并将其属性分别划分为弱、强两种类型，例如产业生命周期的弱、强分别代表呈下降趋势或处于上升阶段，以此构建资源型城市衰退产业识别模型，如图5-2所示。

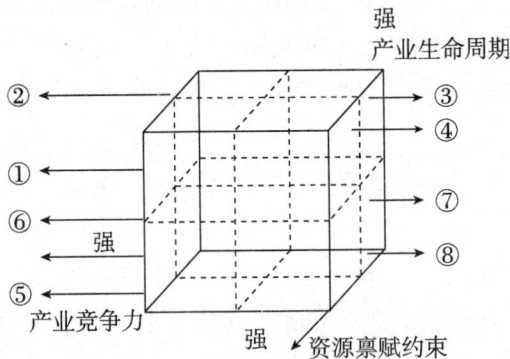

图5-2　资源型城市衰退产业识别模型

据此模型，可将资源型城市产业划分为8种类型，其产业生命周期、产业竞争力与资源禀赋约束的属性如表5-1所示。

表 5 - 1 产业分类表

类型 因素	①	②	③	④	⑤	⑥	⑦	⑧
年命周期	强	强	强	强	弱	弱	弱	弱
竞争能力	强	强	弱	弱	强	强	弱	弱
资源禀赋约束	强	弱	强	弱	强	弱	弱	强

显然，产业生命周期、区域产业竞争力均处于弱势，且资源禀赋约束强的产业属于衰退产业；但如果仅根据一项因素的属性就界定为衰退产业，不仅会使过多的产业被界定为衰退产业，还有可能与现实情况相悖。因此，基于对衰退产业演进机理及其区域属性的认识，应结合资源型城市的具体情况，将产业生命周期、产业竞争力及资源禀赋约束三项因素中有不少于两项处于弱势或强约束的产业界定为城市衰退产业，即产业分类表中的第④⑤⑦⑧共计四种类型产业，为易于表述起见，分别称为衰退产业类型 I、II、III、IV，根据资源型城市这一特定区域的自身特点，结合衰退产业识别因素的分析，4类衰退产业的衰退机理与成因如表 5 - 2 所示。

表 5 - 2 衰退产业的成因分析表

成因 类型	产业衰退原因
I	受到不易获取资源的强约束，同时区域产业竞争力弱
II	受到不易获取资源的强约束，同时产业演进趋于弱势
III	区域产业竞争力弱，同时产业演进趋于弱势
IV	产业生命周期，区域产业竞争力均处于弱势，且不易获取资源的强约束

三、衰退产业调整的主要模式

在新经济的冲击下，传统产业的衰退似乎是全球性的趋势。因此，衰退产业的调整是一个持续不断的任务，无论是对国家还是对企业都是非常重要的。目前，我国经济结构调整的核心问题也是衰退产业的调整问题。衰退产业调整应以市场机制为其基础机制，要通过市场价格的导向和要素市场来实现，但必须辅之以政府的扶持和援助才能克服产业调整的壁垒，调整援助的任务就在于根据各类衰退产业的特性来选择合适的调整模式，以减少产业调整所引起的社会震荡，提高资源转移和再配置的效率。根据产业衰退的原因及产业调整的经验，其模式主要有：

（一）结构升级模式

从根本上说，一个国家经济发展的过程，实质就是产业结构不断调整和升级的过程。衰退产业是产业新陈代谢的产物，但衰退产业往往并不是夕阳产业、死亡产业。比如纺织业在发达国家是公认的衰退产业，但在某些发达国家依然存在并具有较强的活力。人要穿衣，单从这一点看纺织业也是永恒的产业。许多产业的衰退是由于技术创新不足或停滞造成的。因而通过加强产业技术创新能力，促进产业结构升级是克服产业衰退的根本途径。但由于难以逾越衰退产业调整的壁垒，政府的调整援助则必不可少。政府不仅要创造衰退产业技术创新和结构升级的良好的体制环境，而且要直接出面干预产业和企业层次的技术创新活动，由政府组织并资助科研机构、大学和企业成立行业性的技术创新机构，为中小企业建立信息和技术成果转让的交易平台，促进竞争性行业的技术创新。美国政府对衰退产业的技术创新援助的做法很值得我国借鉴。技术落后或缺乏创新能力是我国一些产业如纺织业、钢铁业等衰退的根本原因，因而实施以技术创新援助为主的政策对这些产业克服衰退困境、实现结构升级具有尤为重要的意义。结构升级的基本方向就是促进企业的技术创新。对衰退产业而言，技术创新主要有两大方向：一是促进产品升级换代的技术创新，因为只有产品升级换代，才能形成和创造新的需求，从根本上克服因衰退产业的产品档次低、成本太高引发的产品相对过剩。二是促进产品深加工的技术创新，因为产品深加工，一方面能拉长衰退产业的产业链，有利于在更大程度上推动衰退产业的有效需求；另一方面能提高产业利润率，因为深加工产品具有较大稀缺性，能有效阻止企业的进入，能获取较高的垄断利润。

（二）资源重组模式

资源重组是优化存量资产配置的重要途径，它完全可成为衰退产业调整的一种主要模式。从发达国家产业调整的经验看，解决生产能力过剩并不是通过限制生产和投资的方法来控制经济规模，而是主张将新的投资和原有的投资能力转移到具有市场前景的产业和企业。这实质上就是衰退产业调整中的"积极调整战略"。20 世纪的世界经济史清楚地显示，实现资源有效转移的途径就是企业购并。如 1893 年的经济衰退使西方国家社会需求大幅度下降，过剩生产能力成为市场供需关系中的突出矛盾。企业界试图通过行业协会和卡特尔等组织来维持其生产能力和利润，同时减少过剩的生产能力，都没有取得预期的效果。而随后的企业购并重组运动实现了社会资源的最优配置,从根本上解决了衰退产业生产能力过剩的问题。[①]

资源重组在衰退产业调整中的作用主要体现在两个方面:一是建立了资源的退出通道。衰退产业的主要特征之一就是生产能力过剩,进而引发行业的恶性竞争。而通过资源重组,有利于资源从低效企业、低效产业流向高效率的企业或产业,尤其是大企业通过资源重组能实现产业多元化,使衰退产业和新兴产业互补,使衰退产业中的资源平稳地流向新兴产业,产业调整的过程在企业内部得以顺利实现。这种内部调整比外部调整的效率高得多、成本小得多,而且对社会的副作用也小得多。我国许多传统产业或衰退产业(如传统商业、制造业等)的企业通过资源重组成功地转向了新兴产业,尤其是借助于资本市场,资源重组已成为衰退产业调整的有效途径之一。二是能降低产业成本,提高衰退产业的盈利能力。首先,表现在行业内优势企业通过兼并、收购、托管、债务重组等资源重组手段能快速实现低成本扩张,大企业能获取更高的规模经济效益,因而能较大幅度地降低衰退产业产品成本。其次,通过资源重组可以延长产业链的长度,使企业获得范围经济,如钢铁厂和钢管厂、钢制品厂之间重组就可以获得较好的范围经济。再次,能降低产业间的交易成本,上下游相关产业间的重组因减少了交易层次提高了交易效率等降低产业间的交易成本,从而提高了衰退产业的利润水平。

(三)产业创新模式

有些衰退产业其产品已经被高效率、高效益的新兴产业的产品所替代,这些衰退产业的继续生存必将导致资源的浪费,或破坏自然环境,因而必须淘汰。如对环境污染较重的一次性塑料制品、以氟制冷的家电制品等产业的淘汰是必然的。显然,对这类衰退产业应该实施积极地调整策略,帮助这类衰退产业实行有秩序的收缩和资源向其他产业部门的有效转移,这种以产业转型为目的的调整就称之为产业创新模式。产业创新就是要突破已结构化产业的约束,以产业先见或产业洞察力构想未来产业轮廓以及使构想产业成为现实的过程。产业创新是经济发展的基本动力,即产业序列不断衰退和新生的过程。因而尽早促成再生无望的衰退产业中的资源向新兴产业的转移,是经济发展的基本要求。由于存在资源配置的不可逆性等阻碍资源流动的因素,产业创新离不开政府的扶持和援助,这也正是市场经济国家普遍对衰退产业

---

① 殷醒民:《企业购并的金融经济学解释》,上海财经大学出版社 1999 年版。

实施调整援助的原因所在①。从内容上看，产业创新与技术创新（产业升级）、资源重组等调整活动密切相关。技术创新是产业创新的前提条件，资源重组可为产业创新提供资源再配置的途径。但产业创新又并不等同于技术创新或产业升级以及资源重组，产业创新以发展新兴产业为目标。信息技术革命引发了传统商务模式的根本性变革，生产定制化、营销网络化和竞争全球化使传统的产业定义和产业演化路径受到了严峻的挑战，从目前的发展趋势看，产业演化呈现两大特征：一是传统产业的信息化。传统产业与信息技术产业相融合之后纷纷出现分化、解体和重组，不断催生出新的"边缘产业"，如光学电子、医疗器械电子、航空电子、汽车电子产业和信息服务、信息建筑、信息家电业等。二是传统产业的绿色化。绿色化的核心是利用生命科学技术来改造传统产业，克服传统产业尤其是衰退产业的高消耗、高污染的弊端，使传统产业进化为节能、环保、健康的新型产业。绿色化的经济学含义是将自然资本（Natural Capital）包括生态系统服务（Ecosystem Services）由外部经济因素转入到产业或企业的内部经济中去。② 绿色化是企业克服产业衰退的有效战略之一。生命科学技术与信息技术类似，它与传统产业的结合是产业创新的基本趋势之一。生命科学产业不但本身会不断演化出一大批新兴产业，而且它对传统产业的渗透似乎无所不入，会以几何级数的增长速度不断衍生出新兴产业。③ 产业演化趋势为衰退产业调整与创新指明了方向。衰退产业的信息化和绿色化（生命技术化）无疑是产业创新的基本内容。产业创新是衰退产业调整的高级形式，既涉及衰退产业的调整问题，又包括了新兴产业的扶持问题。就其内容而言，它构成了产业结构政策的基本内核。因为新兴产业的振兴（扶持）和衰退产业的调整是产业结构政策的两个基本内容④。因而产业创新是难度最大的调整方式，需要政府从宏观和微观两个层次进行大力援助和扶持。

（四）区位调整模式

产业区位是产业演进的重要环境因素。企业的效率和效益在很大程度上取决于在区位所提供的"外部经济"的大小。产业区位是指资源在地理空间

① 刘志彪：《产业经济学》，南京大学出版社 1996 年版。

② Logins, amort B, logins, L. Hunter, hawke, Paul. A RoaclMap for Natural Capitalism［J］. Harvard business Review, May – June1999.

③ Enriquez, Juan, Goldberg, Ray A. Transforming Life, Transforming Business：The Life – Science Revolution［J］. Harvard Business Review, March – April 2000

④ 杨治：《产业政策与结构优化》，新华出版社 1999 年版。

上的配置构成及其关联性。一定的产业区位的形成不仅仅是一个简单的经济现象，而且是经济、人文、社会、政治、地理、历史等复杂因素综合作用的结果[①]。据大量研究证明，产业的地理集中能延缓产业的衰退，提高产业竞争力。许多衰退产业在一些特定的区位具有超常的活力，国际上此类案例难以穷尽，如美国佐治亚州道尔顿周围的地毯制造业、瑞士的钟表业、意大利的瓷砖业和纺织服装业等。这种现象在我国也大量存在，如四川宜宾的酿酒业、广东佛山的瓷砖业、湖南浏阳的花炮业、苏南的纺织服装业、浙江义乌小商品等，大凡是高度集中于一区域内的产业基本上具有抗衰老的机能。其实这就是产业区位理论所讲的"外部经济"。

外部经济主要分为两种：第一种是人们所说的技术性外部经济，即由于产业的地理集中使区域内企业之间技术交流更容易，学习的成本更低，公司间能互相取长补短、相互竞争，从而在整体上提高了产业的生存力。第二种是经济性外部因素，即产业在某一区域的集中促进形成了巨大的辅助产业网以及原料供应商、专业技能人力储备、产品销售市场的规模化，这样一来，降低了产业内企业交易成本，改善了产业的生存环境，提高了产业的竞争力。因此，衰退产业调整应有计划地调整产业区位格局，应扶持现存的具有明显的"产业集聚效应"的地区发展优势产业，并根据产业区位优势在各地经济开发区或高新区内兴办"外部经济"密集而地价较低的工业园区，促进产业的地理集中，发挥产业"集聚效益"，以此带动资源存量的优化配置。[②] 此外，产业区位调整还可以利用级差地租原理，调整中心城市的传统产业或衰退产业。

四、衰退产业转型的机制

（一）产业转型预警机制

国内外资源型城市转型的实践表明：转型起步较晚，转型被动，转型的效果欠佳。因此，对资源型城市产业发展中的潜在问题做好前瞻性研究——预警研究，认真地分析产业发展时刻面临来自资源、环境、市场、国际政治经济等多重风险因素的影响，深入探讨和研究资源型城市的产业转型的风险和预警管理，尽早建立一套规范、全面的预警管理程序和预警系统，建立健

---

① 杨治：《产业政策与结构优化》，新华出版社 1999 年版。
② 波特 M·E·：《簇群与新经济竞争力》，载《经济社会体制比较》，2000 年第 2 期。

全资源型城市产业发展的内、外预警监督机制，做好资源型城市产业转型的预警分析，根据预警结果把握合理的转型时机，采取适宜的转型措施实现资源型城市"矿虽竭城犹荣"。

1. 产业转型预警的内涵

所谓资源型城市产业转型预警就是依据对资源型城市产业发展状况的判断，采用定性与定量相结合的方法，对资源型城市产业的发展进行过程刻画、追踪分析和警情预报，进而采取积极的产业转型措施，实现资源型城市产业结构的合理化、高度化，最终实现产业、城市的可持续发展。资源型城市转型预警机制，就是依据资源产业生命周期，通过建立对资源保有量的观测制度，确定转型时间表，对转型进行监督，能够对资源型城市转型提出预警，提前准备，实现未雨绸缪效果的机制或制度安排。该机制能够确定资源型城市转型的紧迫程度、当前重点任务，以及判断资源型城市是否需要财力进行支持。按资源保有储量比率，将95%以上设为微度级别，81%－95%设为轻度级别，40%－80%设为中度级别，40%以下设为重度级别。资源保有储量是资源年开采量 Q（t）和时间 t 的函数，s＝C－Q（t）。图5－3描述了资源保有储量随开采时间的变动趋势。随开采时间变化，资源保有储量呈现出先缓慢下降、再快速下降、后缓慢下降的过程。曲线上的两个拐点 t1 和 t2，分别表示资源型城市由开采前期进入增长期和由成熟期进入衰退期的时间点。对轻度级别资源型城市，预警机制的重点是向企业、政府及从业人员预报资源枯竭的预期及必然性，增强心理预期，为主动推动转型做准备，时间在0－1之间；对中度级别资源型城市，预警机制的重点是确立转型时间表，时间应1－2之间。

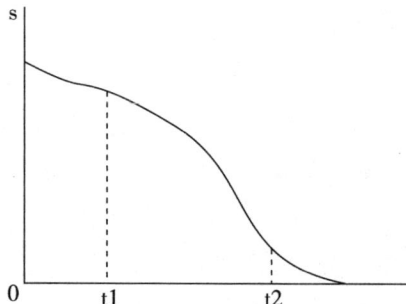

图5－3 资源保有储量变动曲线

产业转型预警主要包括五部分：

（1）警情动态监测，通过一整套监测指标敏感地反映矿产资源开发利用中的异常情况，即警情。矿产资源开发利用可能导致的警情包括矿产资源的耗竭速度与替代能力、自然环境容量、资源开采对生态影响以及废弃物对环境的影响等几方面内容。

（2）警源分析，分析产生某种警情的根源是什么，包括资源的、环境的、经济的、人口的等因素。

（3）警兆辨识，辨识警情发生前所表现出来的各种征兆，如矿产资源承载力、资源采收率、采储比率、矿产资源回采率、人均耕地面积下降、资源型产业产值占比重、生态环境恶化、人均增长率、工业产值利税率等。

（4）警度预报，根据预报警情的轻重，一般可用大中小指标，也可类似于国民经济预警的蓝绿红灯区的形式来加以表示。

（5）预测决策，对上述四个方面做出最后的反应。即采取相应的对策措施解决自然资源开发利用中的问题。

2. 预警系统的功能

为什么资源型城市会出现经济的衰退和危机，主要原因是在资源型城市开发的初期没有考虑到资源型城市的永续性和未来性，没有做好资源预警及提前考虑接替产业的培育和发展。预警是把握转型时机、及时地调整产业结构，解决和预防资源型城市衰落的基础。通过预警，可以正确分析资源型城市产业发展的轨迹，实现产业发展过程的动态监测，预测其发展态势；可以判断资源型城市产业是否需要转型；可以分析影响产业发展失衡的主要原因，以便对症下药，制定相应的措施，解决问题；可以对检测结果进行识别，即判断产业发展过程中的特征及预示着何种状态。

预警是合理把握转型时机的基础。转型时机的选择是转型成功与否的关键因素。欧盟、日本等国的资源型城市转型大都是被迫转型，而此时进行产业转型，一方面需要培育和发展有竞争力的接替产业，另一方面需要解决由于原主导产业衰退带来的失业、经济衰退和财政收入下降等难题。而要解决这些问题单凭市场机制进行调整已不可能，政府不得不介入其中，以巨额的财政投入和一定程度的效率牺牲为代价，实施产业转型。由此可见，产业转型的时间越晚，越积重难返，并将为此付出高昂的代价。合理的转型时机能使转型更顺畅，关于转型时机的选择，应从以下几方面来综合考虑。①

---

① 朱洪瑞等：《资源型城市产业转型预警研究》，载《河北理工大学学报（社会科学版）》，2009 年第 2 期。

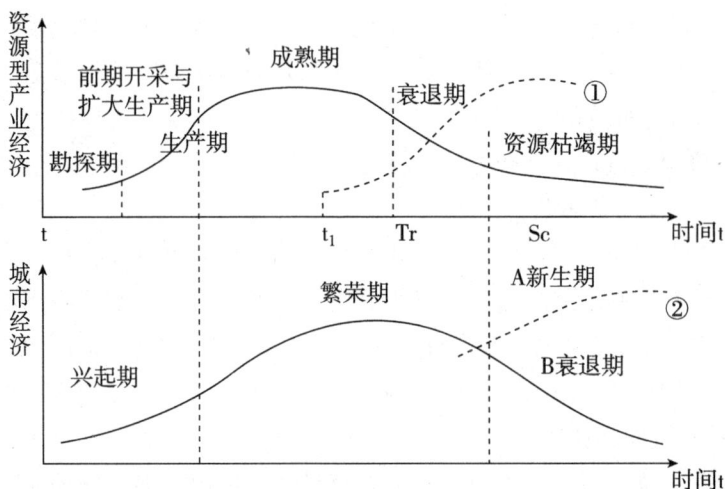

图 5 - 4 资源型城市发展阶段图

（1）资源型产业的发展阶段

处于不同的发展阶段，产业的适应和发展能力不同，有关研究表明：成熟期是产业转型的最佳时机。资源型城市的主导产业——资源型产业，具有两个鲜明的特点：一对资源高度依赖性；二资源开发成本呈递增趋势。其生命周期严格受资源储量的限制，必将经历一个由兴盛、稳定到衰退的过程，使城市的经济和社会的发展深深受制于资源型产业的发展规律。伴随着资源产业从勘探到开采、成熟稳定（鼎盛）、衰退直到枯竭的过程，城市发展将存在两种趋向，一是由兴到衰的演变过程，如前苏联的巴库；二是在适当时机通过产业转型实现持续发展的过程，如德国的鲁尔等。如图 5 - 4 示。从资源型产业和城市发展规律不难看出。若资源型城市在资源型产业进入衰退枯竭之前的点开始着手产业的转型。时间 t 满足条件：资源型产业从时间 t 到衰退枯竭的时间段（Tr - t）与新的接替产业的形成期 Sc 相当，即 Tr - t = Sc，其中，Tr—表示资源产业发展到枯竭阶段的时间，Sc—表示接替产业的形成期，则可以利用积累下来的资金、技术、人才等要素，滚动式带动其他行业的发展，逐步把重点转移到培育非资源型产业上（如图 5 - 4 中虚线①），减少对资源型产业的依赖度。在资源走向衰竭之前，城市经济形成新的增长点和支撑点，就仍能保持旺盛的生命力和经济活力，在较高的起点上，开始新一轮的经济发展（如图 5 - 4 中虚线②），从而使资源型城市得以持续发展。

（2）国家所处的工业化阶段

发达国家的经验表明，随着工业化阶段的不断演进，工业结构将会发生

重大的变化。不同的阶段，国家的产业政策时有所侧重的。我国目前正处于
工业化中期阶段，这标志着以数量扩张为主的初始阶段已基本结束，正进入
以提高质量为主的新阶段，这就要求产业从粗放的扩张转移到产业的技术进
步与升级上来。

（3）市场发育程度

产业转型过程中，资源型产业的退出和接替产业的培育以及社会资源的
重新配置等问题是影响转型时机确定的重要因素。而这些问题解决在很大程
度上依赖于本区域内的市场发育程度，发育成熟的市场能更有效地推动产业
转型。

（4）接替产业的创业环境和条件

发展资源深加工、精加工产业，或是高新技术、高附加值的替代产业，
都是以一定的技术和人才作支撑的。而资源型城市往往因其特殊的产生背景
及资源导向，人才知识面窄、方向单一，高新技术人才匮乏，产业基础薄弱、
创业风险大等是发展接替产业的制约因素。

资源型城市出现"结构性的危机"常常具有某种先兆，表现为某些宏观
经济指标的下降、城市综合排名落后、城市财政收入增长迟缓、人民生活质
量下降等，另外，接替产业的选择、具体项目的准备都需要时间，因此转型
工作必须在资源型产业开始衰退前进行。这就需要根据资源型产业所处阶段、
生产成本变化、储量和地质条件变化等因素对衰退开始的时间进行科学预测。
所有这些问题须通过建立早期的预警系统予以诊断、预警并适时地采取相应
的对策，开展产业转型工作。

总之，环境因素和资源因素的现实条件逼迫很多资源型城市必须做出选
择。建立资源减衰、环境恶化、经济低缓的预警机制，由目前的被动性转型
转变为主动性转型。预警是实现资源型城市产业顺利转型的基础。资源型城
市产业转型预警系统的建立可使决策部门对产业发展态势进行动跟踪监测和
预警，为转型决策提供科学依据，但目前国内外学者还没有对资源型城市产
业转型预警进行研究，进行产业转型预警研究可以极大地提高产业转型研究
成果的前瞻性与可操作性，是产业转型研究中的新领域。

（二）替代产业培育机制

按照分析框架，单靠资源产业，经过长期开发，资源型城市终将走向衰
退，但迅速发展替代产业会推动资源型城市加速转型，因此，建立资源型城
市替代产业培育机制必不可少。当前我国大多数资源型城市处于功能完善的

融合阶段，资源产业处于中前期阶段，除了资源产业外，其它产业均有了较快发展，在经济中的比重日益增大。因此，按照资源型城市的转型预期，需要从现有非资源产业中选择城市未来主导产业，依靠政府产业政策和市场诱导，促进共同培育。当然，新的主导产业对资源产业的替代应发生在资源产业进入衰退期之前。若用 X（t）表示资源产业的第 t 年的对城市经济贡献，包括增加值 v（t）、利润 p（t）、就业机会 j（t）、税收 s（t）等，则 X（t）= av（t）+ bp（t）+ cj（t）+ ds（t），a、b、c、d 分别为各经济变量的贡献权重。随着资源保有储量的下降，资源产业对城市经济的贡献将降低，资源开采结束，贡献降为零。若用 Y（t）表示替代产业对城市经济的贡献，随着替代产业的壮大，对城市经济的贡献将增加。Yi（t）= avi（t）+ bpi（t）+ cji（t）+ dsi（t），a、b、c、d 分别为各自权重。如果选择的替代产业有 n 个，则在第 t 年所有替代产业的总贡献为 $\sum_{i=1}^{n} Yi(t)$。在保持城市经济可持续发展的情况下，必须在资源产业进入衰退期 t 之前，实现新产业对资源产业的替代。因此，存在这样的函数关系 $\sum_{i=1}^{n} Yi(t) \geq x(t), t \leq t_0$。图 5-5 描述了这种替代关系。

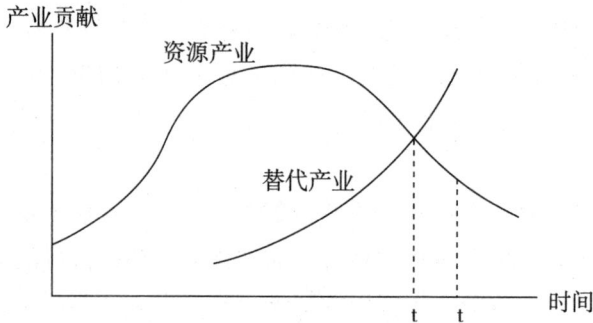

图 5-5　新产业对资源产业的替代关系

随着资源开发技术进步，经济环境变化以及对资源利用价值的新发现，人们将从资源品种和用途的单一开发转变为资源综合开发和再开发。即可以从多种资源和多种开发利用价值生命周期的差异性、非同步性中寻求资源开发和产业发展的可持续性。因而，"资源枯竭"也具有相对性。在这里，我们以资源型城市形成与发展的社会经济条件与政治环境为背景，构建一个资源开发利用多重价值生命周期理论的分析框架，作为资源型城市产业竞争优势培育的理论基础。

1. 资源的多重价值与价值利用的生命周期差异

资源型城市在产业转型中应运用科学的资源观，充分认识多种资源及其多种开发利用价值的差异性和多种资源开发利用生命周期的非同步性，实施有效开发和综合开发，支持产业转型升级；通过产业转型、升级，为资源保护和可持续开发利用提供条件。资源开发利用的多重价值生命周期模型可作如下表述：

假定在一个经济区域中，有 n 座资源型城市，代表城市为 i，i = 1、2、…、n − 1、n，每个城市有 m 种资源，i 城市中的代表型资源 j 的数量为 x，价格为 p_i^j，其中 j = 1、2、3、…、m − 1、m，则 i 城市中 j 资源的价值为：v_i^j = $x_i^j \cdot p_i^j$ i 城市中资源所有资源的价值为：$v_i = \sum_{j=1}^{m} v_i^j = \sum_{j=1}^{m} x_i^j \cdot p_i^j$ 如果整个经济区域在资源型城市的所有资源的总价值为 V，则有：

$$V = \sum_{i=1}^{n} v_i = \sum_{i=1}^{n} \sum_{j=1}^{m} v_i^j = \sum_{i=1}^{n} \sum_{j=1}^{m} (x_i^j \cdot p_i^j)$$

资源型城市中的资源具有多方面的开发利用价值，随着资源开发利用技术和能力的提高，资源在任意开发应用领域都会经历一个初步开发利用时期、稳定开发利用时期、成熟开发利用时期、开发利用衰退时期。在资源的不同开发利用时期，开发利用单位资源所获得的价值也会发生变化。

假定代表性资源 j 的代表性开发利用领域为 θ，θ = 1、2、…、τ − 1、τ，单位资源开发利用所获得的价值为 y，资源开发时间为 t，则代表性资源 j 在代表性开发应用领域 θ 的开发利用表现出生命周期特征，可以得到如下资源开发利用函数：$y_i^j = f(x_i^j, p_i^j, t)$，上面的函数表示资源开发利用价值函数，表明代表性资源城市 i 中代表型资源 j 的开发利用价值受资源数量、资源的市场价值与资源开发时间影响。代表性资源 j 在开发利用过程中表现出的周期性见图 5 − 6。[①]

图 5 − 6 表示资源型城市 i 中，代表性资源 j 在 θ 价值领域的开发利用时间与开发利用价值之间的关系，横坐标表示开发利用时间 t，纵坐标表示开发利用价值 y，资源开发利用经历了四个阶段：第 I 阶段表示资源开发利用的初级阶段，此阶段随着时间的推移，资源开发利用价值逐渐增加；第 II 阶段为资源开发利用的稳步发展阶段，此阶段，随时间的推移，资源开发利用的价值增加较快；第 III 阶段，资源开发利用成熟阶段，在此阶段，资源开发利用

---

① 高庆林：《我国资源型城市产业竞争优势培育》，载《生产力研究》，2009 年第 4 期。

y

y   E

y   E

y   E

I   II   III   IV

0   t_1 t_2 t_3 t

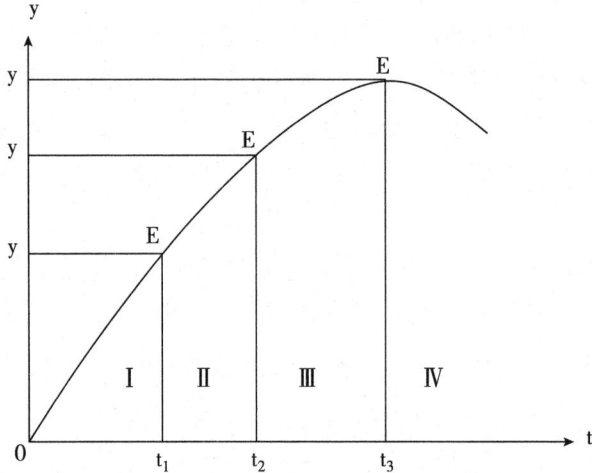

图 5-6 资源开发利用的多重价值生命周期

价值达到最高水平;第 IV 阶段,资源开发利用的衰退阶段,在此阶段,资源开发利用价值逐渐递减。

在这里,我们把同一资源在不同开发利用价值领域表现出的生命周期现象,称为资源开发利用的多重价值生命周期。

2. 资源型城市产业新竞争优势的培育方法

我国资源型城市作为区域增长中心和空间极核,在我国工业化和城市化进程中做出了重大贡献。但随着自然资源存量日渐减少、部分城市某些重要资源濒临枯竭,主导资源产业生命周期走向衰退,在全国改革不断深入、宏观经济形势和资源型产品供求关系发生重大变化的条件下,我国资源型城市的生存和发展受到了严重的威胁与挑战。为此,我国资源型城市需要培育产业的新竞争优势,特别是资源型产业新竞争优势的培育。

(1)根据资源开发利用的多重价值和资源价值生命周期的差异性,促进产业转型。由于资源型城市多是开发某类单一资源,比如煤炭、石油、冶金,发展某种单一产业而兴起的,资源产业的"专业化锁定效应"反过来制约着城市的发展。产业转型已成为我国资源型城市振兴中重要而紧迫的任务。产业转型的任务就是要变资源与产业单一性为资源与产业多元化和高度化,变单一产业支撑的资源型城市为多元化产业支撑的综合性城市。

资源型城市产业转型的路径是发展接续产业和替代产业,并处理好接续产业和替代产业的发展顺序关系和相互关系。接续产业是指在原有资源产业基础上,拓展前向、后向和旁侧相关产业,是资源性产业的产业链延伸。发展接续产业，有利于获得范围经济和集聚经济效益。因其利用了原有资源产业的基础，实施起来难度较小，但未能摆脱对资源的路径依赖。替代产业是指与原来的资源产业非同类的产业，是实施资源替代和产业替代而形成的新型产业。发展替代产业是资源型城市产业结构的进一步优化和高度化，因其需要更高的资金、技术、人才和管理投入，还受到区位、需求、环境等制约，发展难度更大。资源型城市在选择接续产业和替代产业中应因地制宜、循序渐进、互动发展。

（2）加强资源型城市的资源保护与可持续开发。我国资源型城市产业转型中发展接续产业，实施资源替代和产业替代，并不是说，自然资源不重要了，也不意味着资源型城市的资源都已枯竭了，甚而"矿竭城衰"了。事实上资源型城市中，既有称作"资源枯竭"或"濒临枯竭"的城市，也有相当数量资源基础状况良好的城市；即使某些城市某种资源的开发利用价值已经结束，也不等于整个城市所拥有的各种资源及其各方面的开发利用价值都已终结。这些稀缺资源，特别是存量有限的不可再生资源仍然是我们发展多元化资源产业的物质基础，也是实施资源替代和产业替代的前进基础。党的十七大要求"建设科学合理的能源资源利用体系，提高能源资源利用效率。"国家"十一五"规划专章论述了强化资源管理，强调"开发节约并重，节约优先"，对各种自然资源"实行有限开发、有序开发、有偿开发"。

（3）做好统筹与协调工作。我国资源型城市产业转型是一个复杂艰巨的社会系统工程，涉及产业系统的各个方面和再生产过程的各个环节。接续产业和替代产业的选择、自然资源的综合开发和可持续开发固然十分重要，但如果不做好产业间、城乡间的统筹协调，没有生产、交换等再生产环节的改革创新，不进行宏观管理和微观基础的再造，资源型城市新的产业竞争优势仍然不能形成，经济转型的任务就无法完成。必须根据统筹协调原则，统筹城乡、资源型城市区域发展，促进资金、技术、人才等生产要素自由而有序的流动，实现可移动要素和不可移动资源的有机整合。必须加强我国资源型城市国内和国外两个市场的开拓，在产业合作竞争中增强我国资源城市的经济竞争优势；必须推进管理创新，为提升资源型城市的产业竞争力提供制度保障。

3. 评述性结论

在这里，我们构建了一个资源开发利用多重价值生命周期分析框架，为破解资源枯竭、产业凋敝、城市衰退的困境，提供了一种理论模型。资源包括不可再生自然资源，具有多重开发利用价值。一个资源型城市可能拥有多种资源，同一资源也可能拥有多种伴生物和多种利用价值。资源的每一方面价值的开发利用都有其生命周期，但对某一方面价值的开发利用的结束，并不表明资源各方面开发利用价值的终结。随着资源开发技术进步，经济环境变化以及对资源利用价值的新发现，人们将从资源品种和用途的单一开发转变为资源综合开发和再开发。即可以从多种资源和多种开发利用价值生命周期的差异性、非同步性中寻求资源开发和产业发展的可持续性。因而，"资源枯竭"也具有相对性。在加入其他条件的情况下，依托某种资源而兴起的资源产业和资源城市不是注定要走向"凋敝"和"衰退"的。关键在于决策者和经营者审时度势，因势利导，实施经济转型和资源开发利用创新。我国资源型城市必须充分利用自然开发利用的多重价值及资源价值生命周期差异，促进资源型城市产业竞争新优势的培育。

（三）资源价格形成机制

我国资源型城市正处于由计划经济体制向市场经济体制的转型阶段和工业化中期阶段，在此阶段，资源价格形成机制并未确立。实际上，即使在西方发达国家，20 世纪 70 年代以前的资源价格形成机制也存在严重缺失。资源价格形成机制与一般商品或服务的价格形成机制规制不同。后者以价值为基础，反映供求关系，在完全市场竞争条件，$P = MC$。而资源价格形成机制，仍要以价值为基础，同时反映市场供求关系，此外还要反映资源稀缺程度和环境损害成本。按照价值规律，资源的市场供求关系能够由单位资源价格 P 反映，如何不考虑其他因素，在完全市场竞争条件下，$Pt = MCt$，在这里 MCt 仅包括单位资源的开采成。如果考虑资源的稀缺程度时，需要引入资源边际使用成本的概念。资源边际使用成本 moot 是一种机会成本，它反映的是当前所放弃的将来能够获得的边际收益。在完全市场竞争条件下，$Pt = MCt + moot$。资源开采初期，边际开采成本较低，使得更多的资源被提早消耗，造成资源边际使用成本 moot 很大。到最后时期，边际开采成本相当的高，以至于资源的提前消费根本不会影响未来资源的使用，造成边际使用成本 moot 逐渐降为零，即 t2 时间点。通常资源价格不包括环境损害成本，如矿区修复，对健康的威胁，对土壤的侵蚀等等，这些费用不由开采省承担，而是统统外部化了。如果进一步考虑环境损害成本时，单位资源开采的边际损害成本用来表示，在完全市场竞争条件下，$Pt = MCt + moot + meet$。图 5 - 7 描述了完全竞争条件下，能够反映资源稀缺程度和环境损害成本的资源价格形成曲线。在此基础上，依据资源的市场供求状况，形成的市场价格就比较科学合理。

构建资源价格形成机制，不仅要发挥市场对资源勘探、开发、使用的基础性
配置作用，而且要建立一整套科学的政府规制，以保证资源稀缺程度、环境
损害成本等外部性因素内部化。

资源价格P

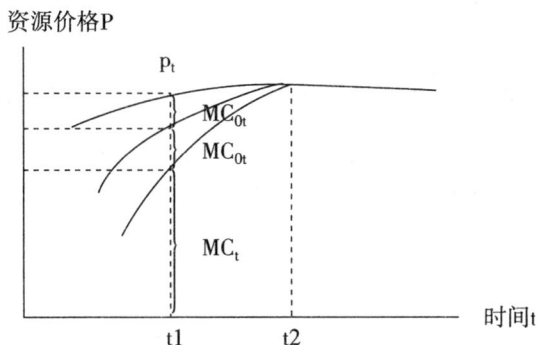

图 5 - 7　市场机制下资源价格形成曲线

　　基于分析框架建立的三大转型机制既相互联系又有区别。资源型城市转
型预警机制和替代产业培育机制虽然仍是根据当前资源型城市的阶段特征采
取的治标措施，但与着眼于资源产业援助措施相比，它又是一种积极的应对
措施，具有未雨绸缪的性质。资源价格形成机制是一种解决资源型城市发展
问题的治根措施。因为它一经建立，正常运行，资源型城市就能实现自动转
型。从这个角度看，资源价格形成机制对资源型城市来说，又是一种自动的、
良性的和可持续的转型和发展机制。目前之所以仍要建立资源型城市转型预
警机制和替代产业培育机制，是因为建立资源价格形成机制是一项极为复杂
的系统工程，需要一个较为长期的过程。在此期间，资源型城市转型的许多
问题仍然需要借助税收返还、转移支付等政府行政手段，对替代产业进行
培育。

　　基于此建立的资源型城市产业转型机制，在解决资源型城市产业转型问
题时，具有以下几个方面的进步：一是可以避免资源型城市到产业衰退阶段
才开始转型的情况发生，防止陷入初期忽视转型而后来被迫转型的不利局面，
为资源型城市提供了极具广阔的产业转型发展和城市功能完善空间，从而使
得资源型城市转型难题消失在萌芽阶段。二是能够花费较小的代价实现资源
型城市转型，即在不很影响资源型城市经济发展的情况下，促进城市主导产
业的更替和转换。这样不仅可以减轻因主导产业转换给资源型城市带来的阵
痛，也可以促使资源型城市快进走出调查期，保持可持续发展。三是为解决
资源型城市转型问题提供了行之有效的最根本的解决办法，即通过建立反映

资源市场供求关系、资源稀缺程度和环境损害成本的价格形成机制，在一开始就使资源型城市进入多产业共同发展、各种功能全面增强的良性发展轨道。

五、衰退产业转型模式的选择

不同时期、不同现实条件下，资源型城市产业转型有不同的侧重点，因此应根据实际情况灵活采用产业转型模式。资源型城市绝大多数兴起于计划经济时代，走上了一条追求资源产品数量扩张的道路。这种长期以来以生产为中心形成的"路径依赖"使资源型城市难以适应以市场为中心的经营环境，目前面临着诸多困难，如图5-8所示。

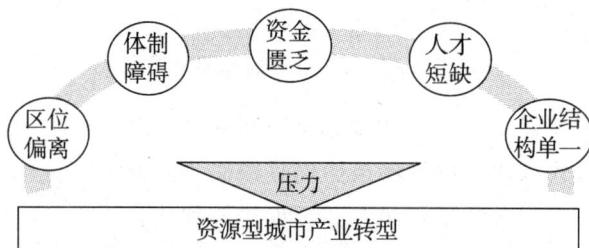

图5-8 产业转型的影响因素

（一）产业生命周期

各类衰退产业的成因和衰退机理各不相同，这将直接影响资源型城市转型和导入模式的选择。例如，有些衰退产业均受到不易获取资源的强约束，这些产业的转型要考虑摆脱资源的约束；有些衰退产业的区域产业竞争力虽然弱，但该产业仍具有较强的生命力，因此可以选择区位转移模式，摆脱资源禀赋约束，再造竞争优势；有些产业演进已趋于弱势，企业要获得持续发展，可实行产业链延伸模式；有些衰退产业，既受到产业区域竞争力的制约，又受到产业生命周期的制约，已经没有发展潜力和成长空间，在市场经济条件下，实现该类产业更替，要支持企业将新的投资和原有投资能力转移到具有市场前景的产品或服务中去，即采取企业能力再造模式或产业创新模式来实现产业更替。

（二）技术机会

技术创新是创造性的破坏，它不但促使新的生产体系和产业结构的产生，也是对原有生产体系和产业结构的破坏。重大技术创新和技术创新群的出现，要求全新的技能和投资，这会在相当程度上破坏建立在原有技术基础上的技术积累、组织资源和资本投资，打破原有的均衡。技术的跳跃性发展不但可能使原有的领先产业陷入困境，同时，其他产业也可能抓住这一机遇实现跨越式发展。因此，当资源型城市出现重大技术创新和技术创新群带来的技术机会时，转型产业可以顺应技术发展的趋势，预测未来的需求，把握技术的非结构性变动，选择产业链延伸模式或产业创新模式实现转型。

（三）产业退出壁垒

资源型城市衰退产业更替涉及的产业退出壁垒包括资产专用性壁垒、人力资源壁垒以及制度性壁垒等，产业不同，退出壁垒的高低不同，所适用的转型模式就可能不同。如纺织业资产虽然专用性较强，但生产设备可分解性强，便于运输，因而可选择产业区位转移模式，将生产环节转移至要素成本较低、具有比较优势的产棉区。而黑色金属冶炼及压延加工业、有色金属冶炼及压延加工业等产业，由于作业连续性较强，生产设备难以分解与转移，因而不易采用区位转移，而选择企业能力再造模式则较为合适。

（四）资源开发阶段

资源的开发一般经历四个阶段，即前期开发、增产期、稳产期和衰退期。增产期是采掘业大发展的时期，在这一时期，产量不断上升，而生产成本基本保持稳定，主导产业的大发展推动资源型城市快速成长。稳产期是资源开发的鼎盛时期，产量维持在一个较高的水平，但此时由于资源开发程度的加深，开发难度提高，生产成本开始上升。衰退期是产量不断下降，而成本大幅上升的阶段，在这一阶段采掘业开始迅速萎缩。处在增产期或成熟期，资源产量保持增长或基本稳定，开采成本较低，适宜发展下游深加工业。如果处在衰退期，此时资源储备已经不足，产量锐减，开采成本大幅增加，发展下游产业缺乏原料来源和竞争优势，此时就不宜选择产业链延伸模式。

（五）资源开发规模

资源加工业一般都有经济规模的要求，例如炼油装置的经济规模为 500 万吨/年，这就为较小的油田发展石油炼化工业设置了天然的障碍，较大的矿区才能为下游产业提供充足的原料来源。此外，较小的矿区产量下降的速度也比较快，不利于下游产业的建立；而较大的矿区即使在资源开采的衰退期，也能维持相当的产量，这也给下游产业提供了继续发展及转型的时间。因此，资源开发规模较大有利于采取产业延伸模式。

（六）产业政策

产业政策的实质是政府采取措施干预资源在不同产业间的分配，出于全局角度的考虑，政府会在某些地区鼓励或限制某一产业发展，这将直接影响到资源型城市产业转型模式的选择。如 20 世纪 80 年代后期，为满足国内市场对原油及其制品不断增长的需求，国家制定了石油工业实施"稳定东部、加强西部、发展海域"的发展方针。近年来，克拉玛依市周边地区的油气勘探取得了重大进展，这推动了克拉玛依市的产业延伸，将来即使本地的油气生产逐步萎缩，也可从周边地区输入原料进行加工，保证城市的持续发展。而同为石油城市的东营市临近齐鲁石化所在的淄博市，若在东营市发展石化工业将是重复建设。因此，该市拟建的乙烯项目、炼油扩建项目等重大石化项目均被上级否决。东营市虽然拥有年产原油 2600 万吨的胜利油田，也不能选择产业延伸模式，而只能选择产业更新模式。

（七）区位因素

国内外城市发展的历史表明，良好的区位也有利于城市规模的扩大和多元化产业结构的形成；而缺乏区位优势的城市，产业也较单一，城市规模也偏小。统计显示，产业结构和城市规模存在明显的相关性，1997 年我国 100 万人以上的大城市第三产业比重高达 43%，而 20 万人以下的小城市只有 23%。因此，具备较好区位因素的资源型城市适宜采取产业更新模式或复合模式。以地处松嫩平原中部的大庆市为例，经过 40 多年的开发建设，大庆市已成为国内石油石化工业中心和黑龙江省仅次于哈尔滨市的中心城市，大庆高新技术产业开发区是 53 个国家级高新技术产业开发区之一。因此，大庆市在续发展石油化工及其后续产业的同时，应加快电子信息、机械及仪器仪表和第三产业的发展。

总之，资源型城市的具体情况千差万别，发展替代产业应坚持因地制宜、扬长避短的原则，选择有利于形成竞争优势的产业更替模式，实现资源的优化配置和替代产业的协调发展。但是，不管采取什么样的产业转型模式，资源型城市产业转型应着眼于四个转变：产业结构要转变为多元化结构；所有制结构要转变为多种所有制并存；经营方式要转变为集约化经营；区域经济社会管理系统要打破条块分割、部门封锁，转变为一体化。

第六章 资源型城市的接续产业和替代产业

资源枯竭城市以不可再生资源为开采对象，必然面临资源枯竭的一天，"这个过程延续多久，根据可开采的资源量、年实际开采量和采收率决定，城市开采的资源不同，但是有一条都是一样既决定了资源型城市有着特殊的生命周期，同时也使得资源型城市和资源型产业、资源型企业有着互为依托、紧密关联的密切关系。必须理顺这种相互纠结的关系，才能令资源型城市的可持续发展必然从"资源转型"上升到"社会转型"的高度上来。要解决从"非可持续"到"可持续发展"，还要考虑转型时机的把握。我国大部分资源型城市处于资源产业成熟阶段，即在一段相对长的时间内资源产业仍处于支柱地位，此时推动转型无论从转型时间、转型成本和转型效益看，都是较理想的转型时机。现实中令许多资源枯竭型城市困惑的是如何选择具体类型的接续产业和替代产业。

一、接续产业和替代产业之间的选择

产业转型意味着资源枯竭型城市逐步脱离矿产资源采掘与加工，发展接续产业和替代产业。但产业转型关系到已有的巨额固定资产投资、城市生产力要素的集聚及吸纳劳动力就业等功能的衰退或丧失等诸多问题，因此存在一定的风险。研究如何规避资源枯竭型城市产业转型的风险，通过产业创新，使其产业顺利转型并实现可持续发展，对于我国国民经济结构的战略性调整以及实现资源枯竭型城市的可持续发展，都具有重要的意义。

（一）接续产业和替代产业的联系与区别

现实中常常把这两个产业称之为接替产业，但实际上它们存在很大的差别（见表 6 - 1），发展接续产业是指在原来的资源产业的基础上，向前或向后延伸，形成相关产业。替代产业是指与原资源产业不属于同一类型的产业，通常也不大可能是新的资源产业。发展接续产业是专业化生产、延长产业链的体现，能够获得范围经济和集聚经济，也由于是在原有的资源产业基础上的发展，因而实施的难度较小，缺点是仍没摆脱对资源的依赖。发展替代产业利于彻底摆脱对资源的依赖，优化城市经济结构，但需要较高的技术、管理和人才积累，也要受到需求、区位、市场环境等诸多条件的制约，实施的难度较大。因而，资源枯竭型城市对接续产业和替代产业的选择应遵守"循序渐转、互动发展"的原则，在产业转型的初期侧重发展接续产业，而后在接续产业发展所积累的人才、技术、资金以及企业家精神和制度环境的基础上，发展替代产业，并形成接续产业与替代产业互动发展的局面，这是资源枯竭型城市产业转型的一般规律。

表 6 - 1   接续产业和替代产业的区别与联系

	接续产业	替代产业
出发点	矿产资源	市场需求
主要目的	利用现有优势，降低生产成本	降低资源依赖性，分流职工
实施主体	该矿业集团	该市企业与政府
与原资源产业关系	上下游接续	平行替代
形成方式	延伸产业链，加大深加工深度	发现市场需求，开辟新的利润源
主要发展条件	资源、技术、人才	市场、区位、城市
企业战略类型	相关多元化战略	非相关多元化战略
经济效应	纵向一体化经济效应	范围经济效应或混合经济效应

（二）接替产业的发展模式

我国资源型城市形成于一个特殊的工业化背景之下，资源型城市的产业结构具有高度刚性，加上资源枯竭引致的资源型产业衰退往往具有急骤性，从而对城市经济发展带来的冲击更为严重。为了避免和减轻资源型产业衰退对资源型城市经济的冲击，有必要培育新兴产业替代资源型产业，为资源型城市寻找新的支撑点和增长极。从这个意义上讲，接续替代产业有别于传统的资源型产业，它是资源型城市未来产业发展的方向，是未来的主导产业和支柱产业。资源型城市发展接续产业是相对于资源型产业而言的。根据接续产业和替代产业的含义，资源型城市接替产业的发展应该有两种基本模式：产业延伸模式和产业替代模式。采取何种方式、选择哪种接续产业是实现资源型城市经济转型的关键问题。

产业延伸模式是在资源开采的基础上，利用原有资源优势，发展资源深加工产业，通过产业链的扩展增加产品的加工深度，提高资源的产出价值，从而带动城市主导产业的转型。这种模式有内涵型和外延型两个发展方向。内涵型强调针对原有资源，拓宽资源开发领域，通过加强伴生、共生资源的综合利用，减少资源浪费，也可以通过利用煤矸石、尾矿等废弃物，实现变废为宝。外延型是拉长原有产业链条，改变传统的垂直分工，通过发挥资源型产业前向关联效应大的优势，发展资源的深加工、拉长产业链条、开发高附加值的产品，向资源加工型产业发展，最终实现产业转型。

产业替代模式是根据自身功能特色、定位及市场需求，发展新型产业替代资源型产业。产业替代模式可以通过植入新型产业和扶持新主导产业两种方式来实现。新型产业植入是选择好一个适合城市发展并有发展前景的产业，通过制定相关政策，促进新产业的形成，并最终发展成为主导产业。新型产业植入是一种内外部力量共同参与，通过"裂变式"的产业替代达到转型目的的方式。新主导产业扶持是从资源型城市现有产业中选出发展前景良好、产业带动作用强的产业进行扶持，使其逐渐成为主导产业，进而达到产业转型的目的。

一般认为，上述两种模式并不适用于所有资源型城市。对于资源濒临枯竭的资源型城市而言，发展产业延伸模式没有资源基础，而适用于选择产业替代模式；对于资源开发尚处于成熟期的资源型城市而言，产业延伸模式和产业替代模式都是发展接续产业可供选择的方式。当然，处于成熟期的资源型城市发展接续产业并不一定采取单一模式，也可以采取两种模式的复合。通常是在产业转型的初期表现为产业延伸模式，城市主导产业逐步由采掘业转变为加工业。随着加工业的发展，城市功能逐步完善，新兴产业得以不断发展。由于多数资源型城市所面临的是经济意义上的资源枯竭，当外部经济环境发生变化时，原来没有开采价值的资源被重新激活，资源型城市的资源枯竭状况得以缓解。从这个相对的、动态的意义上说，产业延伸模式和产业替代模式是大多数资源型城市发展接续产业的适用模式。

对于我国众多资源型城市来说，发展接续产业不必、也不能采取一种模式，这需要我们从资源型城市的发展实际出发，借助现代经济学理论，对接替产业的选择问题进行深入分析，从而为资源型城市产业转型提供理论依据和基本思路。

对于资源开采中期的资源型产业采取主动转型模式。主动转型模式是一种自觉、超前的行为。与资源衰退产区的被动转型相比，好处是有主业的支撑，力求把转型成本降到最低，同时也利于替代产业的发展，这样转型的效率和结果将会非常明显。与资源衰退产区相比，其突出的特点是资源比较丰富，正处于开采的兴旺时期，机械化程度相对较高，开采成本低，经济效益好，转型面临的问题少，压力小，基本没有历史包袱，具有相当规模的资金积累，是为转型做准备的最佳时期。资源型城市在资源开采最佳时期转型容易成功。

充分利用和挖掘现有优势来推动中期资源型城市转型。处于资源开采中期资源型城市的转型规划，应引导无新资源蕴藏禀赋的资源型城市立足原有的设备、人力及其所形成的积累优势发展接续产业。不存在新的资源禀赋的资源型城市的发展未必需要脱离资源型产业，可以依托既有优势延伸产业链条，创造新的增长点。

对处于资源开采中期资源型城市的新资源产区进行科学规划。资源开采中期的资源型城市有很多新资源和伴生资源利用程度较低。为保障资源新开采区域经济可持续发展，规避衰退矿区经济被动转型模式，在新资源和伴生资源开发伊始就应以投资主体多元化等方式，科学地将经济社会可持续发展落实到建设、生产的各个环节中，切实将资源优势转化为发展优势。首先，以一个产业为主导，几个产业做支柱，从单一的资源产业转变为多元的产业经济，科学合理的确定开采强度和服务年限，规避因开采强度过高，使资源开发寿命缩短的风险；同时，也要避免因产量定得过低，影响企业经济效益和国家财政收入。其次，依靠科技进步，不断提高资源利用水平。通过技术创新，改变原有的资源开发和利用方式，朝着资源精深加工、综合利用的目标不断迈进。最后，在新资源和伴生资源开发过程中要改变"先污染、后治理"的老路，搞好生态规划，把环境污染消灭在萌芽之中。

（三）接替产业的选择原则

发展接替产业是培育新兴产业使其逐渐替代资源型产业成为主导产业，因此，接续产业选择就是在资源型城市特殊背景下的主导产业选择问题。自罗斯托提出主导产业的概念以来，主导产业及其选择的研究从经济发展的经验性描述逐渐发展成对国民经济主导产业发展的规划和指导。许多学者针对主导产业的选择原则进行了相关研究。目前，得到广泛认同的原则包括筱原三代平所提出的需求收入弹性基准、生产率上升率基准，以及赫希曼提出的产业关联度基准等。

虽然这些基准具有普遍的适用性，但是仅仅根据这些基准进行区域主导产业的选择，就会忽略区域发展的异质性，将主导产业选择研究一般化，正如吕明元所指出，产业选择的关键是理论逻辑所假定的前提条件是否在现实中存在。因此，必须在这些基本准则的基础上，从资源型城市的现实情况出发，着力探讨适合资源型城市接续产业的特殊的、针对性地选择原则。

随着城市主导资源的日趋枯竭，资源型城市发展逐渐陷入困境，接续产业的发展也面临诸多的现实约束，从中我们可以总结出影响资源型城市接续产业选择的一些主要因素，包括自然资源、生态环境、技术进步、衰退产业和地理区位等。这些现实约束和影响因素既是发展接续产业、实现产业转型的主要障碍，也是资源型城市选择接续产业必须着力解决的现实问题。因此，确定资源型城市接续产业的选择原则，既要从这些现实约束和影响因素出发，又要结合资源型城市的自身特点。为此，接续产业选择原则应该是：可持续发展原则、协调发展原则、稳定发展原则、产业转换成本最小化原则和发挥比较优势原则、需求增长原则、产业拉动原则、扩大就业原则、科技创新原则。

资源枯竭型城市产业转型的实质是一个城市资源和比较优势重新选择的过程，资源枯竭型城市面临的以上风险，极易使其陷入"矿竭城衰"的境地，因此，必须因地制宜，找准产业转型的资源定位。如焦作市正是善于发现自身独具特色的山水人文资源优势和农业优势，才确定了正确的转产方向，催生了新的产业形成，使资源和优势转化成了现实的生产力，推动了产业转型。同样，大庆市以同种资源为基础发展替代产业，阜新市通过"退二进一"，发展现代农业推动转型，都是因为找准了自己的资源和比较优势。这就要求资源枯竭型城市要按照科学发展观的要求，解放思想，拓宽思路，充分考虑自身的实际情况，不能盲目照搬别人的模式。

（四）接替产业选择的实践

面对同样的资源枯竭及其带来的经济和社会问题，阜新和黄石两个城市所选择的产业转型方向却不尽相同。

阜新市为了缓解巨大的就业压力，在确定产业转型定位时，优先考虑了扩大就业的原则，把发展现代农业及农产品加工业作为主导替代产业。同时，也围绕着煤的深加工，煤的共生与伴生资源的开采利用，发展接续产业。首先，在替代产业方面，阜新市选择现代农业及其加工业为主导替代产业，建设农业园区和引进农业龙头企业是阜新市发展现代农业的两大举措。截至2005年年末，全市建设了20个农业园区和55个设施农业小区，有各类种养棚舍5400栋，主要经营生猪、奶牛、肉蛋鸡、花卉、食用菌、蔬菜等品种，棚舍利用率在90%以上。到2005年末已有70多个农业产业化龙头企业落户阜新，如河南双汇、上海大江、内蒙古伊利、草原兴发、大连韩伟养鸡等，形成了十几条农业产业化链条。经过多年的转型发展，农产品加工业的产值已占全市规模以上工业产值的 28%，现代农业及农产业加工业作为继"煤电"之后的主导产业的地位基本形成。此外，机械制造加工业、建材与建筑业、民爆火工产品等也是阜新发展的替代产业，这些产业与煤炭采掘业息息相关，属于相关替代产业。阜新还开发了风力发电、矿区旅游等非相关替代产业。其次，在接续产业方面，阜新市以阜新矿业集团为主体发展接续产业，主要有三个方向：其一，向上游延伸，经营与煤共生、伴生的资源，使现有的资源价值得以充分利用，实现煤层气产业化、矿井水产业化。例如在已有煤层气（即瓦斯）抽放输送系统年供气能力 1591 万立方米基础上，"十一五"期间改扩建形成年总供气能力 6580 万立方米；新建 8 座利用矿井水的水厂，年总供水能力达到 2920 万立方米，净化后的水供阜新发电厂作为生产用水。其二，向下游延伸，加大对煤焦化、气化、液化的深加工，发展煤电、煤化工和煤矸石的利用。阜新矿业集团改扩建了城南热电厂，正在筹建新邱矿区年产 60 万吨的煤制甲醇项目；扩建了原有的阜新煤矸石热电厂，又新建清河门 5 万千瓦煤矸石热电厂，并利用煤矸石生产水泥和砖块。其三，异地资源的开发利用。在国家发改委的规划支持下，阜新矿业集团正在内蒙古白银花煤田的四号露天矿建设煤电一体化项目，项目计划建设总投资 108 亿元；该集团也积极寻求在尼日利亚、孟加拉等国开矿办矿。

由于当地传统产业比重过大，黄石市立足经济的成长性，实施了"三大产业"战略，对经济结构进行战略性调整。在接续产业方面，运用高新技术和先进实用技术，对冶金、建材、能源、机械等传统产业进行嫁接改造，拉长产业链条，形成产业集群。以新冶钢为龙头，以发展轴承钢、齿轮钢、弹簧钢、模具钢、不锈钢及耐热、耐冷、耐磨等特种合金钢材为重点，打造特钢及延伸加工产业板块；以大冶有色公司为依托，以发展电解铜、优质铜线杆、高精度铜板带和铜箔等延伸加工产品为重点，打造铜及延伸加工板块；以华新集团为骨干，以"发展大水泥、淘汰小水泥、开发新材料"为重点，扩大新型干法水泥生产规模，开发新型装饰建筑材料产品，打造水泥及新型建材工业板块；以黄石工矿（集团）公司、西塞山电厂等企业为支柱，以"提升骨干矿井能力，加快煤层气开发，推进电力工业发展"为重点，打造"煤—电"产业板块；重点发展以数控机床、纺织机械、水泥机械为重点的装备制造业，以特种汽车及汽车零部件为重点的汽车制造业，以美尔雅、美岛为龙头，发展棉纺、麻纺、毛纺等产业，以东贝为依托、以冰箱压缩机为主体、以太阳能热水器和制冷冰机为两翼的家电产业，壮大高精度板材等涂镀层薄板、冷轧薄板、精密不锈钢薄板和硅钢片为重点。在替代产业方面，突出发展"三大高新技术领域"。一是光机电一体化领域。重点发展工业自动化技术、精密成型加工技术、数控技术和传感技术以及数控板材锻压机床、智能物流设备、自控性制冷设备产品。二是电子信息领域。重点发展智能卡及卡机具系列产品、特殊光通讯产品及磁记录电子产品；纺织印染设备现场总控系统和物流信息系统以及软件的产品；专用集成电路、新型元器件产品。三是生物医药领域。通过实施一批工业项目，做强做大一批拥有自主知识产权、主业突出、核心竞争力强的大公司和企业集团。目前，高新技术产业增加值占全市生产总值的比重达到15%。

可见，资源型城市的可持续发展，必然要发展新的接替产业来摆脱对资源的过分依赖，逐步由原来以资源产业为主向非资源产业为主转移，以实现城市经济结构转型。发展接替产业既要有科学性，又要有前瞻性，更要有可操作性。在选择接替产业时，要充分实现资源型城市发展接替产业与实现可持续发展、走新型工业化道路的有机结合，实现资源型城市发展接替产业与产业发展规律的有机结合，实现资源型城市发展接替产业与区域发展规划、城市功能转型的有机结合，实现资源型城市发展接替产业与当地比较优势的有机结合。

二、接续产业类型和替代产业类型的选择

以资源采掘为主业的资源型产业是一种劳动——资本密集型产业。根据资源枯竭型城市定位的转型产业是否依赖于矿产资源以及生产要素密集的类型两个标准，可以将资源枯竭型城市经济转型定位归纳为六种模式，这六种模式涵盖了资源枯竭型城市经济转型的所有可能的产业方向：

1. 土地资源替代型指向依赖土地资源而非矿产等资源的农、牧、林业转型。

2. 劳动替代型，即资源采掘业向服装纺织业、食品加工业、家具制造业、服务、建筑业等劳动密集的不直接依赖于自然资源的产业转型，这些产业与资源产业的相关性很小，是一种替代产业。

3. 资本接续型，即资源采掘业仍依赖于矿产等资源，但加大资本投入，发展资源普通加工、提炼产业，伴生资源开采业，这属于发展接续产业。

4. 资本替代型。这依靠发展资本密集型产业来替代资源产业，比如发展机械制造等产业。

5. 技术接续型，利用矿产等资源，依靠高新技术，转向发展资源精深加工业等。由于这些产业仍依赖于资源，也是接续产业。

6. 技术替代型是指转向发展电子信息、新材料、生物制药等技术密集型产业，属于发展替代产业。

无论哪种转型模式都不是原来的资源采掘业的规模上的扩大，而是劳动对象、劳动工具，甚至是劳动者的改变，都存在一定的难度。虽然技术替代型的现代化程度高，产业前景好，但是它对资源枯竭型城市的技术、人才、管理、资金等方面的要求也最高，转型难度最大。土地资源替代型的难度较小，其他几种类型居中。资源枯竭型城市在选择转型定位时，需根据城市具有的转型条件进行综合权衡。在实践中，可以选择其中一种类型，也可以选择多个类型，形成多元化发展模式。对于那些虽然对资源开发依赖很强，但也具有一定的其他产业优势的单一资源枯竭型城市，可以将新型产业培育和原有产业的扩展延伸并举，采用多元复合的转型模式。通过这种多元复合的方式，可以最大限度地降低由于资源枯竭带来的经济衰退和社会危机。

除以上六种类型的划分外，接替产业还可以进行以下划分，形成产业转型的选择方向。接续产业根据产业的内容分为三种：一是资源深加工，二是伴生资源开发，三是异地资源利用。替代产业可以按照选择的产业与原资源产业的关系分为相关替代产业和非相关替代产业。相关替代产业，例如，许多资源枯竭型城市的机械制造产业都是在资源采掘机械制造、维修的基础上发展起来的，如果发展农业、农产品加工、电子信息产业等，就是非相关替代产业。见表6-2。

表6-2　部分资源枯竭型城市发展的接续产业和替代产业

企业名称	主要接续产业	主要替代产业
阜新煤业集团	电力、煤化工、煤精制品	现代农业、机电、建筑
淮北煤业集团	电力、钢铁、油母页岩、煤层气开采	机电、建材
萍乡煤业集团	电力、煤化工、盐化工	建材、机电
铜陵有色金属集团	冶金、化工	机电建材

注：以上企业的名称均为改制后的名称。

结合资源枯竭型城市的资源型产业已近枯竭的特点，在发展接续和替代产业上，其重点是寻找替代产业，辅以发展接续产业，通过产业结构更替、升级和优化，推动区域经济发展。替代产业选择正确与否，关系到资源枯竭型城市产业结构调整的成败。因此，资源枯竭型城市需科学地对拟转型的产业进行三重分析：产业吸引力分析、进入成本分析和经营前景分析，即从行业发展趋势、实施难度、经营前景多方面进行决策。利用变系数面板数据模型对七个行业信贷资金配置效率进行了计算，对信贷资金配置效率进行分析，确立了以下模型：[1]

$$Y_i t = at + bt \times it + ait$$

其中，Y 为行业年度贷款数值，i 代表行业，t 代表年份；另一个变量 X 是年度行业经济增加值。

这一模型的特点是可以一次性计算出各个行业不同的系数，即行业信贷投入对利润变化的反映程度。从变系数面板数据模型的回归结果来看，主要统计指标 $R^2 = 0.9392$，F 检验的显著性水平为 0.00，D. W = 1.43，模型的整体效果还较好。表 6 - 3 是模型计算的各行业 β 值和 t 值。

表 6 - 3　淮北市备选接替行业金融配置效率表

行业	B 值	A 值
农副食加工业	5. 218349	2. 266019
食品制造业	3. 050903	0. 354742
木材加工及竹、藤、橡、草制品业	- 22. 19526	- 2. 817042
医药制造业	- 10. 82434	- 6. 403099
非金属矿物制造业	- 0. 864699	- 3. 910129
金属制造业	- 5. 283509	0. 174687
专用设备制造业	8. 596225	- 1. 764587

上表给出了淮北市各被考察行业的信贷资金配置效率排序。表中的 β 值意味着所对应行业经济增加值每增加 1 万元，该行业将吸引多少信贷资金的投入。例如农副食品加工业，其利润每增加 1 万元，会有 5.22 万元的信贷资金进入该行业，说明该行业信贷资金配置效率较高。

表 6 - 4　淮北市各产业综合分析表

	比较优势	收入弹性	生产率上升	产业关联度	合计
农副食加工业	0. 22	0. 31	0. 60	0. 72	1. 85
食品制造业	0. 16	0. 30	1. 00	0. 08	1. 54
纺织业	0. 04	- 0. 30	- 0. 23	0. 05	- 0. 44
木材加工及竹、藤、橡、草制品业	0. 06	0. 09	0. 50	0. 01	0. 56
造纸业	0. 06	0. 21	- 0. 91	0. 02	- 0. 62

---

[1]　王福君：《辽宁省资源型城市接续产业选择的约束条件和路径》，载《商业研究》，2006 年第 18 期。

续表

	比较优势	收入弹性	生产率上升	产业关联度	合计
化学原料及华学制品制造业	1.00	0.10	−0.44	1.00	1.66
医药制造业	0.38	0.05	0.25	0.14	0.82
橡胶制造业	0.02	−0.58	0.19	0.01	−0.36
塑料制造业	0.03	0.68	−1.18	0.03	−0.44
非金属矿物制造业	0.26	0.09	0.00	0.33	0.68
金属制造业	0.30	1.00	0.17	0.16	1.63
通用设备制造业	0.14	−0.02	−12.33	0.11	−12.10
专用设备制造业	0.55	0.17	0.66	0.19	1.57

通过对表 6−3 和表 6−4 比较，可以得出淮北市接替产业选择的结果[①]：

1. 木材加工、医药行业其 β 值分别为 −22.19 和 −10.82，这些行业的 Z 值处于中等，但是信贷资金配置效率却相当低，也就是说这些行业很难得到银行的信贷支持，所以，在接替行业的选择中应予以淘汰。

2. 金属制品业虽然 Z 值比较高，主要是收入弹性较高，但是其 β 值为 −5.28，金融机构不愿意投入信贷资金，非金属矿物制品业虽然可以获得部分信贷支持，但是其 Z 值不高，所以，也很难作为接替产业来重点发展。

3. 农副食品加工业、食品制造业和专用设备制造业其经过量化的各个指标都很靠前，而且信贷资金配置效率也很高，能够得到金融机构的大力支持，因此，选择这三个行业作为淮北市经济转型后的接替产业比较可行。这也与该市的实际情况比较吻合：首先，淮北市粮食播种面积大、产量高，2008 年夏粮小麦总产量创历史最高纪录近 6 亿公斤，所以，农副食品加工业在淮南有着很大的发展潜力。其次，食品制造业也具有较强的发展优势。其中安徽益益乳业有安徽最大的纯天然平原牧场、最大的优质奶源基地、乳制品加工基地和绿色食品基地；第三，淮北的专用设备制造业基础较为雄厚，近年来呈快速增长态势，成为"三大基地"之外新的经济增长点。所以，把这三个行业选作接替产业比较具有现实可行性。

资源枯竭型城市在选择替代产业时，应注意：

1. 结合区位优势和资源优势，培育新的特色产业。由于资源枯竭型城市以资源的开采和加工为主，资源型产业所占比重偏高，其他地方工业规模较小。当经济赖以生存的资源枯竭后，矿井关闭，职工下岗，经济发展陷入困

---

① 宋庆红：《基于金融视角的资源型城市接替产业选择研究》，载《金融纵横》，2009 年第 1 期。

境成为必然。在寻求新的产业模式时，应立足本区的区位优势和资源优势，寻找具有比较优势、市场竞争力强、能够在短期内获得较好的经济效益、大量安置就业，缓解社会基本矛盾的替代产业。如辽宁省阜新市，以发展现代农业和农产品精深加工为主攻方向就是充分利用土地资源丰富这一特点，也安置了大量工人就业。

2. 挖掘资源型产业的潜力，发展新的替代产业。资源型产业在生产过程中经常有许多伴生产品，这些伴生产品如果储量较大、品位高，通过合理开发利用，同样可以获得经济效益。如阜新市开发利用煤层气、煤矸石；抚顺市利用煤层中赋存的油母页岩层发展化工产业，煤矿在获得经济利益的同时，矿山开采寿命得到延长，为发展接续和替代产业赢得宝贵时间。此外，资源开采过程中产生的废弃物，既占用了大量耕地，也造成了环境污染，如何开发利用这些废弃物，变废为宝，也是资源枯竭型城市发展新兴替代产业的主要方向之一。如利用废弃的锅炉渣和煤矸石做建筑材料，制烧结砖和铺路，提高了废弃物的利用率，在获得经济效益的同时，获得良好的生态效益。

3. 重点培育基础较好的工业项目，加快产业聚集。对地方工业中经济基础较好、技术水平高、产业前后关联度大、需求弹性高、但目前规模较小的企业给予优惠政策，进行重点扶植和培育，使他们在短时间内迅速发展壮大，并带动同类行业或相关行业形成产业聚集，形成规模效益，进而形成带动地区发展的新的主导产业。

4. 积极引进龙头企业，带动地区发展新产业。利用本地资源，引进国内国际的知名企业到本地区投资建厂，作为龙头产业，利用龙头企业的设备新、技术水平高、资金雄厚的优势，发挥其辐射带动作用，带动地区相关产业发展。龙头企业利用"公司＋农户"和"公司＋下岗职工"等多种经营形式发展地方经济，也是发展替代产业的途径之一。

资源型城市接续替代产业的选择，应立足区域实际，充分考虑到国际、国内的大环境，做到经济上合理，技术上可行。

1. 需求结构的变动趋势。无论是接续还是替代产业的发展都离不开需求的拉动。需求以市场空间大小的形式决定了接替产业的发展前景和空间。在进行接替产业选择时，要认真考察需求结构的现实状况及其变动趋势，在此基础上做出分析与判断，即预期哪些产业的需求将上升、哪些产业的需求将收缩，从而有意识地从需求趋于扩张的产业中去选择主导产业。

2. 产业结构演进的一般趋势。产业结构演进的过程就是主导产业序列不断更替的过程。在产业结构演进的不同阶段，不同产业在结构中的地位、功

能是不同的，其发展的趋势也是不一样的。产业结构演进的不同阶段有着与
之相适应的不同的主导产业。资源型城市在发展接替产业时，必须在准确把
握产业结构演进的现状及其趋势的基础上，合理预期待选产业的发展前景。

3. 要素禀赋状况。要素禀赋，特别是待选产业发展所依赖的核心要素的
禀赋状况和发展前景，是主导产业选择时必须考虑的重要因素。因为要素禀
赋是接替产业形成与发展的供给方面的条件和平台，作为接替产业形成与发
展的制约因素，它在某种程度上决定了接替产业的发展空间。

4. 政府政策的空间。政府政策空间是指政府选择、供给、实施与特定产
业相关的各项政策的空间大小。一般而言，不同类别的产业，政府的政策空
间是有差别的。因而，发展接替产业应考虑待选产业的政策空间大小，要考
虑到国家的宏观政策和产业政策，科学确定接替产业的发展方向和目标。

三、资源型城市接续产业选择的实证分析

接续产业选择是依据资源型城市接续产业的选择原则，从备选产业中择优
选出某个产业作为未来发展的主导产业，因此接续产业的选择问题就成为一个
多目标选择问题。多目标选择问题的难点在于备选方案之间往往在不同指标上
互有优劣而难以取舍。一般来说，可以采取将选择标准加权加总或分层次比较
的方法，但都具有很强的主观性。此外，由于选择标准之间还可能存在着尚未
观察到的影响，因此多目标的选择问题很大程度上是一种模糊决策。我们可以
借助灰色系统理论，通过灰色关联度分析和主成分投影来选择接续产业。

以上给出的选择原则并不能对资源型城市接续产业进行非常明确的指导，
这就需要对接续产业选择原则给出相应的选择标准，利用选择标准具体评价
备选产业。选择标准及其体系是建立在选择原则基础之上，并要具有一定的
可行性和可操作性。根据主导产业选择的相关研究，在这里，给出资源型城
市接续产业的选择标准（表 6-5 所示）。

表 6-5　资源型城市接续产业的选择标准

选择原则	评价指标
可持续发展的原则	成本费用利润率
协调发展的原则	产业影响力系数
稳定发展的原则	就业吸纳率
产业转换成本最小化的原则	产业判别系数
发挥比较优势的原则	产业贡献率

以玉门市为例作接续产业选择的实证。相关数据来自于《中国统计年鉴》、《甘肃省统计年鉴》和《玉门市统计年鉴》。通过对具体评价数值来进行无量纲的标准化处理和计算，可以得到多目标灰色关联度评价矩阵。

进而得到理想评价向量为 e ＝ （1.0000，0.6401，8.3633，0.4748，0.0122），通过将各评价向量在理想评价方向上做投影值，就会得到上述 10 个备选产业的具体评价值。[①]

表 6 - 6　玉门市部分产业的相关评价数据

	本本费用利润率	产业影响力系数	就业吸纳率	产业判别系数	产业贡献率
石油天然气开采	2.3175	1.4541	0.0091	1.0000	0.8000
石油加工及核燃料	0.0282	1.9578	0.0070	1.0000	0.0747
化学原料化学制品	0.0407	2.2459	0.0165	1.0000	0.0160
非金属矿物品	0.0403	1.2681	0.0460	1.0000	0.0180
金属制品	0.0136	1.0422	0.0302	0.0000	0.0137
仪器仪表及力公用机械	－ 0.0200	0.5820	0.0615	0.0000	0.0002
交通运输设备制造	－ 0.0160	1.1709	0.0386	0.0000	0.0006
电器机械及器材	0.0776	0.8911	0.0260	0.0000	0.0127
通讯电子计算机	0.0214	1.7953	0.0139	0.0000	0.0007
电力热力生产供应	0.0052	1.1557	0.0447	0.0000	0.0304

根据本文提出的资源型城市接续产业的选择原则，就玉门市的 10 个产业而言，仪器仪表及办公用机械产业、金属制品产业和非金属矿物制品产业是接续产业前三位的可供选择产业；而石油加工及核燃料产业、化学原料化学制品产业和石油天然气开采产业作为原有的资源型产业，排在接续产业发展的最后三位。传统资源型产业对城市经济发展的支撑逐渐衰退，而延伸产业链的资源深加工产业正逐步发展，成为接续产业发展的一个主要方向。

表 6 - 7　玉门市相关产业的评价值

产业名称	评价值	排序
石油天然气开采	－ 1.8440	10
石油加工及核燃料	－ 0.5872	8
化学原料化学制品	－ 0.6203	9
非金属矿物制品	0.2499	3
金属制品	－ 0.2662	2

① 宋冬林：《东北老工业基地资源型城市发展接续产业的理论认识》，载《求是学刊》，2004 年第 4 期。

产业名称	评价值	排序
仪器仪表及办公用机械	8. 3047	1
交通运输设备制造	− 0. 0826	5
电器机械及器材	− 0. 3310	6
通讯电子计算机	− 0. 5419	7
电力热力生产供应	0. 1564	4

四、寻找可借鉴的经验：发展接续替代产业的对策

据有关统计显示，我国产业结构和城市规模具有明显的相关性。单纯扩大城市规模不能解决城市可持续发展问题，第二批资源枯竭型城市从规模和类型上都多有不同，各个城市具体情况又是千差万别，保障资源枯竭城市实现资源合理优化和替代产业的有效协调发展，事关城市发展大计，政策大力支持创造了转型的机遇，各个城市面临更多的还有挑战。

（一）国外经验

从我国资源型城市的选择接续产业的实践来看，大体上采用四种方式，第一是延长传统产业链条，保持传统产业的优势地位和重视高新技术的引进和创新；第二是大力推动第三产业（旅游业）发展为特点的"退二进三"，如河南焦作市；第三是以发展现代农业和第三产业为接续产业，如阜新市；第四是致力于发展循环经济，创建生态城市，克服城市发展资源瓶颈。这些实践，为城市注入极大的活力。通常，资源城市产业转型包括两个过程，一个是衰退产业的替代过程，一个是新兴产业的导入过程。这两个过程既可以是相互独立的，又可能具有时间上的承接性。怎样将这两个过程有机结合，许多国外经验可供借鉴。

发达国家大约在 20 世纪 90 年代完成了资源型城市"转型"工作，虽然国外资源型城市转型中的指导思想和发展思路也不尽相同，居民、企业、政府在转型过程中扮演的角色也各有不同，但一些经验值得我们借鉴。资源型城市发展不能自然保证其稳定发展，资源储藏量从一开始就决定了企业的生产规模和服务年限。尽早制定可持续发展规划，总结适合本国国情的资源枯竭型城市转型战略迫在眉睫。

总结起来，有如下几点借鉴：（1）非常重视规划和政策指导的作用；（2）资金和技术研发投入巨大，科研机构扶持力度大；（3）重视微观企业内

组织制度、产权制度和管理体制创新，更多的利用市场调节手段；（4）重视培训和环保意识的教育；（5）政府在转型中起主导作用，政府不干预政策对城市发展可能造成灾难性的后果。

如果从国际经验来看，转型成功的案例通常是在政府的强力主导下实现的，但方式却有着很大的区别，国外的许多"转型"经验未必适合我国。首先是政府支持方式有区别，发达市场经济国家矿产资源城市的转型，政府给予更多的是解决企业迁移后的人口安置问题，我们往往是政府主导整个"转型过程；其次国外资源城市的人口规模不像中国那么大，美国资源型（矿产）城市的平均人口规模为 1 万左右；第三我国资源型城市问题伴随着国有大型企业的重组、改制问题，"转型"的社会成本巨大。学习国外先进经验，不能照搬照抄。此外，我们也要杜绝不切实际的"大转型"概念，盲目开发旅游资源、盲目搞房地产开发、盲目，以转型的名义对城市其他资源的无序开发，实为对资源的又一次掠夺。

（二）国内经验

党的十七大明确指出，发展绝不仅仅是经济的增长，而应该是包括经济政治、文化、社会的全面协调发展，应该是人与自然相和谐的可持续发展。44 个资源枯竭城市的发展战略更多的应当重视生态环境建设和社会经济可持续发展，根据国务院的要求，明确自身优势，制定发展战略，提升城市综合竞争力，同时将资源考核纳入政绩考核的体系中来。战略设定突出强调产业可持续发展补偿机制建立。资源城市的文化提升和环境改造同样是资源城市成功转型的重要标志。

国内外大量资源型城市发展的事实证明，选择不同的经济发展战略，结局截然不同。山东省许多资源型城市未雨绸缪，制定合适的产业政策，实行产业转移，积累了一定经验。

1. 产业链延伸

产业链延伸是一种城市内外部力量共同参与的转型方式，在具体的转型过程中，既可通过城市内部积累资金达到产业链延伸的目的，也可通过吸引外部投资参与城市优势自然资源的深加工，实现产业链延伸和城市转型的目的。山东省立足做大做强工业经济，下大力气调整优化产业基地，着力培育制造业发展的规模优势、技术优势和品牌优势，尽快改变资源性产业比重过大的状况。如济宁市利用处于煤炭资源开发盛期的优势，建设煤化工产业基地。其具体做法是发挥兖矿集团的龙头带动作用，有机整合市内煤炭企业要素资源，围绕煤焦化、煤气化、煤液化三大产业链，主攻"醇、苯、酸、烯、油、肥"系列产品开发，逐步形成煤化工产业集群。[①] 选择这种方式转轨时要注意，在继续发展原有资源开采产业的同时，要运用资源开发的自我积累功能，适时向产业链的深化方向发展，从而带动其他产业的发展，最终实现城市转型。

2. 新型产业植入

新型产业植入就是选择好一个适合某地发展并有发展前景的产业，通过制定相关鼓励政策，促进新产业的建立和发展，从而达到产业再造和城市转型的目的。新型产业植入是一种外生型转型方式，主要适用于资源枯竭或开采成本很高的资源型城市。如淄博市在上世纪初，伴随胶济铁路的开通和煤炭工业的崛起，工业从无到有，从小到大，逐步成为山东全省乃至全国重要的能源基地，经过几十年的开采，淄博的煤炭等重要资源已经趋于枯竭。进入 20 世纪 80 年代后，以齐鲁万吨乙烯工程建设和乡镇企业异军突起为基础，淄博逐步形成了以石油化工、冶金、煤炭、医药、建材纺织、丝绸、机电、电力、陶瓷等行业为主体，门类比较齐全，大中小企业相结合，原料、能源、加工生产协调发展的综合性工业体系，经济发展逐步由资源消耗型转向创新推动型，从 20 世纪 50 年代煤炭工业占工业总产出的 65% 转变为如今非金属矿物制品业占 17.9%、化学工业和原材料制品业占 16.74%、石油加工占 15%、纺织占 10.4%、机械加工业占 8% 多业并举发展的格局。高新技术产品产值占限额以上工业总产值比重达到了 24%，人才结构、市场结构、资本结构都有了显著变化。[②] 新型产业植入是一种外部力量参与为主的转型方法，采取这种方式必须有步骤地关停原有的不适合发展的资源开发产业，通过"裂变式"的产业替代达到城市转型目的。

3. 新主导产业扶持

新主导产业扶持是一种内生型转型方式，主要适用于那些在除资源开采以外的其他产业具备一定优势的资源型城市。如淄博市在巩固提升传统优势产业的基础上，努力培植新材料、精细化工、医药等新兴产业。目前已形成化工、建材、纺织、机械地位巩固，新材料、医药、化纤等新兴行业发展迅速的产业结构新格局。[③] 淄博石化行业在全国占有重要位置，建筑陶瓷成为全

① 岳顺之等：《山东省资源型城市产业转型对策研究》，载《经济与社会发展》，2009 年第 3 期。
② 刘加增等：《淄博：从资源依赖到创新驱动》，载《大众日报》，2006 年 9 月 25 日。
③ 许慧艳：《淄博：孵化新经济》，载《经济导报》，2006 年。

国三大生产基地之一，日用陶瓷成为全国五大产区之一，被列为全国首批新材料产业化基地。济宁市着力培育制造业发展的规模优势、技术优势和品牌优势，依托山推股份、中国重汽商用车、山东东岳等骨干企业，建设机械制造产业基地，正在改变资源性产业占比过大的状况。新主导产业扶持是一种以城市内部力量参与为主的转型方法，通过内部产业结构的调整，达到城市转型的目的。转型过程中要十分重视主导产业的选择，充分利用原有的工业基础，以便于城市的平稳过渡。

（三）接替产业选择的对策

1. 国家和资源型城市政府的主导作用

建立完善的法规体系和专门的组织机构。从国外的实践经验来看，通过立法成立转型的领导机构是转型成功的一个重要保证。我国资源型城市条块分割的二元管理结构十分突出，资源型城市的多数大型企业是中央政府、上级政府和上级主管部门直属的企业，企业和政府关系不顺，长期各自为政、各行其是。因此，国家应设立由政府、资深专家、金融机构、资源型企业等合并组成专门机构，协调资源型城市发展接替产业的相关事宜。对产业转型过程中各权利主体之间的权责边界予以清晰的界定，增强各层级政府之间和政府各职能部门之间的战略协同性。

鼓励利用高新技术。我国资源型城市的主体企业的技术水平与发达国家相比有很大差距，其薄弱的技术力量和缓慢的技术进步阻碍了产业结构的升级演化。因此，必须重视科技力量，引进先进技术，对传统工业进行改造，促使产业高级化，变资源优势为经济优势。

积极完善城市功能。坚持用现代都市理念，积极完善城市功能要加大投入，增强城市功能，加强环境整治、保护和修复，为扩大对外开放和发展接续替代产业创造良好的外部环境，为广大人民群众提供宜居环境。

2. 建立接替产业发展的投资保障体系

设立资源产业转型基金。资源产业转型基金应在中央与地方财政预算中列支，基金由国家财政预算支出、国有资产变现、国有资本收益、发行特种国债等构成。基金专项用于处理国有经济不良资产、补充社会保障资金、转产行为、支持再就业项目、建立或资助职业培训机构和职业介绍机构等。基金的建立应根据基金投向类别的不同分别建立一般性的产业投资基金和风险投资基金。一般性的产业基金主要为资源型城市接替产业的升级服务，风险投资基金主要投向高科技、转型风险较大的项目，并且要与资本市场紧密结合。基金的主要来源可通过提高资源税中央集中程度、开征社会保障税、向一次性能源用户征收煤炭附加费或煤炭补贴税、发行特种国债、外国政府或国际金融组织长期低息贷款等多种渠道筹集。基金的使用应专项用于发展接替和替代产业投资、职工安置、转岗培训等，并冲销银行呆坏账。

建立矿山环境保护和土地复垦保证金制度。通过保证金的合理征收与统筹使用，使"谁破坏谁治理"的原则得以落实。对于历史遗留下来的矿山环境治理与土地复垦欠账，国家加大治理污染政策扶持力度，统筹建立塌陷区复垦和矸石山综合利用专项基金。

建立稳定、透明和可监督的财政转移机制，多渠道地筹集产业转型资金。各层级政府之间应建立一个稳定的财政转移的制度安排，规范和清晰界定各财政主体的权利和义务。必须建立财政转移的监督机制，完善财政转移支付过程中的法律监督、组织监督、行政监督、舆论监督和自律机制。在财政资金的投向上要制定财政援助的客观标准，完善招投标制度，避免财政资金流入特定企业、特定利益集团和特定人员的手中。除财政渠道外，还可以考虑建立专项基金、发行国债、土地使用转让、BOT 等多种筹资方式，来缓解产业转型过程中的资金压力。

建立补偿机制，加大建设资金扶持力度。国家应给予减免税收、低息或贴息信贷、加快折旧等政策支持。国家政策性贷款、国家金融信贷应适度向资源型城市倾斜。在资源型城市发展接续替代产业过程中，国家可适当放宽在直接利用外资和境外融资方面的限制。政府要协调转型企业争取国内外金融机构贷款。商业银行应该加大对接替产业融资的支持力度。

3. 推动资源型城市人力资源的开发利用

解决下岗职工的就业、再就业问题。资源型城市应尽快制定职工转岗培训及再就业计划，根据城市就业和产业发展的需要，有针对性地进行分门别类的培训，以促进产业工人在各个产业之间充分流动。国家应在资金投入和项目建设上向资源型城市倾斜，特别是大型建设项目、劳动＝密集型项目、带动力强的项目要优先考虑资源型城市，保证资源型城市发展接替产业有一个稳定的社会环境。

企业人力资源开发与管理。资源型企业建立和健全现代人力资源开发机制。一是建立人才培养机制。企业要针对现有人才水平，真正从企业发展的需要出发，形成一套科学的、严明的、公正的人才培养机制；二是建立现代人才评价机制。企业要向内挖掘人才，充分利用现有的人力资源，彻底打破传统的人才观，建立一套能让人才脱颖而出的科学的选拔机制。

例如，焦作地处太行山脉与华北平原的过渡地带，境内有130公里的南太行山脉，沟壑纵横、绝壁险峰、峡长谷幽，形成了独具特色的山水景观。同时焦作还是司马懿、韩愈、李商隐、许衡、朱载堉等众多历史名人的故里和陈氏太极拳的发源地，历史文化积淀深厚。从1999年开始，焦作把目光由地下煤炭资源转向地上山水人文资源，先后投资35亿元，用于景区开发和景观道路建设，开发了云台山、青龙峡等五大景区和韩园、焦作影视城等十大景点，通过强化服务，宣传促销，短短数年，使焦作山水声名鹊起，催生了闻名全国的"焦作现象"。2006年全市旅游综合收入达到73.97亿元，占比重由1999年不足1%增长到10%以上，带动了第三产业的发展。焦作市是全国三大粮食高产区之一，农业资源丰富，在开发旅游资源，培育旅游业的同时，焦作市又把目光瞄向可再生的农业资源，采取多种措施，强力推动农副产品加工业的发展，培育了一批农业产业化龙头企业，初步形成了以粮食加工、四大怀药加工、皮毛制革加工和林纸加工为主的四大农副产品加工产业，农副产品加工成为又一支柱产业。总之，焦作经济以五大支柱产业形成和旅游业的异军突起为标志，基本实现第二次产业转型，摆脱了过去对矿产资源的依赖。[1]

五、接替产业选择的量化分析

接替产业选择是资源型城市转型成功与否的关键，必须遵循一定的理论和方法。本章以淮北市为例，接替产业的选择基准我们参考和借鉴了主导产业的选择基准。在各种界定和选择主导产业的基准中，我们选用区域比较优势基准、收入弹性基准、生产率上升率基准和产业关联强度基准。

表6-8 淮北市各产业比较优势分析表（比例%）

2007年	固定资产净值淮北安徽比例	总产值淮北安徽比例	利润总额淮北安徽比例	比较优势	Z值
农副食品加工业	0.22	0.31	0.60	0.72	1.85
食品制造业	0.16	0.30	1.00	0.08	1.54
纺织业	0.04	-0.30	-0.23	0.05	-0.44

① 武磊：《推进资源枯竭型城市产业转型的若干思考》，载《中州学刊》，2009年第5期。

续表

2007 年	固定资产净值淮北安徽比例	总产值淮北安徽比例	利润总额淮北安徽比例	比较优势	Z 值
木材加工业及竹藤棕草制品业	0.06	0.09	0.50	0.01	0.56
造纸业	0.06	0.21	-0.91	0.02	-0.62
化学原料及化学制品制造业	1.00	0.10	-0.44	1.00	1.66
医药制造业	0.38	0.05	0.25	0.14	0.82
橡胶制造业	0.02	-0.58	0.19	0.01	-0.36
塑料制造业	0.03	0.68	-1.18	0.03	-0.44
非金属矿物制品业	0.26	0.09	0.00	0.33	0.68
金属制品业	0.30	1.00	0.17	0.16	1.63
通用设备制造业	0.14	-0.02	-12.33	0.11	-12.10
专用设备制造业	0.55	0.17	0.66	0.19	1.57

1. 比较优势的量化分析

我们根据大多数研究者采用的方法，把产业的固定资产净值、工业总产值、利税总额作为淮南市产业比较优势的评价指标，并与全省的资料进行比较，以 2007 年为例。表 4-8 中数据是通过上述各指标在全省所占的比重然后进行加权后所得。固定资产净值、总产值和利税总额这三个指标的加权系数根据统计研究工作者在实践中的经验总结出来的，即用 3：3：4 的权数对这三个指标进行加权求和。此外，为了选出接替产业而采取的是多指标分析法，因而为了消除各指标的单位不同而带来的难题，采取无量纲化处理，其计算结果记为 Z 值（见表 6-8）。

根据表 6-8，淮北市具有比较优势的产业，分别是医药行业、专用设备制造业、金属制品业、农副食品加工业和食品制造业等。

2. 收入弹性的量化分析

根据市场规律，收入需求弹性高的产品在预测期内随着人均 GDP 的增长而增长，因此，对于生产收入弹性大的产品的产业可考虑优先发展。为了进行量化分析，先将淮北市人均可支配收入、增量及增长率算出，再根据 2007

年以及上一年（2006年）的各项指标，计算出淮北市各行业产品的收入弹性，可知，对于收入弹性小的行业由于将来在市场上发展前景不容乐观，因而可首先将其排除在主导行业之外（如纺织、橡胶、非金属、通用设备和医药等行业），对于收入弹性较大的行业可以考虑作为主导产业的候选。

表6-9　淮北市各产业收入弹性分析表

	2006年总产值	2007年总产值	△xi	△xi/xi	△y/y	弹性系数	Z值
农副食品加工业	63360	92619	29259	0.46	0.13	3.55	0.31
食品制造业	10270	14809	4539	0.44	0.13	3.40	0.30
纺织业	33455	18668	-14787	-0.44	0.13	-3.40	-0.30
木材加工业	5138	5840	702	0.14	0.13	1.05	0.09
造纸业	3498	4559	1061	0.30	0.13	2.33	0.21
化学原料及化学制品制造业	258746	295162	36416	0.14	0.13	1.08	0.10
医药制药业	37948	40618	2670	0.07	0.13	0.54	0.05
橡胶制造业	12248	1712	-10476	-0.86	0.13	-6.58	-0.58
塑料制品业	5515	11041	5526	1.00	0.13	7.71	0.68
非金属矿物制品	104365	118255	13890	0.13	0.13	1.02	0.09
金属矿物制品	31278	77283	46005	1.47	0.13	11.31	1.00
通用设备制造业	36032	35201	-831	-0.02	0.13	-0.18	-0.02
专用设备制造业	59793	74670	14877	0.25	0.13	1.91	0.17

表6-10　淮北市城乡居民人均可支配收入变化率表

淮北市	2006年（元）		2007年（元）		△y	△y/y
	城镇	农村	城镇	农村		
	10660	3252	12003	3698		
合计	13912		15701		1789	0.13

3. 产业发展潜力的量化分析

产业的发展潜力我们用技术进步对产业增长率影响的大小来衡量，在相同条件下，技术进步率高的产业产量上升快，成本下降也快，因而可以获得更大的竞争力，并且技术进步可以通过影响劳动生产率和资本产出率来影响产业增长率。对柯布——道格拉斯生产函数进行变形，得出公式：A = y - aL

- （1-a）K。为了消除影响，令 B＝A/y。另外，产业增长率 y 指的是从
2006 年到 2007 年各产业产值的增长率；劳动弹性 a 用工资收入与产值之比来
计算；劳动生产率的增长率 L 用平均工资增长率来计算。通过一系列计算，
得到表 11，可见，食品、专用设备和农副产品加工等行业的技术进步对产业
增长的贡献最大，其分别为 1.11、0.73 和 0.67。同时，经过分析，诸如电子
信息、医药工业、旅游业和机械工业，它们的技术进步率最大，说明这些行
业能够充分利用当前科技从而具有较大的发展潜力，因而可以考虑将这些行
业作为主导产业的候选，而纺织业和石油工业技术进步率甚至为负值，表明
这些行业无法获得技术进步带来的好处，无法发挥科技优势，因而不能作为
主导产业。

表6-11　淮北市各产业发展潜力分析表

	产值增长率%	劳动增长率%	生产增长率%	劳动收入弹性	技术进步率	技术进步贡献率	Z值
农副食品加工业	0.46	-0.13	0.16	0.04	0.31	0.67	0.60
食品制造业	0.44	0.00	-0.06	0.12	0.49	1.11	1.00
纺织业	-0.44	0.15	-0.62	0.09	0.11	-0.25	-0.23
木材加工业	0.14	-0.02	0.06	0.03	0.08	0.55	0.50
造纸业	0.30	0.01	0.78	0.22	-0.31	-1.01	-0.91
化学原料及化学制品制造业	0.14	0.01	0.24	0.15	-0.07	-0.49	-0.44
医药制药业	0.07	0.08	0.04	0.16	0.02	0.29	0.26
橡胶制造业	-0.86	-0.95	-0.62	0.16	-0.18	0.22	0.19
塑料制品业	1.00	-0.58	2.56	0.09	-1.28	-1.28	-1.15
非金属矿物制品	0.13	-0.20	0.17	0.10	0.00	0.01	0.00
金属矿物制品	1.47	0.70	1.22	0.05	0.28	0.19	0.17
通用设备制造业	0.02	0.05	0.39	0.15	-0.32	-13.69	-12.33
专用设备制造业	0.25	-0.10	0.08	0.10	0.18	0.73	0.66

4. 产业关联度的量化分析

要使得整个国民经济持续健康地运行，各产业之间的相互关联是必备的，
各产业的相互关联的程度可用关联度来描述。考虑到产业的关联度与产业产
品的销售收入、固定资本和流动资本等指标之间存在正向相关的关系，因而，

为了简化，本章以这些指标作为依据来评价淮北市各产业间的关联度的相对大小。计算结果见表6–12，可见，农副食品加工的关联度最大，其他几个产业如非金属、金属、专用设备等行业的关联度也比较大。

5. 确定备选产业

把各项指标进行加总可得出淮南市接替产业选择综合评分，我们把综合评分为正的产业列入接替产业的备选产业，然后再从金融视角出发进行分析和对比，从而最终确定淮南市经济转型的接替产业。需要说明的是，虽然化工行业的综合评分为1.65，比较靠前，但是淮南的化工基本上是以煤化工为主，本章探讨的是接替产业的选择，当煤炭资源枯竭时，煤化工行业也必然会衰退，所以，把其作为备选行业不太合适。因此，我们选择以下行业作为备选：农副食品加工业、食品制造业、木材加工及竹、棕、草制品业、藤、医药制造业、非金属矿物制品业、金属制品业和专用设备制造业。

表6–12　淮北市各产业关联度分析表

	主营业务收入	固定资产	流动生产	合计	Z 值
农副食品加工业	89234	417272	11470	513976	0.72
食品制造业	43853	6635	10229	60717	0.08
纺织业	18347	7384	7489	33220	0.05
木材加工业	5828	789	412	7029	0.01
造纸业	6139	2638	6530	15307	0.02
化学原料及化学制品制造业	305634	238689	132596	716959	1.00
医药制药业	38565	26570	31697	96832	0.14
橡胶制造业	1915	241	1856	4012	0.01
塑料制品业	10684	2036	7847	20567	0.03
非金属矿物制品	117105	56225	58356	231686	0.32
金属矿物制品	77332	12374	27218	116924	0.16
通用设备制造业	35748	15231	30043	81022	0.11
专用设备制造业	70709	26114	40455	137278	0.19

六、产业接续选择的评价

国外对资源型城市的研究，始于 1930 年代，经过 1930—1950 年代的初步探讨、1960—1970 年代的丰富深化、1980 年代至今的全面系统阶段，研究领域不断深化、研究范式不断丰富，呈现多视角、多层次、多尺度，理论与实证、定性与定量相结合的研究体系[①]：实证研究对象主要集中法国、德国、加拿大、澳大利亚和美国等发达国家，理论研究开始进入结构调整与转型阶段，内容主要集中于资源型城市发展周期、产业结构转型、社会转型、城市人口学研究、资源型城市与其相关地区和部门之间的关系研究等方面，研究方法以描述性、概念性的实证研究占多数，缺乏理论性规范研究成果，模型构造、数理统计方法运用相对较少，并没有形成比较成熟的经济转型理论。

改革开放后，国内资源型城市产业转型研究成为热点。一些老的资源型城市，因大规模资源开采和利用，生态不断恶化、环境污染日益严重，引起相关学者关注，主要集中于资源型城市界定标准、规模、转型成本和模式、劳动力就业等，研究方法主要有数理统计分析、模糊数学、综合评价法、DEA 法、空间分析法、资产负债表、产业关联分析等。

国内资源枯竭型城市转型研究维度大多集中于时间和空间维度，很少涉及产业维度，从三大产业部门的比较优势角度，确定主导产业，提出相应发展模式，并且在研究过程中对经济转型与社会、资源、环境问题统筹的系统研究较少，缺乏深入科学的定量分析。本章就是以大冶市为例，在传统定性研究基础上运用数理统计分析方法，对三大产业的经济、社会资源和环境效应进行综合分析，构建产业优势和接续产业评价模型，以为资源枯竭型城市经济转型提供实践借鉴和理念指导。

（一）产业接续选择的评价体系

1. 产业经济现状评价。从产业结构、产业规模、产业投入、产业效益四个方面，通过产值比重、地区生产总值、增加值、固定资产投资、从业人数、产值单耗等数据统计分析分析大冶市产业经济发展的现状，厘清产业经济发展的主要问题。

2. 产业优势评价模型[②]

① 李雨潼：《我国资源型城市产业转型问题研究》，吉林大学博士学位论文，2007 年。
② 熊剑平等：《资源枯竭型城市产业发展评价与接续选择》，载《经济地理》，2009 年第 8 期。

借鉴经济基础理论，引入区位商模型，通过测定各产业部门在各地区的相关专业化程度来间接反映区域间产业经济发展的比较优势：

区位商（LQ）＝（地区某产业产出水平/地区全部产出水平）／（某区域某产业产出水平/区域总产出水平）

一般来说，LQ＜1，表明该产业在该地区专业化程度低于区域平均水平，还需要从区域外输入产品或服务；LQ＝1，表明该产业为一自给性产业部门 LQ＞1，表明该产业在该地区专业化程度超过区域平均水平，属于地区专业化部门。LQ 值越大，专业化水平越高，比较优势越明显。

3. 接续产业选择指标体系构建

构建多指标评价体系。采用层次分析 AHP 模型对待选产业进行评价决策，从目标 – 准则 – 指标层构建多层次评价指标体系（图 6 – 1）。

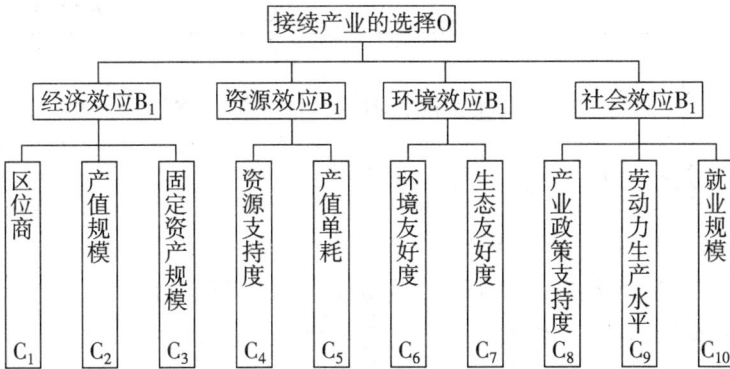

图 6 – 1　接续产业选择评价指标体系

数据标准化处理。引入指标模糊隶属度函数，采用梯形模糊隶属度函数对评价指标进行标准化处理：

（1）正向指标采用半升梯度模糊隶属度函标准化：

$$C(x_i) = \begin{cases} 1 & x_i \leq x_{max} \\ (x_i - x_{min})/(x_{max} - x_{min}) & x_{min} < x_i < x_{max} \\ 0 & x_i \geq x_{min} \end{cases} \quad (1)$$

（2）反向指标采用半降梯度模糊隶属度函标准化：

$$C(x_i) = \begin{cases} 1 & x_i \geq x_{min} \\ (x_i - x_{min})/(x_{max} - x_{min}) & x_{min} < x_i < x_{max} \\ 0 & x_i \leq x_{max} \end{cases} \quad (1)$$

权重计算。通过 SPSS13.0 数理统计分析软件，运用相关层次分析法，计算求得各指标权重 Wi（表6-13）。

表6-13 接续产业选择各级指标权重

Tab. 1 Conversion Industries selection index weight at all levels

准则层	B 层权重 V_i	指标层	C 层权重
		C_1	0.3786
B_1	0.176	C_2	0.29
		C_3	0.3314
B_2	0.3918	C_4	0.5987
		C_5	0.4013
B_3	0.2376	C_6	0.5
		C_7	0.5
		C_8	0.4762
B_4	0.1946	C_9	0.2445
		C_{10}	0.2793

综合评价得分。采用线性加权和函数，计算综合评价得分：

$$F_i = \sum_{i=1}^{n} f_i \times tv_i \tag{3}$$

（二）产业发展的现状评价

1. 产业经济呈快速发展势头，经济投入保持平稳增长

地区经济持续快速增长，第三产业发展势头良好。2003—2007年间，大冶市GDP保持较快增长速度，平均增长率超过10%，高于全国平均水平。据初步核算，2007年大冶全市地区生产总值139.80亿元，比上年增长13.5%，其中，第一产业增加值16.67亿元，增长10.5%，第二产业增加值75亿元，增长12.9%，第三产业增加值48.13亿元，增长15.5%（图6-2）。

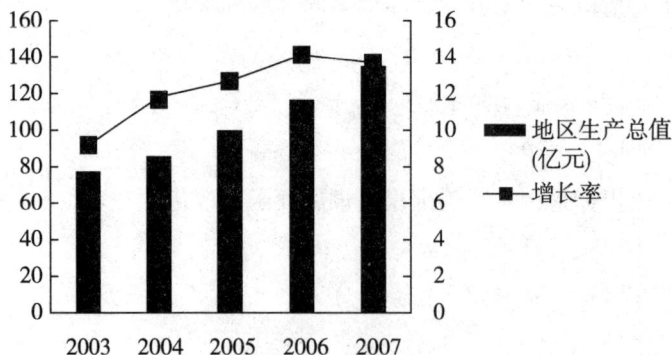

图6-2 大冶市 GDP 及增长率

区域经济发展规模小，整体经济优势不明显。大冶市 GDP 占全省 GDP 比例从 2003 到 2007 年间基本保持在 1.5% 左右的水平。2007 年，大冶市 GDP 增长速度（13.5%）低于湖北省平均水平（14.5%），经济发展速度相对较慢。一定程度说明大冶市与湖北省平均经济增长水平存在一定差距。

经济发展受外部资源市场制约性较大。全市规模以上的工业增加额增速在 2004 年达到一个高峰 28.9%，远远高于湖北省增速 22.8%（图 6-3），但受 2005 年能源、原材料价格波动和产品供求市场的制约，增幅仅仅为 16.6%。在 2006、2007 年增速发展状况好转，分别为 26.8% 和 19.1%，这些数据说明大冶市工业经济发展易受国家宏观经济和资源因素的影响，产业经济呈现资源型约束，说明大冶市产业结构存在巨大的调整空间。

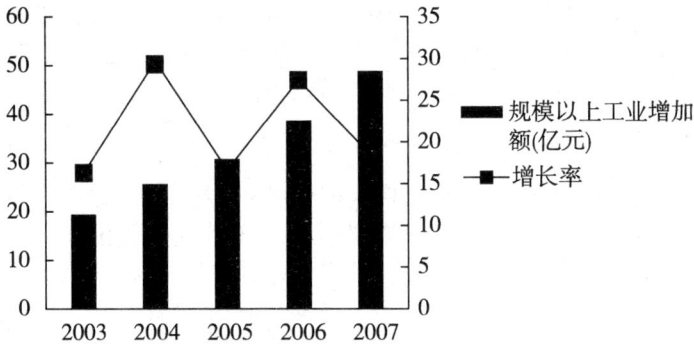

图 6-3　大冶市规模以上工业增加额及增长率

经济发展得益于稳定的固定资产投资增长。大冶市全年社会固定投资额增速在 2004 年达到高峰为 38.5%，2005、2006、2007 年为 25.6%、20.1%、20.27% 成回落态势，平稳增长。这说明大冶市经济的快速增长很大程度是建立在资源的消耗上，仍然是粗放型经济增长方式（图 6-4）。

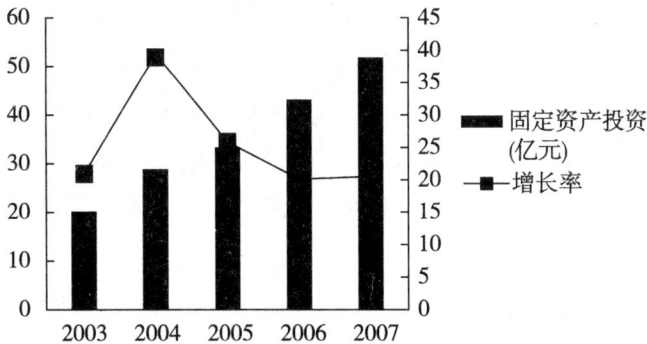

图 6-4　Investment in lied assets and growth rate of Dave city

综上所述，在稳定的固定资产投资支持下，大冶市近年来经济保持持续稳定的发展，但受经济规模和资源型经济脆弱性的制约，经济发展存在不稳定性。

2. 产业结构呈现"二三一"态势，一二产比重较大，三产发展过慢

从资源型城市本身发展特点来看，产业结构与资源结构相适应。目前以矿采业、矿采制造业为主导产业，产业规模比较大，参与上一级区域分工能力较强，能够较好的发挥区域资源禀赋优势，形成资源型产业的区域比较优势，人均经济指标多高于全省平均水平。但产业结构的刚性很大，应变能力不强，以至于出现 2005 年因能源、原材料持续大幅上涨，增加了企业生产经营成本，受供大于求市场格局的制约，导致地区生产总值增速巨幅跌落由此也延缓了产业结构由初级阶段向高级阶段演变的进程。

从三大产业结构的平衡状况看，大冶市的产业发展具有片面性。按照H·钱纳里的研究划分，以 2007 年数据为判断依据，大冶市三大产业产值比为 12：54：34，产业结构呈现"二三一"结构。第一产业产值比重低，其中种植业仍然占优势。第二产业产值超过国民生产总值的 1/2，且轻重工业比率严重失衡。第三产业产值比重不到 35%，整体发展比较滞后（图 6 - 5）。

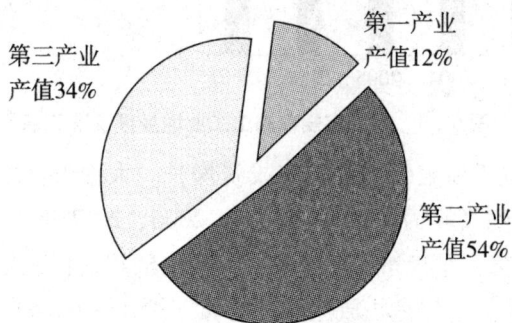

图 6 - 5   三大产业产值比重

从三大产业就业结构来看，就业规模产业比重 45：26：29，呈现一三二畸形发展结构。长期以来大冶产业结构以重工业为主，这种高度依赖原材料"畸形化"的产业结构体系对劳动力的吸纳能力远远低于其他产业类型，对劳动力的拉力不足，加上第三产业发展比较滞后，致使近 1/2 的人口聚集在农业部门（图 6 -6）。

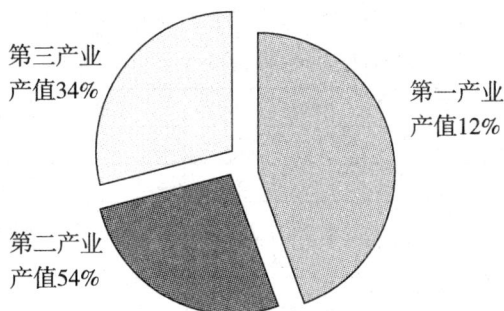

图6-6　三大产业就业规模

从城市长远发展来看,大冶市工业结构水平层次低,产业结构转换能力低。按照经济发展理论,大冶市目前仍处于较低的初级工业化阶段,表现为以原材料工业为主导的重工业化特征。

其重工业比重2007年上升到83.2%。一直以来大冶市的工业投资集中在矿采业,产业建设周期比较长,基本定型的基础设施难以为其他产业服务。矿产资源的有限性使大冶市的可持续发展受到严重挑战,现存传统金属矿产储量、煤炭资源储量都在急剧减少,铜、铁、煤的开采年限仅为3-5年,资源型产业发展后劲不足。

综上所述,大冶市目前产业结构具有第三产业发展的滞后性、第二产业发展的粗放性和对外依赖性、产业内部发展的不平衡性的特征。随着经济的发展及高级产业向下延伸,资源指向的优势逐渐下降,将会减缓区域经济的发展。大冶市未来应该强调矿产资源的开发与资源加工产业的结合,建立资源加工业和资源替代产业相结合的产业结构体系[①]。

3. 三产部门经济发展差异明显

一产以农牧业为主导。由表6-15可知,大冶市第一产业部门结构发展不平衡。传统种植业生产规模占一产比重近1/2,增长率为63.7%,牧业产值生产规模占一产比重超过1/3,增长率高达71.1%,农业和牧业产值和占第一产业比重超过80%。而有利于区域生态环境改善的林业和第一产业服务业生产规模占一产比重却相对很低(分别为0.4%和2.3%),第一产业部门结构不合理。

---

① 刘艳军等:《东北地区产业结构演变的城市化相应机制与控制》,载《地理学报》,2009年第2期。

表 6 - 15　第一产业行业分析

Tab15. Analysis of the primary industry sector

第一产业	生产总值/亿元	增加值/亿元	生产总值占第一产业比重/%
农业	12.59	8.02	48.4
林业	0.11	0.05	0.4
牧业	8.68	5.03	33.4
渔业	4.65	3.31	17.9
第一产业服务业	0.6	0.25	2.3

资料来源：2007 年大冶市统计年鉴。

　　二产以矿采及制造业为主导。由表 6 - 16 分析可知，大冶市工业部门结构轻重比率失调，呈现"重型化"态势。从生产总值、增加值、从业人员平均数、定资产净值、产值单耗、增加值与生产总值比值等指标排名情况来看，占据主导地位的工业部门为矿采业、矿产制造业、饮料制造业，一直以矿产重工业生产为主导。一方面面临资源衰竭所引致的矿采业萎缩危机，另一方面也面临矿产制造业技术改造与升级的难题。

表 6 - 16　第二产业行业分析

Tab16. Analysis of the secondary industry sector

	生产总值排名/亿元			增加值排名/亿元	
1	黑色金属制造业	36.7	1	黑色金属矿采业	10.18
2	黑色金属矿采业	24.89	2	黑色金属制造业	9.82
3	有色金属制造业	19.35	3	有色金属矿采业	7.6
4	饮料制造业	16.02	4	非金属矿采业	7.5
5	非金属矿采业	14.23	5	饮料制造业	7.14
6	有色金属矿采业	14.11	6	有色金属制造业	5.25
7	交通运输制造业	3.53	7	非金属制造业	0.93
8	非金属制造业	2.54	8	交通运输制造业	0.89
9	纺织业	1.74	9	煤炭开采业	0.63
10	煤炭开采业	1.67	10	纺织业	0.56
	年从业人员平均数/人			固定资产净值/万元	
1	黑色金属矿采业	9607	1	煤炭开采业	84868.3
2	非金属矿采业	5216	2	黑色金属制造业	83623.5
3	黑色金属制造业	4669	3	非金属矿采业	50856.2
4	有色金属矿采业	4176	4	黑色金属矿采业	49339.9
5	饮料制造业	3543	5	有色金属矿采业	24989.7

生产总值排名/亿元			增加值排名/亿元		
6	煤炭开采业	1627	6	饮料制造业	17594.1
7	有色金属制造业	1452	7	有色金属制造业	10817.8
8	服装业	929	8	电气器材制造业	8217.4
9	纺织业	853	9	电力热力的生产	7666.9
10	交通运输制造业	850	10	非金属制造业	5558.6
产值单耗/t/万元			增加值和总值比值		
1	专用设备制造业	0.01	1	水的生产和供应	0.749122
2	皮革制品业	0.04	2	有色金属矿采业	0.538611
3	交通运输制造业	0.04	3	非金属矿采业	0.528873
4	电气器材制造业	0.04	4	饮料制造业	0.445399
5	农副产品加工业	0.05	5	金属制造业	0.430494
6	服装业	0.06	6	黑色金属矿采业	0.409098
7	食品制造业	0.07	7	煤炭开采业	0.374426
8	有色金属矿采业	0.09	8	非金属制造业	0.366709
9	饮料制造业	0.09	9	食品制造业	0.360009
10	黑色金属矿采业	0.09	10	造纸业	0.35131

资料来源：2007年大冶市统计年鉴。

三产以交通仓储和邮电业为主导。从表4-17可以看出，交通运输仓储业和邮电通信业、批发和零售贸易餐饮业生产规模大，增长速度快，发展势头好，社会服务业增长速度也较快，一定程度上反映：大冶市第三产业具有良好的发展潜力。根据国内外经济发展趋势表明，当经济发展到一定水平，第三产业发展速度普遍高于第一、二产业，将对整个国民经济和社会发展起到明显促进作用。大冶市应该抓住经济转型的机遇，加大对第三产业的政策倾斜，利用自身区位条件，积极发挥区域比较优势，大力发展区域交通物流业，把大冶市建设成为一个连贯东西的物流中转站。同时加强发展金融保险、机关社团科研业，以推动经济结构的优化升级。

表6-17　第三产业行业分析

Tab 17. Analysis of the tertiary industry sector

第三产业	生产总值	增加值	投资额
交通运输仓储业	46.01	17.54	1.8
批发、零售、餐饮	55.61	17.01	0.68
金融保险业	17.06	0.37	/
房地产业	6.45	3.38	3.74
社会服务业	1.46	0.91	0.6
机关社团科研	24.58	8.16	3.76

资料来源：2007年大冶市统计年鉴。

（三）产业比较优势分析

大冶市区位商 LQ > 1、具备湖北省比较优势的第二产业行业中有：煤炭采选业、黑色金属矿采业、有色金属矿采业、非金属矿采业、饮料制造业，其中制造业中的饮料制造也具有高于湖北省专业化水平，说明大冶市以劲酒品牌为代表的饮料制造业在全省甚至全国都有优势（表 6 - 18）。矿采业优势程度很高，这与大冶资源型工业城市的角色是相符合的，但从长远来看，矿产资源会日益枯竭，最终其矿采业这种靠资源赋予特殊的经济竞争力的优势将会丧失。所以未来产业的选择还是应该建立在"工业强市"的基础之上，应该利用矿产资源强大的后盾力发展其接续产业，走新型综合工业化道路。

表 6 - 18　2007 年大冶市各行业比较优势分析表
Tab. 18 The comparative advantage of the industry analysis of Daye City in 2007

行业	省内区位商
农业	0.578737
渔业	0.792268
黑色金属制造业	0.638675
订色金属制造业	0.843689
煤炭采选业	1.587562
黑色金属矿产业	5.46286
有色金属矿产业	9.855134
非金属矿产业	2.683525
饮料制造业	1.125535
服务业	0.155105
交通运输仓储业	2.44264
批发零售餐饮业	1.459363

资料来源：2007 年湖北省统计年鉴及大冶市统计年鉴。

然而，大冶市目前的交通运输仓储业和批发零售餐饮业的专业化水平也比较高。从城市发展的规律来看，城市发展到一定阶段，第三产业的比重就会相应提高。因此，大冶市应该认识到其第三产业并非没有优势，如旅游业虽然起步较晚，以大冶铜绿山矿冶遗址公园、雷山自然风景区、环保安湖运动休闲旅游区等为代表的旅游业呈现出良好的发展势头，应该加以重视，并加大培育的力度。

依据上述确定的接续产业选择模型，利用大冶 2006 - 2007 年统计年鉴和湖北省 2007 年统计年鉴的基础数据进行量化和标准化，对大冶市接续产业选择进行实证研究，得到各产业的最终综合得分和排名（表 6 - 19）。

表6-19 大冶市接续产业选择综合得分及排名

Tab. 19 Conversion Industries selection comprehensive scoring and

ranking in Daye City

排名	产业门类	总分	排名	产业门类	总分
1	批发、零信、餐饮	22.03	17	交通运输制造业	20.09
2	社会服务业	21.91	18	纺织业	20.01
3	金融保险业	21.75	19	渔业	19.95
4	交通运输仓储业	21.67	20	黑色金属矿采业	19.93
5	饮料制造业	21.62	21	化工	19.60
6	有色金属制造业	21.41	22	通用设备制造业	19.58
7	房地产业	21.19	23	牧业	19.49
8	黑色金属制造业	21.12	24	专用设备制造业	19.45
9	第一产业服务业	20.95	25	燃气生产	19.08
10	农业	20.95	26	医药制造业	19.01
11	农副产品加工业	20.46	27	有色金属矿采业	19.00
12	食品制造业	20.42	28	养料制造业	18.80
13	服装业	20.38	29	非金属制造业	18.66
14	文体制造业	20.29	30	林业	18.22
15	电气器材制造业	20.23	31	煤炭开采业	18.19
16	金属制造业	20.20			

从表6-19可以得出，大冶市经济转型的接替产业排序结果20分以上的有：批发零售餐饮业、社会服务业、金融保险业、交通运输仓储业和邮电通讯业、饮料制造业、有色金属制造业、房地产业、黑色金属制造业、第一产业服务业、农业、农副产品加工业、食品制造业、服务业、文体制造业、电器器材制造业、金属制造业、交通运输制造业、纺织业。

结合前面对大冶市三大产业各行业的发展现状分析，第三产业中的批发零售餐饮业、交通运输仓储业、房地产业可以作为接续产业，这也说明大冶市的服务业发展基础比较好。从产业发展的规律来看，应该大力发展物流业、商业、房地产业等现代服务业，以推动区域产业结构升级转换。第二产业中的饮料、食品、金属制造业可作为接续产业，使大冶实现经济结构从资源型为主向制造业为主转换。由于受资源环境约束，传统优势产业矿采业排名都比较靠后，这与产业急需转型的现实是相符合的。当前，大冶市应重点发挥制造业基础良好的优势，走"制造强市"的发展道路，极引进先进的制造业技术和管理理念，节约资源，提高劳动生产率，积极参与区域分工，实现优势互补。注重轻重工业的协调发展，适当增加对轻纺、农副产品加工业的投入，拉动区域内部消费需求，促进区域经济的协调发展。第一产业中的农业、农林牧渔服务业也比较有发展潜力。今后发展的重点是，合理调整农业产业结构，在坚持传统粮食生产优势的前提下，充分利用农村劳动力资源和自然资源，积极发展多种经营，促进农林牧渔协调发展。增加农村基础设施、科技投入，改善农村生产条件，提高农村劳动生产率，大力发展农产品加工产业，转粗放型农业生产方式为集约型农业生产方式。

　　总之，大冶市应该因势利导，在产业规划和经济发展政策上对交通物流、机械制造、农业服务业倾斜支持。尤其要把握机会，积极融于武汉城市圈，实现优势互补。积极引导支持第三产业发展，利用地区比较丰富的旅游资源和相对良好的服务业基础，改善地区生态环境，随着人民生活水平的提高，旅游业将会成为一个朝阳产业，最终实现三大产业的协调发展，培育出新的主导产业群，促进区域经济结构向高级化演进。

第七章　资源型城市的产业创新

传统资源型城市经济要素的投入重点主要在资源型支柱产业和专业化生产部门上，产业结构缺乏弹性和应变能力，抵御市场风险的能力差，无法适应以高加工度、高附加值、高技术含量为主的产业升级的需要。如山东省东营市八大支柱产业相当一部分是依托丰富的土地和矿产资源而形成的传统优势产业，资源禀赋对其发展的支撑作用强大。但是不可再生资源的枯竭等外生因素，以及资源依托型产业自身所具有的资源消耗大、产品附加值低、产品科技含量少、劳动密集度高等内生缺陷引发了该类产业可持续发展的困境，表现为区域产业创新能力及产业影响力弱，地方工业产业链条短、层次低、科技创新能力不强等方面的问题。

在创新型城市建设过程中，如何避免"资源富市兴市、资源竭市衰市"的恶性循环，突出自身产业特色，强化产业优势，进一步提升产业创新能力和产业竞争能力是当前资源型城市产业可持续发展面临的新课题。资源型城市是以矿产等自然资源开发而逐步形成工业城市，为社会提供了大量的原材料和矿物能源，由于开发利用的都是不可再生资源，所以产业创新是资源型城市实现可持续发展的必然选择。

一、产业创新：概念解析

（一）熊彼特的创新理论

熊彼特（Joseph Alois Schumpeter）是第一位从经济学的角度系统提出创新理论的人。他认为，所谓创新，就是建立一种新的生产函数，即把从未有过的关于生产要素和生产条件的"新组合"引入经济体系（约瑟夫·熊彼特，1999）。创新是一种内生因素，经济发展只是经济体系内部具有的创造性所导致的经济活动的一种变动，就像生物学上的突变理论，不断从体系内部革新经济结构，不断地破坏旧的并创造新的结构的"产业突变"构成了一种"创造性的毁灭过程"。熊彼特的创新概念包括下列五种情形：采用一种新的产品；采用一种新的方法；开辟一处新市场；开辟一种新资源；实现一种新的产业组织，比如造成或打破一种市场力（market power）等（约瑟夫·熊彼特，1990）。可见，"产业突变"是其表述"创造性毁灭"的核心关键词，既包括了基于微观层次的"新产品"、"新方法"、"新市场"和"新资源"等，又涵盖了基于宏观层次的"新产业组织"等内容。可以说，熊彼特的创新理论指出了产业创新的基本内涵，即产品创新、方法技术创新、市场创新、资源创新、组织创新等。

(二) 弗里曼的产业创新理论

英国经济学家弗里曼（Chrisopher Freeman）是第一位系统地提出产业创新理论的人。他认为产业创新主要包括技术创新、技能创新、产品创新、流程创新、管理创新、组织创新和市场创新。产业创新可分为宏观和微观两个层次，宏观的产业创新就是一个国家产业结构转换的能力，微观层面的产业创新就是企业开发新产品和服务的能力，对国家竞争力起决定作用的产业创新通常衡量的指标即是产业转型能力。Gereffi 较早地认识到了产业创新的层次问题，他认为产业创新可分为四个层次：一是在产品层次上的创新，即同类型产品从简单到复杂的过程；二是在经济活动层次上的创新包括不断提升的设计、生产和营销能力；三是在部门内层次上的创新，如从最终环节的制造到更高价值产品和服务的生产，也包括供应链的前向和后向联系四是在部门间层次上的创新，即从低价值劳动密集型产业到资本和技术密集型产业。他从历史变迁角度，对电力、铁路、石油、化学、合成纤维、汽车、电子计算机等许多产业的创新做了经验分析，得到的结论是：不同产业的创新内容是不一致的，如化工产业主要是流程创新、仪表产业主要是产品创新、电力产业主要是市场创新等。他指出，产业创新是一个系统的概念，系统因素是产业创新的决定性因素（Freeman, Chris. And Luc skete, 1997）。

(三) 波特基于产业价值链的产业创新理论

波特在《竞争优势》（Porter, M. E, 1990）一书中提出了产业价值链学说，并在《国家竞争优势》（Porter, M. E, 1998）一书中完善了这一学说，指出，创新存在于价值链的各个环节，国家竞争力的核心是产业竞争力。生产要素、需求、相关与支持性产业、结构、策略与竞争等是他提出的"钻石模型"的五大构成要素。对国家竞争力起决定性作用的产业创新是产业技术创新、管理创新和市场创新的集成，并可以用产业转型的能力加以衡量。

（四）关于社会资本对产业创新影响的分析

于树江（2004）根据普特南对社会资本的定义（社会资本是指个人拥有的以社会结构资源为特征的资本财产，社会资本由构成社会结构的各个要素构成，存在于人际关系的结构中），将社会资本分为三种，即：基于公私组织，诸如大学、企业协会、地方政府以及一些不太正式的业余俱乐部、专业协会等区域机构联系的社会资本；基于上下游企业、企业与用户之间形成价值增值链的工业结构联系的社会资本；基于推动企业成员信任与合作，促进企业各部门间沟通与协调，从而增强企业内部凝聚力的人际关系网络等企业内部联系的社会资本等。认为，产业集群内企业间通过长期社会资本的积累，组成创新网络结构，增加了相互间信息丰度，降低信息不对称程度，降低了相互间交易成本。产业创新灵感不单来自企业自身知识的积累，还来自供应商、客户、大学、科研机构、咨询机构等其他广泛的创新源泉。

在这里，产业创新是指一个构成产业自身发展所需的各要素的创新和系统与环境创新的集合，是一个复杂、多元而又不断变化的巨系统。这些构成产业发展所需的各要素创新包括市场创新（如市场细分创新、广告等营销渠道创新、分销与物流创新等），产品创新（价格创新、质量创新、品牌创新等），技术创新（R&D 投入、技术原创、模仿创新、与大学和科研机构合作与集成创新、自主创新与引进外来技术再创新等），资源创新（资源节约创新、回收再利用创新、开发新资源）等；而构成产业发展所需的系统与环境创新主要包括产业组织创新（企业治理、并购、联盟等），产业发展战略与政策创新（专一化与多元化、国际化战略、鼓励与限制政策），产业结构创新（产业升级、产业转型、产业融合等），产业体制与机制创新（产权创新，管理体制与经营机制创新，与政府、大学、科研机构和社会中介等的合作机制创新）等。正是这种各要素的创新和系统与环境创新的发生而有效地促进了产业创新的实现。

二、创新：资源型城市持续发展的抉择

资源型城市因自然资源的开采而兴起或发展壮大，且资源型产业在工业中占有较大份额。这里所指的自然资源大部分为矿产资源，如煤炭、有色金属、黑色金属、石油等；资源型产业既包括矿产资源的开发，也包括矿产资源的加工，如钢铁工业和有色冶金工业等。根据有关原则、指标和步骤，已

经确定的我国资源型城市现有 118 座，占全国城市总数的 18%，分布在全国 22 个省（自治区）。我国资源型城市的产业结构具有一些典型的共同特征，具体表现为：产业结构单一，且以上游产业为主。产业结构中以 1~2 种资源产业为主，尤其是上游产业中的资源开采及其加工占工业总产值的比重几乎都在 30% 以上，有的甚至超过 50% 以上。与产业结构相伴随，劳动力就业结构主要集中于采掘业和初级加工业等部门。企业规模结构不合理，是典型的"大企业，小政府"，大企业集中了大部分的资金和人才，承担了绝大部分全市的国内生产总值的创造工作，自然成为整个经济的主体，占绝对主导地位。所有制结构上以国有为主，起决定作用的主要是中央或省属的大资源型企业，地方工业和民营经济对城市经济结构的格局没有多大影响。这又进一步导致资源型产业链较短，配套产业发展不足，产业之间纵横联系少，关联度低，从而限制了资源型产业对地方经济的关联带动作用，造成产业结构畸形。资源型城市产业规划和创新有其共性的经济特征，其产业的可持续发展需要相关理论和方法的指导。

（一）创新是经济全球化背景下资源型城市振兴的必由之路

资源型城市的产业创新是指由区域分工深化和产业技术提升而引起的经济结构转换和产业转型，通过产业内企业创新、产业结构创新、产业组织创新和产业政策创新等途径，逐步改变以矿产资源采掘与加工为主的单一的产业结构，培育非资源型接续替代主导产业群，发展接续产业和替代产业，培育和增强产业优势，从而使资源型城市步入可持续的良性发展轨道。①

资源型城市转型问题必须放在经济全球化的大背景下去认识。经济全球化是指生产要素跨越国界，在全球范围内自由流动，各国、各地区相互融合成整体的历史过程。一方面，世界范围内各国各地区的经济相互交织、相互影响、相互融合成统一整体，即形成"全球统一市场"；另一方面，在世界范围内建立了规范经济行为的全球规则，并以此为基础建立了经济运行的全球机制。在这个过程中，市场经济一统天下，生产要素在全球范围内自由流动和优化配置。资源型城市是在长期的工业发展过程中形成的，对区域经济或全国经济产生过巨大影响。在我国国民经济发展中，特别是"计划经济"时期起过巨大的作用。改革开放以来，少数资源型城市顺应市场化改革的趋势发展较快。但大多数发展较慢，其中有的还显现出衰落的景象。很多资源型

---

① 李炎亭：《资源型城市发展与产业创新》，载《甘肃科技纵横》，2008 年第 6 期。

城市存在着许多亟待解决的问题。如国有经济比重过大，非国有经济特别是民营经济明显不足；老企业和老产品多，技术装备落后，产品质量差，竞争力弱，城市服务和带动能力弱；第三产业发育不充分；资源型城市产业结构单一，资源趋于枯竭后缺乏替代性产业。这些问题带来的后果是：经济增长乏力，下岗工人增多，就业压力大，居民生活水平提高慢，社会问题比较突出。资源型城市转型不仅是这些老工业基地本身的迫切要求，也是我国经济社会协调发展的迫切要求。

当前已经具备了推进资源型城市转型的条件。经过二十多年的改革开放，我国初步建立了社会主义市场经济体制。我国的综合国力已经显著增强。加快资源型城市转型已成为广大干部群众的强烈愿望，党中央也决心"采取有力措施，支持东北地区等老工业基地加快调整和改造，支持以资源开采为主的城市发展接续产业"。[①] 有些地区如辽宁阜新已取得了成绩和经验。当然，我们也要清醒地认识到，资源型城市转型面临的任务仍十分繁重。资源型城市转型必须彻底改革与市场经济不相适应的体制和机制，逐步建立与经济全球化和市场经济相适应的创新体系。只有适应经济全球化、市场化发展要求，实施全方位创新，才能使资源型城市在新的历史条件下重焕生机和充满活力。

（二）观念创新是资源型城市产业转型的先导

观念创新是指通过学习先进典型、示范、案例，启发教育，走出去、请进来等方法，树立新思想、新理念，吸收新知识，打破传统思维定式和主观偏见的束缚，使主观和客观、思想和实际相符合，并逐步改变和影响社会意识形态，重整市场需要的人才队伍，使之尽快适应经济全球化和市场经济的新变化。[②]

资源型城市有着丰富的历史人文思想。这种思想长期积淀的结果，既为人们提供了丰富的思想内涵，同时又形成了顽固的思维定势和心理定势，往往不能与时俱进地看待和接受新生事物，而是局限于自己的小天地来思考问题。由于长期受计划经济的影响束缚，资源型城市的传统观念表现在6个方面：一是因循守旧。在长期的计划经济体制下形成了一种遵循以往经验和做法的思维定势，使人们自觉不自觉地习惯于按计划经济条件下用惯了的老办法、"老操作"对待市场经济条件下的新问题，在变化了的新形势面前缺乏新

① 《中华人民共和国国民经济和社会发展第十一个五年规划纲要》，载《光明日报》，2006年3月17日。

② 温新民等：《创新中技术群企业群聚集机制》，载《科学学与科学技术管理》，2001年第6期。

点子、新思路、新举措，导致整个地区缺乏催生新事物的土壤和氛围。二是囿于陈规。一切按上级的指示、文件规定办，按常规慢节奏走路，追求一种小生产的闲适与宁静，不闯不试不冒，不善于创造性工作。三是自我封闭。坐井观天，夜郎自大，缺乏学习、借鉴、赶超的精神。四是直线思维。习惯于从一个角度思考问题，缺乏立体思维、多角度考虑问题。五是消极畏难。面临困境，等、靠、要思想严重，缺乏在困境中奋发自强的决心和信心。六是各自为政。只顾部门利益，不顾全大局，造成发展"梗阻"。这些传统观念的影响，制约了资源型城市人才队伍的建设，原构建的人才结构已明显不适应变化了的经济结构。

资源型城市要实现产业转型，必须以"三个代表"重要思想和科学发展观为指导，与时俱进，打破旧观念坚冰，在思想观念上有一个彻底解放。这种思想解放要有政府、企业乃至普通市民的全面参与。从政府的角度看，通过思想解放要真正转变政府职能，树立政府的主要职责就是经营好城市、营造好发展环境、构建市场经济条件下的服务型政府的理念。就企业而言，要通过解放思想使企业走新型工业化道路、建立现代企业制度，树立依靠自身力量、勇闯市场的意识。对市民来说，要通过解放思想，提高市民的市场意识、竞争意识，树立自己解放自己、自己是创造财富的主体的观念。通过改造传统观念，做到思想更新、政策更活、环境更优、作风更实、工作力度更大，从而为资源型城市产业转型提供强大的思想保障。

（三）战略创新是衰退产业中企业竞争优势的源泉

企业战略的核心是获取竞争优势，竞争性是企业战略的本质特征，正如我国学者陈佳贵所说："没有竞争，也就无所谓企业战略，如同战争中没有敌人，也就无所谓战争和战略一样。"[1] 波特教授提出了产业竞争的三种基本战略：总成本领先战略、标新立异战略和目标集中战略，并认为三种战略不可兼顾，只能择其一，"一个公司对三种基本战略均适宜的情况绝无仅有"，[2] 由于在产业的衰退期，技术进步的动力已基本枯竭，创新的收益率已下降，学习曲线已趋平缓，因而标新立异战略和目标集聚战略难以达到应用的效果。总成本领先战略无疑成了衰退产业中企业获取竞争优势的主要战略。因为随着产业衰退的到来，产业能力过剩和过度竞争甚至恶性竞争的出现，成本成

---

[1] 陈佳贵：《企业发展、全球战略与增强我国企业国际竞争优势》，知识经济与企业管理，广东经济出版社1999年版。

[2] 迈克尔·波特：《竞争战略》，华夏出版社1997年版。

了企业生存的决定性因素，就像生物进化中捕食能力的强弱决定物种的自然选择一样，只有成本足够低的企业才能在需求萎缩的市场中生存。各种降低成本的战略，如一体化、规模经济、范围经济和多元化战略都可成为企业竞争优势的获得途径。但这些战略是已结构化的产业中的战略，是企业在既有的产业市场上以产品、价格、渠道等因素组合来寻求企业的竞争优势。靠这种途径获取的竞争优势是非持续性的。这是传统企业战略理论把产业结构作为企业战略制定过程中的外生变量的必然结果，它们的着眼点一般都偏向于维持产业现状，仍局限于原有的产业中，因而不足以从根本上解决衰退产业中企业长期发展的问题。实践表明，在衰退产业市场上通过成本优势提高市场占有率所能争取的生存发展空间十分有限，即使能有所收获，代价也是高昂的，如往往伴随企业间的恶性竞争和报复性行为。

哈梅尔提出竞争优势的源泉在于战略创新，并断言战略创新将成为世界各地公司下一个根本性的竞争优势；他指出大公司兴旺发达靠的是改变游戏规则，它们或者彻底改变了本行业的竞争基础，或者创造了全新的行业，或者完全改造了现有的行业；他给战略创新的定义是"在现有的行业改变竞争核心的能力及创造全新行业的能力"。[①] 此定义强调战略创新的关键是产业创新。哈梅尔和普拉哈拉德（C. K. Prahalad）认为以创新未来产业或改变现有产业结构、以对自己有利为出发点来制定企业战略，是企业战略的最高层次，[②] 我国学者芮明杰等也提出了类似的企业战略，并称之为"产业制胜战略"。所谓产业制胜战略实质上就是以竞争的完整过程为基础，以培育产业先见和核心能力为手段创新未来产业，从而为企业在未来的产品市场上竞争制胜奠定坚实的基础。[③] 相对于产业生命周期的其他阶段而言，战略创新对衰退产业中企业竞争优势的获取更为重要，它是企业获得竞争优势的根本途径。首先，衰退产业的根本特征是需求下降导致能力过剩和过度竞争，传统的企业战略只能治标而难以治本，只有产业创新才能使企业顺利地从衰退产业蜕变到新兴产业，避免进入已趋成熟的产业、再度陷入衰退之列。其次，衰退产业中的企业普遍有危机感，具备了产业创新的动力。因为到了产业的衰退期，企业前途未卜，从高层管理到普通员工都有一定程度的危机感，对战略创新有较大的认同度。再次，产业从成熟向衰退的转变过程中，虽然缺乏产

---

① 加里·哈梅尔：《让股东发财的有效战略》，世界图书出版社公司1999年版。
② 加里·哈梅尔．C. K．《普拉哈拉德．竞争大未来》，昆仑出版社1998年版。
③ 芮明杰等：《产业致》，浙江人民出版社1999年版。

业的长期吸引力，但具有较高的现金流入。这样就为企业从事产业创新、进行战略性转移提供了资金保证。如电子商务取代传统商业势在必行，但电子商务在初期投资巨大，而且有较大的产业性亏损，传统商业尽管将沦为夕阳产业之列，但仍然有丰厚的利润，传统商业企业开辟电子商务的产业创新模式为衰退产业战略性转移提供了典范。

（四）科技创新是资源型城市持续发展的动力

解决当前资源枯竭型城市发展面临的传统产业竞争力下降、产业结构性矛盾突出、新兴和高技术产业发展缓慢滞后、发展活力不足等问题，必须走科技含量高、经济效益好、资源消耗低、环境污染少、人力资源优势得到充分发挥的发展之路。科技创新是有效解决资源枯竭型城市发展面临矿产资源枯竭、生产方式粗放等突出问题，保证经济可持续发展的战略性措施和重要途径。只有大力发展、利用高新技术，提高技术创新能力，解决产业关键性技术、核心技术，提升产业技术水平，才能从根本上转变"高投入、高消耗、高排放、不协调、难循环"的外延式经济发展模式，才能从整体上实现产业的结构优化升级，提高产业的竞争力和发展活力，促进产业的长远发展。

在发展利用高新技术方面，要优先发展对经济增长具有突破性、重大带动作用的高新技术产业，将为资源枯竭型城市的产业结构升级奠定基础，并将极大地促进整个区域经济的可持续发展。高新技术产业是全面发展具有竞争力产业体系的战略性产业，形成规模化和国际化的高新技术产业群，可广泛带动其他相关产业的发展，提供更多的就业机会，为经济增长注入新的活力，从而带动经济全面发展。[①]高新技术能够有效地促进产业多元化、多层次发展。充分发挥高新技术产业对传统产业特别是对农业和服务业的渗透、传播和带动作用，加速推广高新技术在传统产业的应用，有利于发挥资源型城市传统产业的优势，壮大优势产业，带动整个产业和经济的发展，是实现走内涵式发展道路的有效途径。

（五）产业结构创新是资源型城市持续发展的关键

经济发展必然伴随着产业结构转换，产业转换能力是经济发展能力的主要因素。特别是资源型城市虽然存量大，但如果后续产业的发展不能弥补旧产业的衰退而形成经济萎缩，则势必发生产业空洞化。改造传统产业是指适应市场需求的变化，通过产业技术创新、管理创新和市场营销创新，整合生

---

① 朱勇：《新经济理论》，商务印书馆 1999 年版。

产要素，推动产业结构升级换代的演进，构建新的支柱产业，形成现代经济优势。资源型城市传统产业的缺陷主要表现在：一是产业、产品等结构性矛盾突出；二是技术水平低、设备陈旧、技改任务重，投资推动力弱；三是产品很不适应市场；四是支柱产业对经济的支撑力不足。针对上述缺陷，总结国际国内资源型城市传统产业改造的成功做法和基本经验，走新型工业化道路，做大接续产业、培育替代产业是改造传统产业的根本途径，以此实现资源型城市向具有市场竞争力的现代制造业基地的历史性跨越。接续产业就是巩固和发挥已有的比较优势，通过对传统产业实施技术改造，提高产业技术装备水平，实现升级换代。接长产品链，加强上下游产业、相关产业或辅助性产业之间的交流与合作。[①] 波特钻石理论明确指出相关支持性产业是某一产业竞争优势的基本来源。相关支持性产业既是产业创新的思想来源也是产业创新的市场基础。企业应注意高新技术和先进适用技术的渗透、带动作用，加强创新研发投入，推动传统产业、传统产品的改造和升级。政府应利用信息资源优势为各类企业提供创新方向，合理引导企业的创新活动。产业接续始终是改造传统产业的主战场。在资源型城市产业转型的实践中，一些原来认为只能生产初级产品的产业，经过先进技术改造传统产业，实现了由原来的初级加工向深度、精细加工的延伸和接续，增长了产品链，提高了产品附加值，从而改变了城市经济地位。替代产业就是资源型城市发展到一定阶段以后，传统产业已经不能支撑城市的进一步发展，必须培育新兴产业，形成新的产业门类，逐步替代传统的落后产业，以解决城市后劲问题，特别是单一类型的资源型城市，要更注重经济转型、复合结构和可持续发展。培育替代产业，是资源枯竭型城市产业调整的新希望，替代产业之所以能替代落后产业，是因为它能适应市场和消费结构的变化，可以较快发展成为新的支柱产业，从而解决资源型城市的前途命运。替代产业当然也是新兴产业，或国内外梯度转移的新产业，或高新技术产业等，它符合国家产业政策，有做大做强的潜力和基础。

　　资源型城市要坚持以信息化带动工业化、以工业化促进信息化，走出一条科技含量高、经济效益好、资源消耗低、环境污染少、人力资源优势得到充分发挥的新型工业化路子。积极发展对经济增长有突破性重大带动作用的高新技术产业。特别是优先发展信息产业、电子信息制造业、生物技术产业、新材料产业、新能源产业，培育新的产业和经济增长点；适应时代潮流，不

①　江世银：《区域产业结构调整与主导产业选择研究》，上海三联书店，上海人民出版社2004年版。

失时机地推动信息化进程，把工业化与信息化结合起来、采用信息技术改造传统产业，提高设计、生产、流通、管理的效率，提高老工业基地的整体素质和国际竞争力。用高新技术和先进适用技术改造传统基础产业和制造业，紧紧围绕增加品种、改善质量、节能降耗、防止污染和提高劳动生产率，提高工艺技术和装备水平，促进传统产业的技术结构、产品结构、劳动力结构和产业升级，特别是要把一些资源型城市改造成为用新技术武装起来的新式装备工业基地；要加快淘汰落后生产能力，依法关闭那些产品质量低劣、浪费资源、污染严重、不具备安全生产条件的厂矿，积极妥善地关闭资源枯竭的矿山，对产品没市场、资不抵债、亏损严重、扭亏无望的企业依法执行破产。要十分重视劳动密集型产业的发展，发挥劳动力比较优势和竞争优势；积极主动纳入跨国公司全球生产体系，承接零部件和加工组装环节，发展订单加工生产，形成国际性的制造业基地。

（六）政府职能创新是资源型城市产业发展的保障

落后的体制阻碍着生产力的发展。改造传统体制必然成为资源枯竭型城市发展的动力。改造传统体制，就是指在新的基本体制的框架下，脱离原来的制度运行轨道，超越一个或几个正常的制度发展阶段，在承担较大风险和改革成本的条件下，争取获得较高的制度利益，达到阻止制度退化或者抢占制度变革的领先者地位的目的，以此来创造资源型城市发展更好的体制环境。改造传统体制的实质，就是改革不适应生产力发展要求的生产关系和上层建筑中的体制弊端，建立和完善适应生产力发展要求的体制以及运行机制。① 我国资源型城市是在传统的计划经济体制下发展起来的。其主要弊端表现在：行政体制重管理、轻服务，造成政府干预过多，管理职能挤占服务职能、自我监督低效；资源配置过多依赖行政手段，造成资源严重浪费，特别是劳动力资源的浪费，其旧体制阻碍了人的积极性和创造性的发挥。针对上述弊端，要切实解决上层建筑中的一系列变革，使上层建筑对经济基础起积极的反作用。

一是深化政府机构改革，建立有效的行政管理体制。通过机构改革，在政府机构职能和运行机制方面进行调整，构建办事高效、运转协调、行为规范的政府管理体制。二是深化行政审批制度程序，建立服务中心集中办理投资项目审批，强化审批监管，规范审批行为等措施，增强管理者依法办事、

---

① 敖蓉等：《专家为东北把脉：政企关系不顺东北振兴难言》，载《经济日报》，2004年7月9日。

廉洁从政的意识，提高行政效率。三是深化行政组织体系改革，建立高效的便民服务体系，实现行政组织体系的创新。四是深化干部人事制度改革，建立科学的人才选拔与管理体系，使在市场经济大潮中能干成大事的干部尽快走向资源枯竭型城市转型的前沿领导岗位。

三、资源型城市产业创新发展机理

区域内产业创新体系是区域创新活动结果的体现，它包括创新环境、创新网络、创新主体、具体的创新活动等方面的内容。多种要素的协同运作，特别是产业链创新、产业集聚创新、政策创新等几方面创新活动在各创新主体的互动过程中释放出来的创新能量，形成了区域产业创新体系运行的重要特征。

（一）资源型城市通过产业创新转型的经验

矿区资源的不可再生性决定了资源型城市发展具有明显的周期性，这是各国资源型城市带有普遍性的规律。赫瓦特于 1929 年提出矿业城镇的五阶段发展理论，其划分的依据主要是区域矿产资源的加工利用程度。卢卡斯于 1971 年提出了单一工业城镇发展的四阶段理论（建设阶段、雇佣人员阶段、过渡阶段、成熟阶段）。布拉德伯里认为还存在第五阶段，即衰退阶段，这一时期有可能导致矿山或工厂的关闭，他进一步提出一个城镇的完全废弃应是第六阶段。然而德国鲁尔区、法国洛林、日本九州、美国休斯敦等，通过产业创新成功地实现了城市地可持续发展。

采煤和钢铁工业一直是鲁尔区发展的两大支柱，从 20 世纪 50 年代开始，由于能源消费结构的变化和科技革命的冲击，原有的以采煤、钢铁、煤化工、重型机械为主的单一的重型工业经济结构日益显露弊端，逐步陷入结构性的危机之中。为了逐步培育新的替代产业，鲁尔区首先将企业实行集中化管理，把采煤集中到机械化程度高、盈利多的大矿井，钢铁工业也从 20 世纪 60 年代进行设备更新和技术改造，加强企业内部和企业之间的专业化与协作化。同时鼓励新兴工业迁入鲁尔区，1985 - 1988 年间鲁尔区新建企业数量增加41%，非煤、钢工业的就业人数从 50 年代初的 32% 上升到 90 年代初的 54%，这使鲁尔区经济结构得到了调整和提升。为加强创新能力，鲁尔区从多特蒙德经过波鸿、埃森、哈根直到杜伊斯堡建立一条横贯全区的"技术之路"，把区内经济中心和研究中心联系起来，以加快科研成果的应用，并建立"鲁尔区风险资本基金会"和新技术服务公司，为新技术企业提供资金和咨询。1989 年联邦德国慕尼黑经济发展研究所对欧洲共同体 11000 家企业的调查结果表明，鲁尔区是欧洲产业区位条件最好的地区之一。

洛林曾是法国以煤炭、钢铁等传统产业为主的老工业城市，当传统产业面临衰退局面时，放弃了高成本、在市场缺乏竞争力的产业和产品，应用高新技术改造传统产业，大力发展新产业，经过 30 年的努力转变为以高新技术产业、复合技术产业为主，环境优美的新兴工业区。

休斯敦在 20 世纪 60 年代石油开采业出现整体下滑趋势时，按产业链的延伸和拓展，注重进行了石油科研的开发，并带动了为其服务的电力、机械、钢铁、水泥、交通运输等多种产业的发展，同时在休斯敦建立了宇航中心，带动了为其服务的众多高新技术企业，从而使休斯敦的城市性质发生了根本变化。

日本的九州地区，原为传统的煤炭产区，现已成为日本重要的高新技术产业区。日本的煤炭工业的转型是通过政府政策推动的，早在 1955 年日本政府就制定了"煤炭工业合理化临时措置法"，从 1963－1992 年制定了九次煤炭政策，其核心是产业结构的调整，60 年代制定的煤炭政策就提出了发展多元化经济，1987 年第八次实施的煤炭政策则明确提出调整产业结构，并在第九次煤炭政策中确定 90 年代最终完成产业结构调整。

（二）产业创新机理

1. 产业链创新

产业链创新是指不断分化新兴产业、产业链条不断延长的过程。在由若干产业链组成的区域经济中，上游产业的产业创新和技术升级所创造的竞争优势通过产业链向中游和下游的产业传递和扩散，使中下游产业的竞争优势得到加强，并增强其自主创新和升级的能力，同时通过开发相应的技术工艺和进行设备投资以达到产业链协同，从而形成一种有利于上游创新产业发展的状态依存型路径依赖。同时，中下游产业的发展所创造的需求会形成一种拉动来反哺源头的创新产业，通过需求奖励来增强其进一步进行创新和开发的动机和能力，形成一种行为型路径依赖，并通过这种进一步的创新来再次推动产业链的发展，最后达到整个区域产业创新的目的。

2. 产业集群创新

产业集群创新是以专业化分工和协作为基础的同一产业或相关产业的企业，通过地理位置上的集中或靠近，产生创新聚集，从而获得竞争优势的一种创新形式。① 产业集群创新的形成机理，可以概括为以下几方面：

区位优势吸引企业集聚。大多数产业集群形成的诱导因素是生产要素的优势，因此，一定区域存在比较优势是形成产业集群的一个重要条件。产业集群是企业在一定地理位置上的集中，从理论上讲，一切生产要素的聚散、重组都是为了以最小的投入创造最大的收益，任何企业都有一种向能够获得收益最高的地理位置流动的倾向。区位比较优势大体上包括：生产成本优势、交易成本优势、信息成本优势、学习成本优势、区位品牌优势、区域创新优势等。竞合关系推动协同演进。集群中的企业是以专业化分工与协作为基础的，类似于一个生物生态系统，集群是一个有机的、相互作用、相互依存的社会。正如生物种群一样，竞合关系在产业集群中普遍存在，竞争使得企业个体始终保持足够的创新动力，合作使得创新资源互补，最终基于产业链前后关联效应实现协同演进。

知识互动形成创新网络。集群中企业、科研机构、金融机构、服务咨询机构、负责基础设施建设的政府机构、培训机构等聚集在一起，各机构存在着密切的互动和依存关系。通过利用共同的交通、实验基地等基础设施，分享共同的知识资源，拥有共同的专业人才市场，集群主体间形成以产业关联为基础的本地化区域创新网络，为区域创新活动提供动力。

3. 产业政策创新

政府作为政策的供给者参与产业创新活动，其主要职能是在不断加强和改善宏观调控，进一步处理好政府与市场的关系，充分发挥市场对资源配置的基础性作用的同时，加快从产业结构政策、产业组织政策、产业布局政策、产业技术政策等方面实施创新，充分发挥产业政策的引导作用，为产业创新提供健康的环境氛围和制度保障。

（三）产业创新策略

1. 确定资源型城市产业创新的主要方向

明确产业创新方向是资源型城市转型的前提，其产业创新主要有以下几个方向：提升传统产业水平，可利用支持资源型城市加快经济结构转型的优惠政策，通过争取国债资金、开展民间融资、招商引资等方式，改造提升传统产业的生产技术和装备，形成新的发展优势；带动下游产业，带动主导产业的下游产业，是世界上绝大多数资源产业发展的方向，其主要做法就是改

---

① 钱春丽等：《资源型城市产业创新发展机理与途径研究》，载《商业时代》，2008 年第 15 期。

变资源型企业的产品结构，将初级产品进行深加工，改变资源型城市长期存在的单一产业结构，提高经济的外向度和关联度；发展相关产业，在长期的发展过程中不少资源型企业集聚了一定的产业优势，可以此为基础发展相关产业，如对煤城可以煤化工、纺织和建筑业为主导形成新的产业优势链，对生产要素进行有效转移和整合重组；培育新兴产业，依靠科技进步，将经济增长由粗放型向集约型转化，在资源型城市经济发展的最佳时机，选择科技含量高、附加值高的新兴产业加以培育，以实现城市经济的可持续发展。当前许多资源型城市正处在这样一个阶段，可利用科技、资本、人才等社会资源，促进经济增长由资源型向技术型转变，加快高新技术产业化，从而形成新的替代产业。

2. 在产业创新的不同阶段选择适合的战略

在资源型城市产业创新的初期，其主要稀缺资源是资本，若实行多方面的投资，则资本稀缺这一瓶颈无法突破，应采用辛格和艾伯特·赫尔希曼的不平衡增长理论，产业创新应以不均衡的形式推进，因此产业创新政策的不是取消而是要维护新的不均衡产业结构；在资源型城市产业创新中期则可采用佩鲁的理论，促进增长极中的具有推动能力的产业在资源型城市经济发展中起支配作用，当产业创新产生新的投资机会时，通过加强投入产出关联使其对其他产业产生乘数效应，从而促进资源型城市经济的全面发展；在产业创新使资源型城市产业结构得以优化之后，资源型城市在经济发展过程中已不需要在短时间内投入大量的资金，同时为了避免极化作用的过度发展和扩大市场的需求，应采用经济学家拉格那·纳克斯提出的平衡增长理论，有利于出现市场的全面扩大，从而提高需求弹性，创造出良好的投资氛围，使转型后的资源型城市经济进一步发展。

3. 建立资源型城市产业创新系统

产业创新是以市场为导向，对产业技术能力、市场份额、产业组织的整体改变，因此资源型城市产业创新系统的构成要素即包括与技术创新相关的企业、高校、科研院所，同时又包括与产业相关的产业集群形成、产业布局优化等方面。资源型城市的产业创新应建立城市产业创新规划的联合机构，打破行政管理的界限，实现产业之间的创新分工与合作，依托矿产资源的产业优势，改善矿区部门结构，实现由单一主导型结构向多元主导型结构转变，从资源利用、城镇布局、环境保护等方面进行统筹安排，以增强城市发展后劲和活力；通过建立技术创新信息中心、政府帮助企业拟定革新计划等措施，促进新技术对传统工业的改造；结合中小企业具有灵活应用新技术的特点，优先向中小企业转让技术，加快科研成果转化为产品的过程；把高等院校的教育与本地区经济发展相结合，鼓励高校、科研院所接受企业委托研发新产品，形成以企业为中心、科研机构参与、政府宏观调控的产业创新模式；促进产业集群中企业之间的创新合作，实现技术互补或进入彼此所在的技术领域，通过技术转让与模仿，减少学习与交流的交易费用，使技术创新较容易地在集群内扩散；把特色工业园区建设作为产业创新突破点，通过建立具有一定产业规模和创新实力的高新技术企业集团，从而带动和促进相关产业的发展，形成新的产业链和产业群。

4. 改善资源型城市产业创新环境

由于新建企业以及资源型城市住宅区较分散的特点，会出现边缘地区和核心地区交通相脱节的局面应有计划地对城市交通进行改造，发展和完善交通运输网；为了使资源型城市的经济结构趋向多元化，应完善产业创新金融扶持体系，建立自主创新的多层次资本市场；为适应集群企业发展趋势，应加大资本市场融资创新，为企业提供并购咨询、融资安排等中介服务；鼓励私募技术产业基金，拓宽创业风险投资退出渠道；支持符合条件的高新技术企业发行公司债券；在产业结构调整中，国家应当在项目审批上放宽政策条件，减少审批环节，按照"同等优先、适当放宽"的原则，向资源型城市倾斜；建立与完善资源型城市的技术创新人才保障体系，将整合和利用现有人才资源与引进相结合；应建立国家衰退产业退出援助机制，设立专项资金用于人员安置、再就业培训；为吸引外来投资，应制定用地优惠、融资和税制等方面的优惠政策。

（四）产业创新体系建设

产业创新是一个动态的和不断发展的相互促进、相互作用的结果。产业创新体系建设关键在于挖掘产业创新要素潜力，加强产业创新体系的培育、开发和优化，进而实现产业内、外部要素价值的最大化。

1. 产业创新体系建设的主要目标

产业创新体系建设的主要目的及功能是增强产业的竞争力与竞争优势，产业创新应着力于三个方面：一是以增强产业竞争力为目的，努力提高产业的内在素质，向高技术含量和高附加值产品生产方向发展；二是以增强自我调节和发展机能为目标，积极探索产业发展的优势和特色，努力培育和发展有前途的替代产业和新兴产业；三是对产业内部组织形式进行探索改革，完善产业链，促进产业集聚，增强产业发展过程中的抗风险能力。

2. 产业创新体系建设的路径

在产业创新体系各维度建设中，核心问题是创新活动的优化与整合。因此，产业创新体系建设应着力于在产业创新要素互动基础上实现产业链与创新链的整合，通过产业链创新、产业集聚创新、产业政策创新等创新活动的优化带动产业创新，将要素优势转化为产业优势，进而提高产业综合竞争力。

3. 产业创新体系建设的政策建议

（1）优化产业创新区域布局，实施分层推进战略

充分利用产业创新的空间要素以及系统要素，依据内部各区域的初始状态和比较优势，利用地理邻近优势和内部区域层次性进行分区域的创新系统规划和构建。如东营市在产业布局上，应重点规划"三片"、"一带"、"四园区"。

"三片"，可定位为特色产业创新基地。即以东营港为依托的临港产业开发片，集聚发展化工、能源、装备制造和临港物流等产业；以东营经济开发区为主体的先进制造业和现代服务业承载片，集聚发展先进机械装备制造、精细化工、高新技术及物流、娱乐、中介、保险等现代服务业；以河口区和利津刁口为依托的北部产业开发片，集聚发展机械制造、盐及盐化工及水产品加工业。

"一带"，可定位为产业创新辐射极。即沿黄河南防潮大堤以垦利县、东营区、广饶县沿海区域为依托的东部沿海产业开发带，集聚发展海洋化工、精细化工、浅海滩涂养殖及滨海旅游等临海产业，使东部沿海产业板块成为承接发达地区产业转移的产业创新基地，并逐渐向其他沿海地区辐射。

"四园区"，可定位为产业创新增长极。即东营区、广饶县、垦利县、利津县等四个省级开发园区，按照定位明确、分工合理的原则，重点发展高附加值产业和现代服务业，促进工业集中、产业集聚，不断提升产业层次和产品档次。

（2）延伸产业链条，推动产业链和创新链的整合

重点围绕主导产业发展，延伸主导产业链条，整合上下游资源，同时针对主导产业发展中的关键性、共性和前瞻性的技术问题，引导各创新主体开展技术攻关，构建区域创新链，实施区域内产业链和创新链的"对接"整合。

化工产业，按照"强化上下游、拉长产业链、提高附加值"的思路，着力构建石油化工、海洋化工、精细化工等循环经济产业链，重点推动建设千万吨级石油储备基地和千万吨级炼化一体化大型石化项目，打造国家级生态化工产业基地。

造纸产业，应坚持以纸养林、以林促纸、林纸结合，延长造纸产业链条，建设造纸速生原料林生产基地和芦苇原料基地。重点建设林浆纸一体化项目，推动实施 2×40 万吨/年新闻纸和 20 万吨/年 SC 纸项目，打造全国乃至亚洲最大的生态造纸生产基地。

橡胶轮胎产业，突出发展子午胎及合成橡胶、专用橡胶、钢帘线、模具等配套产业，构建配套产业链，重点推进 500 万套全钢子午胎等项目，打造全国重要的子午线轮胎生产基地。

装备制造业，应重点围绕石油石化设备、工程机械、橡胶设备、燃气发电设备等装备产品形成装备制造产业链，重点推动石油钻采、燃气发动机、汽车制动器总成及刹车片、特种电缆等重大项目，努力打造具有较强竞争力的现代装备制造业基地。

高新技术产业应加大对新材料、生物医药、电子信息等科技含量高、市场潜力大、产业基础好的新兴高端产业的培育力度，依托骨干企业，延伸产业链条，培育新的经济增长点。

（3）促进产业集聚，发挥集群创新优势

发展基于技术关联的产业集群，优化产业空间布局，推进集群式创新，是整合产业创新资源，提升产业技术创新能力的关键举措。如东营市应在做大做强主导产业的同时，重点推进实施一批大项目、好项目，培植核心企业，发展产业配套项目，拉长变粗产业链条，打造产业集群，形成一批对全局有拉动作用的新的经济增长点。

具体规划时，可根据产业条件和发展现状，在现有五大产业集群的基础上拓展为七大相互依存、共生共赢的产业集群：即以炼油——基础石化原料——精细化工——合成材料为一体的石油化工产业集群，以盐卤——盐化工——精细化工为一体的盐化工产业集群，以原料设备——汽车轮胎——刹车片为一体的汽车配套产业集群，以林木——纸浆——造纸为一体的林纸产业集群，以"一机一器一表两用"为一体的机械电子产业集群，以纺织——染色——成衣为一体的纺织服装产业集群，以农产品种植——精深加工为特色的食品加工产业集群。

具体运作时，可依托现有成熟的各类科技园区，明确各园区的功能定位，搞好基础设施配套，突出产业链建设，发挥好园区的建设和带动作用。

（4）创新产业政策，优化创新环境

在既定宏观政策框架下，创造良好的经济科技发展环境，根据地区初始条件（发展水平、生命周期阶段）、要素禀赋等综合比较优势选择产业发展方向，努力对本地区各产业创新主体进行组织和协调，不断进行产业政策创新，为产业创新活动提供良好的环境。

四、资源型城市衰退产业中的企业战略创新

企业战略是企业竞争力的决定性因素，战略管理是企业经营的首位活动。而企业战略与产业所处的生命周期密不可分，如处于产业成长期企业战略目标主要是扩大市场份额，而处于衰退期企业战略目标是产业转型和产业创新。衰退产业作为产业生命周期中的衰退阶段早已为世人熟知，但衰退产业中的企业战略却少有问津。波特教授虽然对衰退产业提出了"领导、局部领导、收割、迅速撤资" 4 种战略，但这些战略是基于特定的前提和假设的。比如该战略隐含的前提是高度发达的市场经济环境体制，即生产要素的自由流动，高度集中的产业组织——寡头垄断、高效率的企业产权交易市场等。如衰退产业中的企业要实施"领导、局部领导"战略，企业必须具有市场领导地位，只有垄断或寡头垄断企业才有可能；要实施"收割、迅速撤资"战略则要求有完善的产权交易市场和发达的资本市场等。该战略的假设有：战略的基本着眼点在于在结构已明晰可辩的产业中进行最终产品的定位；产业结构是相对稳定的，环境的变化是渐进的、线性的、不会导致对产业或产品的重新定义。由于我国正处于经济体制转轨、增长转型的大转折时期，实施上述战略的前提基本不具备。而且，在以信息技术为核心的产业革命的冲击下，产业边界越来越模糊，上述假设对今天或未来的产业来说已不再有效。随着知识经济时代的到来，经济发展模式的变革将加速传统产业的衰退，越来越多的传统产业将步入衰退之列。越来越多的企业将不得不滞留在衰退行业中忍受煎熬。因而，衰退产业中的企业如何顺应产业成长周期，及时进行战略调整和战略创新，是企业战略管理中的紧迫问题之一。

（一）企业战略创新的内涵

资源枯竭型城市的产业创新是在全球经济一体化背景下由区域分工深化和技术提升而引起的经济结构转换和产业转型，意味着逐步脱离矿产资源采掘与加工业，发展接续产业和替代产业；并通过产业结构创新、产业技术创新、产业组织创新、产业政策研究与管理创新，增强产业优势，走出资源枯竭的困境，步入可持续的良性发展轨道。

1. 产业内企业创新

企业是产业创新网络的重要节点，也是产业创新的微观基础。资源型城市要以企业创新为基点，结合自身优势，从制度和技术两个方面展开企业创新，推动产业内新技术和新知识的产生。一方面，要改革过去不规范的产权制度和企业管理制度，建立适应市场要求的委托代理关系，同时加强和高校等科研院所、金融机构和市场中介组织等社会组织之间的合作，形成有利于创新的组织形态和激励约束机制，提高组织和管理能力。另一方面，企业还要以市场的潜在需求为出发点，增加研发投入，优化组合产业内的资本、技术和人才等各种要素，统筹内部研究、开发、制造、营销等各个环节，加快技术知识的学习、消化、吸收和积累，增强资源组合能力和技术开发能力，实现产品和过程创新。

资源枯竭型城市要充分利用有限甚至是短缺的资源，建立技术创新机制，推进技术创新，提高产业活动的技术层次和产品的技术含量，推动产业转型。一方面，以企业技术创新为基点，带动产业技术创新是形成企业与产业两方面核心能力，进而拥有竞争优势的重要途径。通过高新技术改造传统技术、高新技术产业的辐射作用，有效地扩散技术创新效应，加强产业创新系统与区域经济之间的联系，促进区域产业结构调整。另一方面，积极塑造良好的区域创新环境，发挥政府在培育技术市场尤其是新兴技术市场的先导作用。如政府投资扶持和产业政策支持，增加研发费用的投入规模，形成组织化与制度化的产业技术创新机制与技术成果扩散系统。通过强有力的技术支撑，特别是持续不断的创新诱导和激励，形成新的竞争优势，增强市场竞争能力和抗风险能力，逐步减轻对自然资源的依赖，以提高城市经济结构的弹性。

2. 产业结构创新

资源枯竭型城市的产业转型，实质是接续和替代产业的形成并成长为主导产业的过程。在产业结构方面，产业种类由单一向多元发展，第一产业、第二产业和第三产业形成恰当、协调的比例关系，实现产业结构合理化和高级化；在准确的市场分工定位和激烈的市场竞争中，从以资源禀赋供给差异为主要导向，转变为以满足市场需求为主要导向；利用高新技术改造传统产业，调整产业和产品结构，促进其升级和换代，从而以具有差异性的产品生产和产业结构带动经济发展。同时，要培育和发展非矿替代产业，优先发展减少污染、保护生态环境、增加技术含量的环保产业和绿色替代产业，减少对资源的依赖度；并通过替代产业的培育、主导产业的更替、发展高附加值的产业链促进四大要素的转变，实现经济结构的多样化。

所谓接续产业，亦称替代产业，是指一些以资源产业为基础而兴建起来的资源型城市为维持可持续发展而依托现有资源条件和基础，利用高新技术，通过产业链延伸和替代发展起来的新产业，尤其是非矿产业。这些新的产业可以弱化城市经济对矿业发展的依赖，转变粗放的经济增长方式和资源开发利用模式，增强城市的综合服务功能和可持续发展能力。接续产业的培育主要通过两种途径：通过产业链的延长使得原有产业向纵深发展以谋得发展机遇；通过拓展或置换原有产业，在产业的多元化中谋求新的发展空间。相应的，我们可以概括出以下三种发展接续产业的模式：（1）产业延伸模式，即利用现有的矿产资源优势，实现矿产资源的就地深度加工，延长矿产品的深加工链条，最大限度地提高资源的附加值，进而建立起矿产资源深度加工和综合利用的产业群体。一般来讲，在资源型城市培育接续产业的初期，多采用这种模式。（2）产业替代模式，即利用资源开发所积累的资金、技术和人才，或借助于外部力量，建立起基本不依赖原有资源的全新产业群。（3）复合模式，即以上两种模式的结合使用。对综合条件比较优越的资源型城市来说比较适用。事实上，以资源开发型特大企业为主的城市经济和区域经济，要想长期生存、持续发展，就必须在资源大规模开发的初、中期，尤其是鼎盛时期，尽早考虑接续产业的培育，否则等到资源真正要枯竭的时候再谈转型，则会给城市和产业发展带来很多的困难。

3. 产业组织创新

受长期计划经济影响，资源型城市所有制单一、经营形式单一的问题十分突出。为此，要对资源型产业深化改革，促进组织创新，使企业组织结构、所有制结构由单一化向多元化发展。要对现有大多数国有企业采取股份制改造、国有民营、租赁经营等各种形式，实现产权的多元化形式。同时，产业组织创新还要求产业内形成合理的大中小企业、上下游环节配套齐全的产业结构，既要让大企业形成规模经济，也要大力发展各种中小企业，促进企业间的分工与合作，使不同企业分享公共设施、专业技术和劳动力资源，从而降低交易费用、促进专业知识的传播和创新的扩散。

具体来说，资源枯竭型城市的产业组织创新，要使企业组织结构、所有制结构由单一化向多元化发展，以产业集聚方式带动各产业发展，提高产业竞争优势。这既要大企业形成规模经济，又要发展各种中小企业，形成与大企业的协作关系，并形成若干有竞争的企业网络，由多个企业网络形成的产业群可起到替代资源型产业的作用。由企业集聚带来的外部经济，可以使不同企业分享公共设施和专业技术劳动力资源、促进企业间的分工与合作、降低交易费用、促进专业知识的传播和创新的扩散，并推动企业网络的演进和发展。若资源枯竭型城市的接续和替代产业能够形成由本地企业组成的上下游配套齐全的产业集聚，利用产业群的优势和效应，形成多个新兴增长极，带动一大批相关产业发展，则既能发挥规模经济优势，又能以"极化效应"和"扩散效应"带动当地经济发展，改变资源型主导产业独当一面的局面，这样所形成的竞争优势才是稳定的、持续的。

4. 产业政策研究与管理创新

一个经济体若陷入"闭锁"状态，就很难摆脱出来。正如诺斯所说："现有方向的扭转，往往要借助于外部效应，引入外生变量或借助政权的变化。"①而且，资源型城市的产业结构调整，既是一个复杂的系统性问题也是一个长期的战略性问题。因此，资源枯竭型城市产业转型，需要国家在资金、技术、人才、市场等多方面因素的政策倾斜，需要国家有关部门或机构在产业政策、财税金融、科学技术、环境生态、教育培训和基础设施建设等诸多方面对资源型城市的经济转型给予倾斜性支持。

第一，应仿照发达国家的做法，在推动资源型城市产业转型时成立专门机构，专门制定和实施产业转型的战略规划与相关政策。鉴于资源型城市产业转型的系统性与复杂性，要取得转型的真正成功，政府必须加强宏观调控，实现政策措施的综合配套。通过合理、科学的规划来引导产业合理聚集和分散；实施适度的产业援助政策，建立一个国家资源枯竭型城市产业结构调整专项基金，发展新兴替代产业，解决环境治理、下岗富余人员的就业问题；通过税收、金融政策和政府采购政策扶持创新企业，培植产学研转化的中介机构，促进科研成果产品化、商品化；培育风险金融市场，为接续和替代产业发展与创新提供资金支持。

第二，要积极塑造良好的区域创新环境。在加大基础设施建设，治理环境污染和破坏、改善城市生活等硬环境的同时，努力改善产业发展软环境，建立廉洁高效的政府、良好的商业氛围、高素质的市民和文明的社会环境，加强生产、生活设施的建设投入，改善城市投资和生活环境等，以此来吸引外来投资要素的流入和合理配置，引进资金、先进技术、管理经验和产业发展理念，为城市经济发展注入新的活力。

第三，政府应加快产业的对内对外开放，充分利用国际国内产业结构战略性调整和梯度转移的历史性机遇，克服资源型城市生产要素和经济资源供

---

① 转引自陆国庆：《衰退产业中的企业战略创新》，载《财经研究》，2000 年第 10 期。

给能力薄弱等导致的产业发展能力不强问题，为接续主导产业的形成提供开阔的外部市场空间。

第四，要注重职业培训和人才引进。根据城市产业发展的需求，开展有针对性的职业技能培训，使"转型人员"能够适应城市产业调整的要求，顺利进入新的行业。同时，还要引进和培养一些具有先进的管理经验和理念，具有创新能力和科研能力的人才，保证充足的科研和创新经费，给他们提供施展自身才华的舞台，从而起到引领和推动经济发展的作用。尤其是要积极探索和建立人才引进、人才激励的机制，进而全面促进科教与经济的有效结合。

第五，完善社会保障体系，建立健全社会保险、社会救济等制度，同时建立专业培训基金，积极开展各种就业培训、就业指导，以缓减这些城市的就业压力。①

（二）资源型城市衰退产业中的企业战略创新模式

如上所述，企业战略创新是克服产业衰退陷阱、获取企业竞争优势的根本途径。针对不同的衰退产业类型，战略创新有明显不同的模式。

1. 基于技术路线图的产业创新模式

20 世纪 70 年代以来，一种新型的创新前瞻技术——技术路线图（Technology Roadmapping）在实务界得到了广泛的应用，也逐渐引起了学术界的关注。② 技术路线图十分关注市场，关注市场和技术的结合，它的出现与使用可以说是克服了技术预见和预测这个缺点。尤其是进入知识经济时代，企业间的激烈竞争主要是建立在企业技术实力，尤其是技术创新能力基础之上的，因而他们对未来技术的关注程度空前提高。紧密跟踪技术的发展趋势，做出理想的 R&D 投资决策，在最恰当的时间推出最恰当的产品（或服务），成为企业努力追求的目标。而对于远期未来的预见，不是一两个技术专家所能完成的，也不是靠复杂的数学模型所能解决的，集合大量专家的集体智慧而得出的结论往往最可信。因此，在企业层面也需要有一种有效利用专家信息基础上的技术规划方法。现在，在实践中提炼出来的技术路线图便是这样一种十分有效的方法，已经在很多国家，很多企业中广泛使用。

---

① 陈旭升等：《资源型城市产业创新策略研究》，载《商业研究》，2008 年第 12 期。
② ALBRIGHT, RICHARD E. & KAPPEL, THOMAS A. Roadmapping in the corporation [J]. Research – Technology Management, 2003（2）：P31 –40

（1）技术路线图的内涵

一般地说，"路线地图（road map）"是指在特定地理空间内现有（或可能存在）的路径或路线的标示。在日常生活中，路线地图是旅行者选择到达目的地各种路线的工具，它可以帮助旅行者更好地制定、了解和熟悉旅行计划。将"road map"这两个英文词合二为一，则就成了规划科学技术资源的一个流行术语"road map"，而制订路线图的过程"road mapping"则主要描述了构造路线图的参与者之间学习和交流的社会机制。① 由于在不同国家应用技术路线图的侧重点不同，技术路线图的定义有以下几种说法（见表7-1）。

表7-1　技术路线图的定义

国家或地区	定义描述	侧重点
美国	技术路线图是针对某一特定领域，集合众人智慧对重要变动因互所作的未来展望。一般是采用绘图的形式表达出来的，技术路线图可成为这一领域可能发展方向的一个详细目录	强调结果——技术路线图包含了技术发展的方向
英国	技术路线图是利益相关人关于如何前进的看法，以及对达到的目标的看法。就像地图一样，描述的是从一个地方到另一个地方的路径。技术路线图的目的是带助这个群体确信其能力是能在合适的时候达到某个目标	强调过程——技术路线图的过程是利益相关者达到一致的过程
加拿大	技术路线图是一个过程工具，帮助识别行业/部门/公司未来成功所需的关键的技术，以及获得执行和发展的这些技术所需的项目或步骤	这两者都强调是过程工具。他们是在90年代中后期才引进的，注重产品技术路线图——即把产品的内容和技术的发展相联系
澳大利亚	技术路线图是一个全面的工具来帮助公司更好地理解其市场和作出见多识广的技术投资决策，它是一个规划过程——由行业领导——帮助公司识别他们未来的产品，服务和技术需求，评估和选择技术来满足这些需求	
台湾	技术路线图是未来技术发展的愿景图，其结合了知识、理想、企业、政府资源，相关投资及控管流程。技术路线图对于产业的技术需求提供了确认，评估及选择策略的技术方案。借以达到技术发展的目的。整体而言，技术路线图是针对某一特定领域，集合众人意见对重要变动因素所作的未来展望	强调结果

---

① KAPPEL, THOMAS A. Perspectives on roadmaps: how organizations talk about the future. The Journal of Product Innovation Management, 2001 (18): P39-50

上面的定义表达的不同，是技术路线图发展层次不同的一个表现。美国的经验最多，技术路线图绘制的过程已经比较成熟，所以很关注技术路线图绘制过程的结果——技术路线图。而英国（或欧洲）出现也比较早，但应用还没有美国普及，更关心技术路线图的绘制过程——作为达到对未来看法一致的工具。而加拿大和澳大利亚引进时间更短，注重和市场的密切结合。

一般技术路线图包括了空间和时间维度，空间维度反映了在给定时点上科学技术项目，产品项目和市场开发之间的联系，而时间维度表示各类别及其之间联系的演变。而技术路线图上的点和线在多数情况下有质和量的属性（见图7-1）。[①] 但和地理路线图有所不同的是，技术路线图的意义不仅仅在于技术路线图本身，而且也注重技术路线图的构建过程。

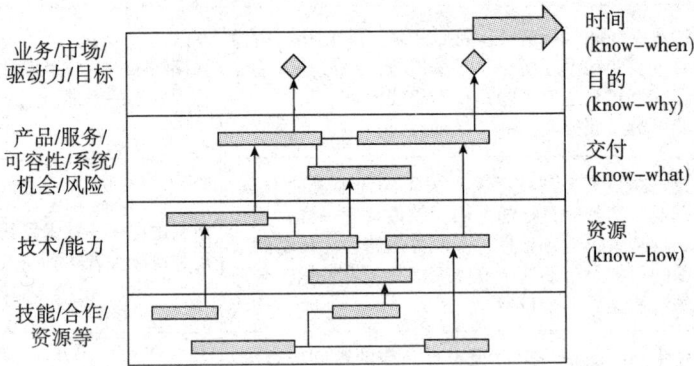

图7-1　技术路线图一般形式

（2）技术路线图的作用

在单个公司和行业层面，技术路线图的主要的潜在的用处有：第一，能帮助确定对一系列需要和满足这些需要的技术的一致看法；第二，提供了帮助在目标区域技术发展的专家预测的机制；第三，提供帮助规划和协调公司乃至整个行业技术发展的框架；第四，技术路线图还能通过识别关键技术或识别满足产品绩效目标需要填补的技术差距，以及识别研发投资的路径，通过调整单个公司或联盟成员的研究活动，从而帮助更好地技术投资决策。第五，能作为营销的工具，技术路线图能够表明一个公司真正理解顾客需要，并且有能力发展或正在发展技术来满足顾客的需要，图7-2形象地表达了技术路线图的这种作用。

此外，一些公司内部绘制技术路线图是作为技术计划的一个方面。而在

---

① 陈劲：《研发项目管理》，机械工业出版社2004年版。

产业层面，技术路线图构建包括很多公司，通过聚焦于共同的需要，公司能更有效致力于关键研究和合作发展共同的技术。因此，产业技术路线图可以指引行业内企业合作地开发关键的潜在的技术，一般说是竞争前技术，而不会多余地资助同样的研究和错过其他主要的技术。这一点具有重要意义，因为某一技术对单个公司来说可能需要太多资源，或者开发时间要太久，以至于单个公司容易放弃这类技术。技术路线图通过结合各公司的资源使得这类技术的开发成为可能，因此也使得行业更有竞争力。

（3）案例分析：中国台湾纳米材料技术路线图分析

为进一步推动纳米材料技术发展，台湾有关部门组织机械、电子、化工、材料、测量等相关技术，领域的专家群，共同绘制了《纳米材料技术路线图》，以期为企业技术研发和政府产业政策提供参考依据。[1]

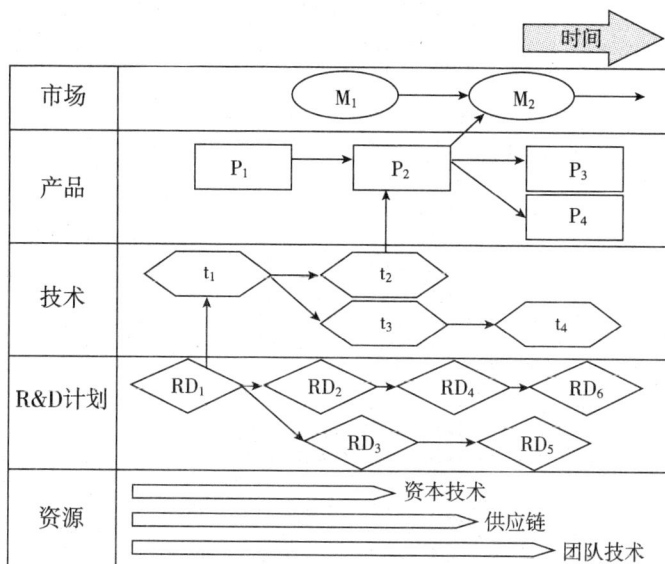

图7-2 技术路线图结构

研究与设计流程。第一，文献资料收集/确认名单。该研究采用监测法收集纳米材料技术相关文献及技术路线图方法，并邀请纳米领域的产官学研专家参与，成立专家委员会。第二，第一次专家座谈会。从远景和策略两方面探讨台湾纳米材料技术的发展远景，概观了解台湾纳米材料技术发展的策略与国际竞争的定位，并得到初步纳米技术的技术路线图雏形架构。第三，第

① 卢希鹏等：《纳米材料技术地图》，"台湾行政院国家科学委员会"科学技术资料中心2003年版。

二次专家座谈会。第二次专家座谈会，参考第一次专家座谈会得到的纳米材料技术路线图雏形架构，进一步定义与讨论产业层面、产品层面与技术层面分类的适应性，并规划问卷调查，期望能进一步了解纳米材料关键技术的发展时程、台湾竞争力、相关性产品、技术关联性与产业关联性。并依靠专家知识将技术分成纳米材料技术、纳米制品技术以及纳米检测技术三大类和若干小类。第四，学术研究/产业调查。学术研究调查对学术专家进行问卷调查，对143份回收问卷进行资料分析，包括纳米材料技术路线图的技术领域、技术项目及产业分析，并归纳出各技术领域的技术表。基于考虑纳米技术的现阶段发展以材料，化工等产业为最先应用推广，该研究邀请产业协会协助进行小规模调查，针对24份回收问卷进行基本分析、已商品化纳米材料技术表以及产业发展中纳米材料技术路线图等分析。第五，第三次专家座谈会。以高分子纳米符号材料技术为主题，讨论塑、橡胶及复合材料产业发展纳米材料技术与需求。重点在：资源整合；建立平台；技术需求；人才培育；知识推广。

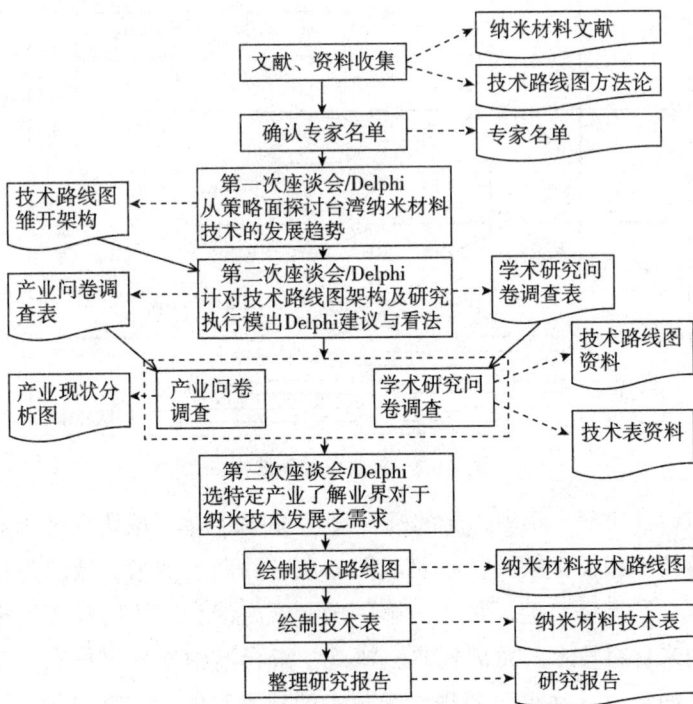

图 7-3　台湾纳米技术路线图研究执行流程图

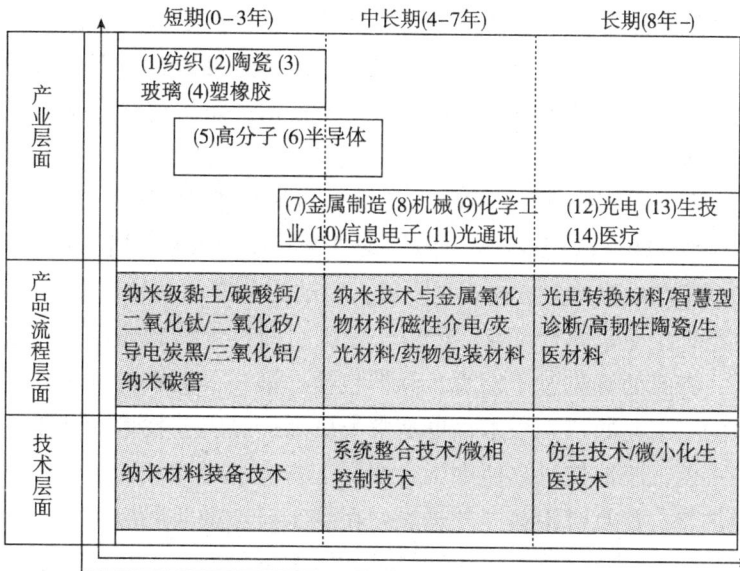

图7-4 台湾纳米技术路线图架构图

台湾纳米材料路线图结构与分析。图7-4表明了该技术路线图的架构，在此基础上，专家们还对各主要技术项发展时程进行了预测，并辅以雷达图分析关键技术与产业间的关联程度及关键技术的相关性。如：结合技术路线图，台湾有关部门还开展了相关产业调查，这为科技政策主管机构制定推动纳米技术发展规划提供了重要参考依据（见表7-2）。

表7-2 纳米材料产业调查结果

状态	公司比例		总百分比	
具有纳米技术	已有商品化产品		70%	42%
	规划发展中		30%	
尚未有纳米技术	预计导入纳米技术	是	93%	58%
		否	7%	
	需技术协助	是	93%	
		否	7%	
	产学合作意愿	是	100%	

与台湾相比，我国大陆同样十分重视纳米技术的发展。通过"国家攻关计划"、"863计划"、"973计划"的实施，我国纳米材料和纳米技术已取得较为突出的成果，并引起了国际上的关注。例如，在纳米器件的构筑与自组

装、超高密度信息存储、纳米分子电子器件等方面已经取得了许多有意义和有影响的成果。在纳米复合材料改造传统材料和产品方面，部分成果已经实现产业化。总体来看，我国纳米材料与纳米技术的整体科研水平与先进国家相比处于同等水平。

然而，我国关于纳米技术和相关产业发展的前瞻性规划力度还稍嫌薄弱。以纳米电子学基础材料及技术为例，虽然我国在"973计划"内已有布局。但对纳米加工与纳米测量方向重视不够，尚缺少关键的基础研究设施。对此，我国虽也组织了专家进行研究，但由于我国目前技术前瞻还没有跳出学术界讨论范畴，专家的意见过于宏观，具体包括：第一，纳米电子学基础材料及技术是微电子工业的核心技术，也是微光机电产品工艺技术的基础，目前国内基础并不差，应加快研究使中国在国际上占有一席之地。第二，属于新兴材料研究热点，要及时跟踪国外进展，在纳米材料的实际应用上下工夫，强化纳米结构加工及测量技术，探索纳米结构的特异性质，开展自主知识产权的纳米电子材料研究。基础研究在近5年会有重要进展，但能进入实际应用、达到一定规模、有一定影响，即使在发达国家恐怕也要10年以上。集中少数单位研究，不要面上铺开。第三，目前支持力度已经很大，不宜跟风。第四，与器件研究密切结合，加强理论和加工、测试技术研究，加强国际合作，建立重点研发基地，资金重点使用，不可"遍地开花"式的安排。

可以看出，与技术路线图这种方法相比，我国目前的技术前瞻和规划缺陷在于没有对我国的研发水平和研发基础、技术发展途径、产业化前景、经济效益以及我国高技术产业、传统产业、资源环境的作用和对提高人们生活质量的作用进行系统的分析。

尽管技术路线图的概念在中国学术界还没有广泛采纳，但在某些行业，尤其是存在技术标准制定冲突的高新技术行业，已经产生了一些采用技术路线图方法的技术前瞻与规划实践。[①] 在此背景下对技术路线图进行探索性研究，希望能够引进这样一种管理手段，能为资源型城市产业转型，企业、产业和国家在整合科技资源，制定更为有效的技术战略时提供一种新的思路。

2. 衰退产业的主要创新模式

（1）产业创新模式

企业竞争是一场面临未来并掌握产业的竞争，一场重新划分产业空间的竞争。产业创新是企业战略创新的核心和出发点，离开了产业创新，处于衰

---

① 刘海波：《技术经营：一种新兴的创新模式》，载《财贸经济》，2004年第5期。

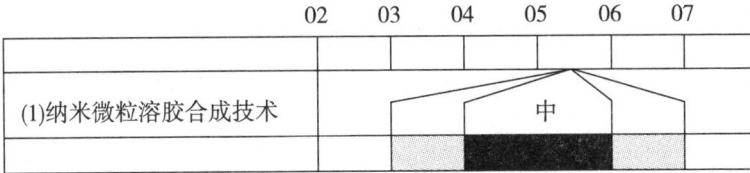

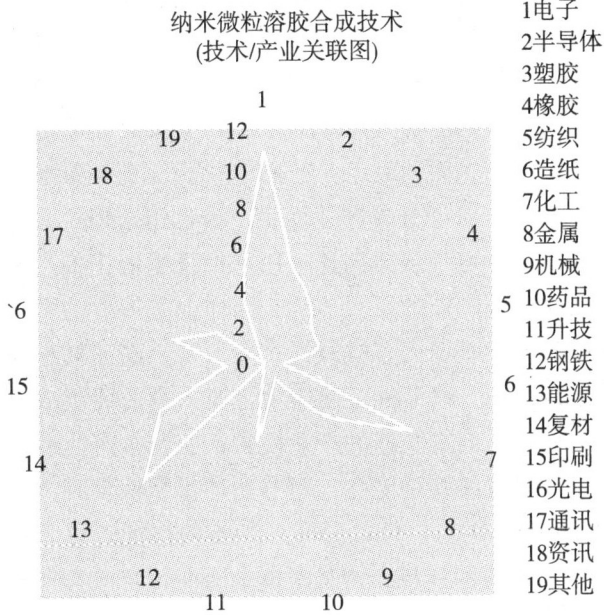

图7－5　技术—产业/技术—技术关联图

退产业中的企业是难以脱离衰退陷阱的。产业创新就是要突破传统企业战略理论局限于既定的已结构化的产业的约束，以产业先见或产业洞察力构想未来产业轮廓以及通过培育核心能力来使构想的产业成为现实的过程。

产业创新包括三层含义：第一，竞争规则创新。对于衰退产业而言，设法从根本上改变其游戏规则，打破现有的竞争格局，从而在这个产业中走出领先者的阴影，成为产业新的领先者。第二，重划产业界限。随着技术革命和需求变化的加速发展，产业之间的界限越来越模糊，在一些衰退产业解体并演化出新兴产业的同时，又出现了不同产业的汇聚或融合现象，如日益衰退的传统家电制造业与信息产业等融合创造出新的信息家电产业。这些产业大多集过去所定义的多种产业于一体。企业可以重新设定产业界限，从而找出新的生存空间。第三，创造全新产业。通过对技术和需求的前瞻式思考，为顾客提供全新的产品或服务，从而创新一个全新的产业。历史上可以发现许多成功地从衰退产业创造全新产业的例子，如全球通讯行业的龙头企业诺基亚在 20 世纪 80 年代以前一直处于衰退严重的林业和造纸业，90 年代初期开始产业创新进入通讯行业，并成为通讯产业的创新者和领导者。

（2）绿色战略模式

以制造业为主体的工业经济时代，自然资本（Natural Capital）包括生态系统服务（Ecosystem Services）具有公共物品特性，因而企业战略把它们作为外生变量考虑。但随着自然资本变得越来越稀缺，生态健康和绿色服务成为消费的热点，自然资本的经济外部性已逐渐向经济内部性转化，自然资本主义（NatualCapitalism）正取代传统实业资本主义成为新的经济模式，自然资本不仅仅是公共物品，而且决定着企业的生存。"走向绿色必是金"已成为企业战略的重要理念，对于衰退产业而言，绿色创新模式显得尤为有效。生态链中能量传递的十分之一规律同样适用于经济系统中的产业链，下游产业的细微节省能带来上游产业的巨大节约，同样上游产业的微小变革将对下游产业产生巨大的影响。对于大多数衰退产业而言，高消耗和高污染是导致需求下降的主要原因之一，以节能、健康为主要内容的绿色战略不仅将产生巨大的经济效益，而且能创造全新的产业模式。如汽车产业经过近一个世纪的发展，制造技术已趋成熟甚至老化，但节能环保型汽车则方兴未艾，现时汽车总能耗只有 1% 用于驱动，只有 15% – 20% 的热能转化为动能，而新型节能环保汽车能节省 85% 的能耗，将从根本上改变传统汽车产业的模式。对衰退产业而言，技术变革的源泉不再是惊天动地的发明创造，而是细微之处有宏观的理念，绿色模式正是如此。[①]

（3）产业延伸模式

所谓产业延伸是指企业突破原有产业的界限，使企业所从事的产业向上下游方向延伸，通过产业链的延长来获取新的价值链，如传统制造业企业向最终消费者的靠拢等。产业延伸是衰退产业中企业战略创新的重要模式之一，产业延伸的一种主要方式是制造业的服务化。这一方式将传统的商业模式由"产品生产和销售型"转变为"问题解决型（Solutions based business model）和服务商业型（Service business model），"通过全程服务来取得竞争优势。产业延伸一方面为建立牢固的顾客关系、维持制成品的市场地位提供了保障；另一方面，产业延伸减少商品交易的中间层次、降低了交易成本，帮助企业建立多元化的经营机制，化解产业壁垒等，从而有利于衰退产业向新兴产业

---

① 陆国庆：《衰退产业中的企业战略创新》，载《财经研究》，2000 年第 10 期。

的蜕变和转移。实践证明，互联网是产业延伸的有效工具，网络经济与衰退产业中的实体经济的融合可以演绎出全新的产业，如上海梅林公司借助互联网把电话购物改造成网上购物，创造了"互联网＋三轮车"的电子商务模式，企业从食品制造业转向了全新的电子商务业。

五、资源型城市高技术产业的发展战略

（一）以发展先进制造业促进产业结构升级

长期以来，我国一直以低成本的劳动力优势大量生产轻纺产品并出口到世界各地。从目前日益升级的贸易摩擦看，我国这种低成本渗透战略已基本走到了尽头。伴随着全球制造业向中国转移的趋势，提高技术含量、促进产业升级已成为未来我国产业结构调整的主导战略。

从发达国家进入后工业化时期的产业结构变化过程中可以看出，第三产业的发展必须依托于第二产业结构的提升，而制造业结构的升级会极大地推动第三产业内部结构向更高层次发展。这是因为以先进装备业为代表的现代制造业的基本特征是产业链长，中间环节多，在其发展过程中可以衍生出一系列为制造业服务的生产性服务业，同时也对信息产业形成极大的依赖。服务业与制造业的更紧密融合，并以服务为中心将价值链的各个环节串联起来正是后工业化的一个重要特征。在整个价值链中，前期的研究、设计、开发、品牌创造，以及后期的营销、供应链管理、应用软件、系统咨询等环节都是附加价值高、盈利能力强的产业，而这些服务业的价值只有在现代制造业的迅速发展中才能完全体现出来。因此，通过对先进制造业的结构调整，以信息产业推动装备工业的高速发展，从而带动生产型服务业的迅速崛起，最终有助于产业结构的调整，并推动第三产业高速发展。

据联合国工业发展组织估计，到 2005 年，发达国家所占全球制造业的份额将由 1970 年的 86% 下降至 67.6%；而发展中国家所占份额，则从 1970 年的 10.3% 上升至 30.6%，其中东亚与东南亚国家将占有 19.2%。这一变化意味着世界制造产业的转移方向仍然是从发达国家转向发展中国家，特别是亚洲。由于我国制造业快于世界平均水平，导致我国制造业的全球份额呈不断上升之势，但与北美（27%）和日本（15.8%）所占的份额相比，差距仍然比较明显。由于我国今后发展的重点是促进产业结构升级，特别是制造业技术升级，因此，随着发达国家制造业技术转移升级，今后一定时期，我国仍

是承接世界制造业转移的重要地区。在具体行业上，将更多地集中在高技术产业、重要原材料及能源、装备制造业等方面。在知识经济时代，科技的发展是大方向。而相对于传统制造业而言，先进制造业主要指以先进制造技术为主要生产手段的制造业，它以信息和知识要素投入为特征。它的这个特征符合科技发展的大方向，也符合经济可持续发展的思路，同时还有助于产业结构的优化升级。中央在"十一五"规划中就曾指出："发展先进制造业、提高服务业比重和加强基础产业基础设施建设，是产业结构调整的重要任务，关键是全面增强自主创新能力，努力掌握核心技术和关键技术，增强科技成果转化能力，提升产业整体技术水平。"同时还指出，要"坚持以信息化带动工业化，广泛应用高技术和先进适用技术改造提升制造业，形成更多拥有自主知识产权的知名品牌，发挥制造业对经济发展的重要支撑作用。"①

　　基于发展先进制造业对产业结构升级的重要意义，我们在推动资源型城市产业转型过程中，就一定要注重加快先进制造业的发展。以先进制造业的发展为基点，充分利用比较优势，以产业间的共同发展来带动整个产业结构的升级。

　　1. 在组织结构方面，科学合理地建立和发展装备制造业生产基地，逐步解决我国装备制造业组织结构分散，生产规模小，竞争力弱的问题。在生产过程中要进行统筹安排，合理配置资源，充分发挥各地、各企业的生产优势和特长，实行专业化分工、专业化生产，提高产品质量，降低生产成本，不断提高我国装备制造业的整体水平。

　　2. 在经济政策方面，国家和地方应采取各种方式，支持装备制造业的发展。运用财政、金融、税收等手段，为装备制造业提供资金，解决发展资金不足问题，为我国装备制造业的发展创造条件。

　　3. 在技术发展方面，我国装备制造业在做好消化吸收的基础上，应逐步摆脱"引进消化型"的发展模式，要联合攻关，发展我们自己的装备制造技术，不断提高自主创新、自主制造的能力，为我国工业结构不断优化提供保证。

　　（二）提升发展传统产业

　　目前我国总体上处于工业化中期，近年来住宅、汽车等产品进入大众消费时期，城市化进程和基础设施建设加快，分工链条加长，装备技术水平提

---

① 转引自沈英姿：《从发展先进制造业谈产业结构升级》，载《大众科技》，2006 年第 3 期。

高，都对能源、原材料等基础产业和铁路、公路、港口等基础设施建设提出了新的大量需求。虽然这些产业的发展对环境和资源造成一定的压力，但从经济发展阶段的基本要求看，我们不大可能"跨越"这些产业加速发展的阶段。但是，受资源和环境生态等条件的约束，我们不可能重复先行国家在这个阶段的大量消耗、大量废弃的发展老路子，而应走出一条低消耗、低污染的新路子来。科学技术的发展为我们提供了走新路子的可能性。即使是采掘工业和原材料工业，近些年国内外也出现了大量新技术、新工艺，在节约能源和其他重要资源、清洁生产、产品技术含量等方面都取得了长足进展。因此，在加快发展这些基础产业的过程中，要积极运用高新技术和先进适用技术，对冶金、建材、机械等传统优势行业进行调整改造，实现传统产业升级换代，形成新的优势产业板块。

1. 钢铁冶炼及延伸加工板块。以大冶市灵成工业园灵成钢铁公司、远成钢铁公司为基础，延伸钢铁产业链。"十一五"期间，新上线材、球墨铸管、板材等项目，形成100万吨球团、30万吨生铁、20万吨钢锭、15万吨线材、20万吨球墨铸管、5万吨板材的生产能力。

2. 新型建材板块。大冶经济技术开发以建设中心城区"生态型"建材工业体系为目标，重点以松本绿色板业公司、华厦铝塑公司、晨茂铝业公司为依托，到"十一五"期末，该产业实现产值12.75亿元。大冶市灵成工业园以集成矿业公司、荆灵石膏深加工等企业为龙头，重点发展石膏板材、石膏砌体、膨胀剂、添加剂等新型墙体材料和建筑材料等环保型项目。到"十一五"期末，形成年加工石膏80万吨、活性炭80万吨的生产能力。

3. 铜及铜延伸加工板块。以有色为龙头，以大冶经济技术开发区罗桥工业园为基地，在"十一五"期间，基本建成有色铜材加工工业园，形成无氧铜杆——铜线——特种漆包线、铜棒——铜管等两条产业链。到"十一五"期末，铜材加工业实现产值10亿元。黄石经济技术开发区要抓好鑫鹏公司10万吨无氧铜杆达产项目，落实鑫鹏2万吨漆包线项目。

4. 涂镀板产业板块。以黄石经济技术开发区区域内的宝钢（黄石）公司为依托，扩大镀铝、镀锌及镀彩等板材生产规模，并带动上游产品（冷轧板）生产，把黄石建成国内最具竞争力的镀涂层板生产基地，到"十一五"期末，该开发区板材产品达到180万吨产业规模，产值达到140180亿元。

5. 汽车零配件板块。黄石经济技术开发区以离合器为龙头，开发建设久丰智能输送机、中城智能小车、振大弹簧、振川钢料等汽车配套项目，促进汽车零配件行业大发展。大冶市灵成工业园以温州工业小区为载体，全面扩大小区的汽摩配件产业规模。到"十一五"期末，形成汽摩配件 100 万套件的生产能力。

6. 铝及铝产品深加工板块。大冶市灵成工业园以金日达铝材项目为龙头，促进铝产品系列集冶炼、成材、加工于一体，实现上规模上档次。

7. 机电制造板块。大冶经济技术开发区要以登峰换热器公司为龙头，抓好群力机械、大园机械、蓝星机械、唐默生机电等项目建设。黄石经济技术开发区要发挥华信机械公司技术优势和品牌优势，不断开拓国内数控机床市场，不断扩大市场份额，占领细分市场；扶持黄石锻压、华强、华丰、史翠柏等公司，不断壮大企业规模。

深入推进节能减排。在黄石市，可以围绕新冶钢、华新、有色、劲牌等重点企业节能减排，组织实施高浓度生物废水资源化利用、污酸渣及污水底泥无害化处理、水循环利用等一批资源节约、清洁生产和污染减排关键技术、关键设备的研究开发，突破制约企业节能减排的技术瓶颈。可以围绕冶金、建材、化工、电力等重点行业节能减排，组织实施余热余能梯级利用、水泥行业节能减排核心技术研究集成及区域废弃资源循环利用工程示范、特殊钢节能减排工艺开发和集成等一批共性技术的研究开发，提高行业节能减排技术水平。在资源与环境领域，组织实施 HWA 土壤固化剂等一批废弃物资源化关键技术研究开发，组织实施矿山生态恢复治理等一批环境治理与保护关键技术研究开发，促进经济社会可持续发展。重点创建企业、行业、行业间、区域四级循环经济示范典型，构建循环经济示范体系。选择一批典型企业，通过企业内部各工艺之间的物料能量循环，达到少排放甚至"零排放"的目标，树立节能减排企业典型。在钢铁、铜、铝、水泥、电力等高耗能、高污染行业，以龙头企业为核心，组织由企业、大学、科研机构共同承担节能减排技术攻关和成果转化科技项目，攻克行业节能减排共性技术，推动全行业节能减排。在冶金、建材、化工等行业间，构建冶金－建材、化工－冶金、电力－建材循环经济链，继续探索行业间循环经济的运行机制，构建行业共生经济链。在下陆循环经济试验区，深化以废弃物深度开发和综合利用为主线的资源再生循环链、以对副产品进行深度开发为主线的转化循环产业链、以铜及钢的深加工为主线的原材料增值循环链，形成以大型企业为中心，以产业链条为纽带，发展多家以有色公司和东钢公司工业废弃物为生产原料的中小企业和以区域内产品为原料进行延伸加工的企业的循环经济工业园运行机制。

按照"超城资源发展"的要求，减少经济发展对资源的依赖程度，大力发展光机电一体化、电子信息、新材料、新型医药和生物技术等具有一定基础和比较优势的高新技术产业。

1. 大力建设光盘产业基地。黄石经济技术开发区要把光盘产业作为一个新的经济增长点来抓，以朝阳电子公司系列项目为依托，力争建成全国产品品种最齐全、技术最先进、产值规模最大（年产值20.30亿元）的光盘生产基地。

2. 继续延伸发展"卡"基地。黄石经济技术开发区要以万达金卡、三环信息公司等企业为依托，扩大万达公司卡产品制造规模，迅速促进三环信息公司数控POS机达产，形成卡及卡机具系列产品生产基地。

3. 培育壮大生物医药基地。黄石经济技术开发区以朗欧药业公司、美升制药公司、三九制药（黄石）公司、燕舞药业和枸橼酸铋钾制药、四星药业、同欣药业等公司为基础，形成以冻干粉针剂、海地特、泰脂胺胶囊、儿童补锌冲剂和保健药为代表的医药产业基地。

4. 着力建设光纤信息产业基地。大冶经济技术开发区要以融入武汉城市圈为契机，加强与武汉光谷产业沟通，积极引进武汉天骏激光有限公司，发展光纤信息产业。"十一五"期间要引进23个光波电子技术项目，在今后十五年逐步形成产业基地。

（三）大力发展以信息技术为核心的高新技术产业

金融危机，给我们带来了许多有关信息化方面的思考，包括经济高速发展，信息不对称，以致信息评估失灵、失真；政府监管，信息不灵，信息化监管系统建设不足；金融创新，信息不透明，风险加大，衍生产品缺乏控制；企业内外效益信息披露不够；对金融信息缺乏分析能力等。伴随着金融危机的不断蔓延，我国企业更加意识到风险防范的重要性。有专家指出，将信息化植入企业的生产、经营与管理当中，可以优化组织结构，优化管理链条和工艺，不仅能减少在经营过程中的人力、物力、资源的浪费，可以实现企业的资源优化配置，降低消耗，提高效率和效益。

通过发展现代信息服务业，用以信息技术为核心的高新技术改造、提升传统产业，以信息化带动工业化。一方面需加大财政资金的直接投入，发挥政府资金的引导和放大效应；另一方面，逐渐完善规范我国对高新技术企业的税收支持体系，采用与国际接轨的税收优惠政策，以间接优惠为主，辅之以直接优惠，如实验型研究费减税制度、缩短机械设备折旧年限、扩大企业设备捐赠减税以及开发型中小企业税收优惠等。

在新的起点上推进制造业信息化建设。重点抓好一批高端信息化技术应用，抓好一批重点企业信息化技术集成示范，抓好机电制造业全行业信息化技术无缝覆盖。发挥现有企业（如黄石市的锻压、东贝和离合器等）信息化技术开发力量强的有利条件，重点开发 PDM、MES 和 PLM 等高端信息化技术。对具有较好信息化基础的设备制造企业（如黄石市的三丰、邦柯、华新机械等 10 家企业），以管理和制造环节信息化集成、ERP 与生产底层信息化集成为重点，抓好信息化技术的深化。对信息化基础相对较差的设备制造企业，重点抓推广，实现全行业无缝覆盖。

基于这个启示，我国企业应从根本上提高系统柔性，并做好合理 IT 建设规划。具体来说：

1. 优化信息环境，鼓励中小企业技术进步及创新。一方面，政府应在推进中小企业信息资源管理工作方面优化外部环境，发挥引导、协调、带动的作用，以相关的法律法规和政策指南优化信息环境，鼓励企业信息技术的应用和创新。另一方面，中小企业应结合自身的特点，以能力和业绩为导向，完善激励和约束机制，遵循"高效益、低风险"的原则，提高信息技术水平。

2. 解决企业专业技术人才缺乏、管理手段落后的两大瓶颈，促进企业信息化顺利开展。首先，建立企业自己的人才队伍。当企业领导者决定建立信息化项目时，面临的首要问题就是专业人才的匮乏。企业可依靠和借助社会力量，聘请一些专业技术人员对企业相关管理人员进行培训，掌握基本技能，逐步培养和建立起自己的信息技术人员队伍。其次，建设富有个性的信息体系。每个企业都有自己的管理特点，在信息化建设过程中要将企业特有的管理理念体现到信息系统中，用信息系统来提高管理水平。

3. 提高企业信息资源开发、管理和使用的效率。在企业的信息流中，要以产品为核心，以计划为依据，调整产销关系，提供物资需求，保证市场销售的动态信息。建立信息资源管理系统，一方面为企业决策提供有力的支持，另一方面向外界提供本企业的公有信息，以增加市场机会，提高企业竞争优势。

4. 增强中小企业信息资源管理的安全措施。企业的信息资源管理是其无形资产的一部分，随着网络技术的发展，威胁企业信息资源安全的因素越来越多，如自然环境的不可抗因素、软件和硬件系统因素、人为及管理因素、物理及电磁因素等。安全措施的构建是保证企业信息资源管理正常运行的基础。

可以借鉴韩国在亚洲金融危机后对中小企业信贷支持的良好经验，建议成立国家级的中小企业发展促进委员会，各银行成立类似于"中小企业特别对策小组"的部门，对有竞争活力的中小企业给予信贷政策倾斜。鼓励信息技术企业进行直接融资，发展企业债券等形式多样的融资形式。为扶持中小企业自主创新，政府可由财政出资专门设立中小企业贷款的担保基金，为创新型企业的融资提供担保服务。设立贷款担保制度，可以减轻政府出资的压力，还可充分有效地利用商业银行贷款和民间资金，建立多点投资环境，有利于提高对中小企业技术创新项目的选择和投资效率，从而形成"企业有所创新，银行有所借款，政府有所保证"的有效机制以及较合理的贷款担保和开放的资金供应系统，从金融支持上促进中小企业的创新发展。

5. 鼓励发展创业投资。创业投资作为创新的动力引擎，是推动产业转型升级和增长方式转变的有效工具之一。发展创业投资有利于激励创新创业、加速科技成果转化，同时还能起到推动投资结构调整、启动民间投资等作用。国际经验表明，一个具有民族核心竞争力优势产业的崛起往往是由创业投资的介入而成功建立起来。建立畅通的创业投资资金的进入和退出通道，进一步完善创业投资市场结构，努力造就有利于创业投资的环境，支持创新型企业的成长。值得欣慰的是，多年来业界期盼的《首次公开发行股票并在创业板上市管理暂行办法》于 2009 年 5 月 1 日起实施，但依目前的管理办法来看，仍然存在上市门槛高、审核过程繁杂等问题，影响了初创型企业上市步伐。因此我国应逐步发展和完善创业板市场，切实为高新技术企业提供一个顺畅的融资渠道，为创业资本创造一种便利的进入和退出机制。

6. 大力推进高新技术产业集群发展。从黄石市高新技术产业发展的基础和优势出发，继续并突出抓好成套技术装备、新材料、电子信息和生物医药等高新技术特色产业集群发展。围绕提高工业经济发展后劲，着力发展高效环保装备、激光医疗设备、超声波加工设备、绿色照明产品、MES 软件和高效新型精细化工产品等一批技术前瞻性、市场前景广阔、处于产业导入期的高新技术产品。着力培植高新技术产业发展的主体，重点扶持高新技术企业、应用高新技术改造传统产业企业和转化应用先进科技成果企业。

（四）提高自主创新能力

自主创新是区域新兴产业产生的源头。（1）区域化自主创新会促使区域新产业出现。在区域经济系统中，自主创新要结合特定区域的优势，不断展开地域性的高科技研究，在创新中最大化地发挥区域空间绝对优势，以创新激发自身的区位、资源、人才等优势，实现产业结构调整的理性化，促成高科技与产品区域化，不断更新产品，促成区域新产业的出现。（2）自主创新使区域产业结构演进趋于高度化和合理化。科技创新会推动产业链的自我完善，通过创新来逐步改进更新现有产业部门，并依照产品生命周期规律淘汰不适合于社会需要、技术落后、生产率低下的部门；在此基础上，科技创新有着推动区域各产业向更高的适应层次演变的天然特性，在科技创新的催动下，产业内容的技术含量和效率大为提高，并且涌现出大量新兴产业，推动区域产业结构的高级化发展。（3）自主创新促使地域分工的发展和专业化水平提高。长期以来，在区域产业结构中，我们许多地方追求"小而全"或"大而全"，企业之间、区域之间经济联系削弱。通过自主创新，能使那些在区际分工中处于劣势的区域也能形成有一定竞争力的产业部门；使区域产业结构内部的不同产业部门之间的差距缩小，特别是主导产业和辅助产业之间的技术衔接更加紧密，使之很好融入到产业分工协作中去，促进区域产业结构的发展和完善。（4）自主创新可大大缩短区域产业结构演进时间。如果对国内外的经济发展现状及近代经济发展史进行剖析就会发现，一定区域内的产业结构演进时间与科技成果的转化时间是相互呼应的。据计算，科技成果转化为生产力在18世纪为100年，19世纪为50年，第二次世界大战后为7年。而在同一横截面上的不同区域比较中，引进、吸收以至原创科技创新愈多的地域，其产业结构演进速度更快，反之则慢。

突出抓技术创新体系和科技服务体系建设，着力构建区域创新体系。大力发展企业研发机构，不断完善企业自主创新体系。加强对企业技术开发机构的培育，重点是深入实施"茁壮工程"，指导、督促企业建立技术开发机构。加强对企业技术开发机构建设的宏观引导，重点是建立企业技术研发机构运行状况监测统计制度，开展市级企业工程技术中心认证和评选表彰十强企业工程技术中心活动。启动开展创新型企业试点工作，通过试点促进企业确立技术创新战略，健全技术创新体制，提升技术创新能力；进一步深化产学研合作。组织召开市人民政府科技顾问团联络员会议，充分发挥科技顾问团平台作用，深入推进产学研合作。突出区域、产业、行业重点，大力开展校企科技合作。积极引导企业与国内外知名高校、院所开展科技合作；全面加强专利工作，争创全国知识产权示范城市。在保持专利申请总量稳步增长的同时，进一步提高专利申请的质量，逐步实行专利申请资助属地化，积极推进专利中介服务机构建设社会化。加强专利信息服务平台的应用，扩大专利信息资源的利用率，帮助1-2家企业建立行业数据库。强化知识产权工作体系建设，重点加大对县（市）区知识产权工作的指导。深化企业专利战略示范工作，引导企业建立和完善知识产权制度，真正把知识产权工作融入到企业发展的各个环节；大力开展知识产权"面对面"服务活动。继续抓好专利行政执法工作，积极组织参加国家知识产权局"雷雨"、"天网"打假专项行动。积极争创全国知识产权示范城市。

（五）加强人才队伍建设，构筑产业转型的人才优势

资源型城市产业转型与可持续发展需要以人才队伍建设为根本，构筑经济可持续发展的人才优势。一要加大对新型产业需要人才的培养力度。以人才资源能力建设为核心，重点培养产业转型需要的各类人才的学习能力和实践能力，着力提高他们的创新能力。二要进一步完善养老、医疗、失业等社会保障制度，对企业各类人才在转换就业岗位和其他原因遇到生活困难时，及时给予生活救助。三是进一步完善人才市场配置机制。逐步形成层次高、规模大、覆盖面广、辐射性强的人才服务体系。进一步拓宽服务领域，增强服务功能，加强法制建设，确保人才竞争公开、公平、公正，促进人才资源高效、充分、合理配置，充分调动基层特别是企业在人才资源开发中的积极性，构筑起资源型城市产业转型与可持续发展的人才优势。

以"两高"人才工作为重点，培育科技创新核心团队。开展创新人才扶持工程，遴选10个重点产业创新团队，会同组织、人事部门采取项目＋人才的办法进行扶持，形成若干支省级、市级、县（市）区级创新团队。开展行业首席专家评选活动，首先在工业、农业领域开展，逐步全面推开。完善科技专家信息库，搭建面向社会的科技人才信息平台。深入开展多层次的科技奖励活动，形成有效的人才激励机制。会同农业、卫生、群团组织等开展各种行业性、界别性的人才工作。开展党政领导联系知名专家活动，进一步弘扬尊重人才之风。

六、产业创新对资源型城市发展影响的综合评价

（一）方法——数据包络分析

数据包络分析（DEA）是一种评价相对有效性的线性规划方法，在投入产出效率分析中被广泛应用，尤其适用于具有多输入、多输出以及评价对象具有多元性特征的评价。其中CCR模型是由hames，Cooper和Rhodes在1978年首先提出。CCR模型假设在规模收益不变的生产技术条件下，计算出各个决策单元的综合相对效率值，CCR模型可以表示为式（1）。

$$(CCR)\begin{cases} \max \dfrac{u^T y_0}{v^T x_0} \\ s\ t\ \dfrac{u^T y_j}{v^T x_j} \le 1 \\ u \ge 0, v \ge 0 \end{cases} \tag{1}$$

其中 y_0 和 x_0 分别为 DMU 的产出和投入要素的数量，u 和 v 分别为 DMU 的 s 种产出指标和 m 投入指标的权重。由式（1）可以根据 DMU 的投入和产出向量的数值计算出各个 DMU 的效率。分式规划式（1）可以转化成线性规划（2）和对偶规划（3）。

$$(PCCR)\begin{cases} \max \mu^T y_0 \\ s\ t\ \omega^T x_j - \mu^T y_j \le 0 \\ j = 1,2,\cdots,n \\ \omega^T x_0 = 1 \\ \omega \ge 0, \mu \ge 0 \end{cases} \tag{2}$$

$$(DCCR)\begin{cases} \min[\theta - \varepsilon(\hat{e}^T s^- + \hat{e}^T s^+)] \\ s\ t\ \sum_{j=1}^{n} x_j \lambda_j + s^- = \theta x_0 \\ \sum_{j=1}^{n} x_j \lambda_j - s^+ = y_0 \\ \lambda_j \ge 0, j = 1,2,\cdots,n \\ \theta \in E_1^+, s^+ \ge 0, s^- \ge 0 \end{cases} \tag{3}$$

对偶模型（3）中引入了新的变量：θ、s^+ 和 s^-，目标值 θ 表示 DMU_0 需要将投入要素降低的比例，从而使 DMU_0 向有效前沿面靠近。设规划问题（DCCR）的最优解为：λ^*、s^{+*} 和 s^{-*}、θ^* 则有：

（1）若 $\theta^* = 1$，则 DMU_0 为弱 DEA 有效。

（2）若 $\theta^* = 1$，且 $s^{+*} = 0$，$s^{-*} = 0$，则 DMU_0 为 DEA 有效。

（3）若 $\theta^* < 1$，则 $DM\ U_0$ 为非 DEA 有效。

（二）资源型城市产业产出效率的比较

根据 DEA 算法的要求，并结合资源型城市产业的特征，从人力资源、资金、科技等几方面选取城市产业发展的投入指标，具体输入指标为城市采掘业单位从业人员数；国有及年销售收入在 500 万元以上的工业企业从业人员年平均人数；城市第三产业单位从业人员数；城市的固定资产投资总额；城

市地方财政一般预算内科学支出。其中采掘业单位从业人员数、工业企业从
业人员年平均人数、第三产业单位从业人员数反映产业发展的人力资源投入；
固定资产投资总额反映产业发展的资金投入；地方财政一般预算内科学支出
反映产业发展的科技投入。输出指标选取地区生产总值、人均地区生产总值、
社会消费品零售总额。评价样本为地级以上的资源型城市，数据来源为
《2006 中国城市统计年鉴》，所有数据为不含市辖县的市区数据。具体资源型
城市包括河北的唐山、邯郸、邢台，山西的大同、阳泉、长治、晋城、朔州，
内蒙古的包头、乌海，辽宁的鞍山、抚顺、本溪、阜新、盘锦，黑龙江省的
鹤岗、鸡西、双鸭山、七台河、大庆，安徽的淮南、马鞍山、淮北、铜陵、
安庆，江西的萍乡、新余，山东的枣庄、莱芜，河南的平顶山、焦作、鹤壁、
濮阳，湖北的黄石，四川的攀枝花，贵州的六盘水，陕西的铜川，甘肃的白
银，新疆的克拉玛依。

表 7 - 3　不同资源型城市产业产出效率

城市	效率值	城市	效率值	城市	效率值	城市	效率值
唐山	0.8132	邢台	0.5691	阳泉	0.7441	晋城	0.5385
阜新	0.7808	鸡西	1.0000	双鸭山	0.6522	七台河	0.7155
新余	0.5640	莱芜	0.9110	鹤壁	0.5496	濮阳	0.5694
邯郸	0.5283	大同	0.5277	长治	1.0000	朔州	0.8112
盘锦	0.7415	鹤岗	0.9344	大庆	1.0000	淮南	0.9209
枣庄	0.5402	平顶山	0.6526	焦作	0.4942	黄石	1.0000
包头	1.0000	马鞍山	0.9204	攀枝花	0.9311	乌海	0.7485
淮北	0.5609	六盘水	0.8948	鞍山	0.8258	铜陵	0.9792
铜川	0.6832	抚顺	1.0000	安庆	1.0000	白银	0.9122
本溪	0.6232	萍乡	0.6577	克拉玛依	1.0000		

　　根据表 7 - 3 中 DEA 模型的分析结果可将效率值分为四类，分别为效率为
1、0.99 - 0.80、0.79 - 0.60 和 0.60 以下。产业产出效率最高的资源型城市
分别为大庆、长治、鞍山、鸡西、铜陵等 11 个城市，包括石油、煤炭、黑色
金属、有色金属、综合等主要的资源型城市类型，其中黑色、有色金属为主
的资源型城市占 45%，石油型城市占 27%，其后为综合型城市，煤炭型城市
所占比例最小；效率在 0.99 - 0.80 的资源型城市有莱芜、鹤岗、唐山等 8 个
城市，其中煤炭型城市占到 50%；效率在 0.79 - 0.60 的资源型城市有阜新、
盘锦、铜川、新余等 11 个城市，其中煤炭型城市占 55%；产业效率 0.60% 以

下的有濮阳、邢台、淮北等9个城市，煤炭型城市占78%。可见煤炭型城市总体产出效率偏低，而我国资源型城市有一半左右是属于煤炭型城市，因此在制定产业创新政策时应对煤炭城市有所侧重。

（三）产业投入要素对城市发展影响的比较

在资源型城市产业投入产出的 DEA 模型中，产出表现为资源城市的发展状况，为了比较不同投入要素对产出的影响程度，可利用公式（4）计算去掉某一投入要素时产出效率的变化，其中 Sj（i）数值越大则表明该决策单元在利用第 i 个指标方面相对于其他单元具有优势。表4 为 39 个资源型城市去掉不同投入要素的计算值。

$$S_j (i) = \frac{(D_j (\theta) - D_j (\theta)) \times 100}{D_j (\theta_i)} \tag{4}$$

$S_j (i)$ ——去掉 j 指标对于效率的影响程度

$D_j (\theta)$ ——j 指标的效率值

$D_j (\theta_i)$ ——去掉 j 指标的效率值

从表 7 - 4 可以看出，产业投入要素对资源型城市发展的影响各不相同。固定资产投资总额指标对唐山、邯郸、大同、阳泉、长治、晋城、抚顺、本溪、阜新、鸡西、鹤岗、双鸭山、七台河、淮南、淮北、枣庄、平顶山、鹤壁、焦作、濮阳、攀枝花、六盘水、铜川、白银等城市发展影响较大；地方财政一般预算内科学支出指标对大同、鸡西、鹤岗、淮南、莱芜、铜川、白银等城市发展影响较大；城市第三产业单位从业人员数指标对唐山、邯郸、抚顺、本溪、枣庄、焦作、攀枝花、六盘水等城市发展影响较大；采掘业单位从业人员数指标对鞍山和新余城市发展影响较大。

通过对 39 个资源型城市产业投入指标的 Sj（i）合计可以看出，在所有产业投入要素中，城市固定资产投资总额对产出效率影响最大，其主要原因在于资源型城市是依矿而建，城市布局比较分散，城市的产业聚集和人口聚集效应并不明显，城市仍以粗放式发展方式为主；城市第三产业人力投入和科学支出的影响明显高于国有工业企业和采掘业的人力投入，说明工业虽然是资源型城市的主要支柱，并且国有企业占有较大比例，但由于企业还没有形成适应市场经济的企业经营方式和运作机制，使工业对城市发展的推动效率明显低于第三产业，城市科学支出在投入要素影响中名列第三，说明科技对促进城市经济发展影响较大，但由于长期以来我国资源型城市产业重开采轻加工，当城市所开采的资源出现枯竭时，一方面工业产值总量减少，另一方面作为城市发展推动效率较高的第三产业规模偏小，科技创新较少，是我国部分资源型城市难于维持可持续发展的主要原因；由表8-4可知，采掘业人力投入对资源型城市发展的影响较低，说明单一的资源开采对资源型城市整体发展难以形成主要的推动作用。以上分析表明，对于资源型城市应注重发展第三产业，通过产业创新逐步改变城市单一的产业结构，提高科技在城市发展中的推动作用，提高主体资源利用效率，改变粗放式的增长方式。

表7-4　产业投入要素对城市发展影响的比较

城市	$S_1(i)$	$S_2(i)$	$S_3(i)$	$S_4(i)$	$S_5(i)$
唐山	1.76	0.00	14.54	29.07	0.00
邯郸	0.00	0.00	16.06	27.12	3.12
邢台	0.00	7.01	0.00	5.46	2.57
大同	0.00	0.00	0.00	34.51	22.67
阳泉	0.00	0.00	2.85	41.98	0.00
长治	0.00	0.00	0.00	31.06	0.00
晋城	0.00	0.00	0.45	25.99	0.00
朔州	0.00	3.79	0.00	5.78	8.58
包头	0.00	0.00	0.00	0.00	0.00
乌海	0.00	4.09	6.34	0.00	6.80
鞍山	21.1	0.00	0.00	0.00	0.00
抚顺	0.00	0.00	20.68	22.46	0.00
本溪	6.06	0.00	18.68	32.97	0.00
阜新	0.00	1.19	6.30	10.59	4.70
盘锦	0.00	2.99	0.00	7.67	0.00
鸡西	0.00	0.00	0.00	86.43	23.85
鹤岗	0.00	0.00	0.00	84.81	34.63
双鸭山	0.00	0.00	0.00	36.83	5.58
大庆	0.00	0.00	0.00	0.00	0.00
七台河	0.00	0.00	5.44	50.87	0.00
淮南	0.00	0.00	0.00	46.58	68.68
马鞍山	8.65	0.00	0.00	0.00	3.07
淮北	0.00	0.00	8.44	33.67	0.00
铜陵	2.12	0.00	0.00	0.00	0.00
安庆	0.00	0.00	0.00	0.00	0.00
萍乡	0.00	2.69	9.54	4.32	0.00
新余	19.95	0.84	0.00	0.00	1.81
枣庄	0.00	0.00	30.18	27.7	40.87

城市	S_1 (i)	S_2 (i)	S_3 (i)	S_4 (i)	S_5 (i)
莱芜	8.60	0.00	4.38	0.00	16.51
平顶山	0.00	0.00	0.38	54.94	5.26
鹤壁	0.00	0.00	0.00	38.3	62.74
焦作	0.00	0.00	29.98	30.02	0.00
濮阳	0.00	0.00	7.16	27.25	0.00
黄石	0.00	0.00	0.00	5.94	0.00
攀枝花	0.00	0.00	55.14	76.74	0.00
六盘水	0.00	0.00	24.57	20.13	1.50
铜川	0.00	0.00	0.00	54.75	34.25
白银	0.00	0.00	0.00	27.65	12.34
克拉玛依	0.00	0.00	0.00	0.00	0.00
S_j (i) 合计	68.24	22.602	61.10	981.69	259.52

（四）资源型城市的指数变动状况

Fare 通过运用 DEA 模型将投入产出指标融入 Malmquis 生产率指数。其中在技术条件下，全要素生产率指数可以表示为（5）：

$$M (x^{t+1}, y^{t+1}, x^t, y^t) =$$

$$\left[\frac{D^{t+1} (x^{t+1}, y^{t+1})}{D^{t+1} (x^t, y^t)} \times \frac{D^t (x^{t+1}, y^{t+1})}{D^t (x^t, y^t)} \right] \tag{5}$$

记 M （·）= M （x^{t+1}, y^{t+1}, x^t, y^t），则有 M （·）>1 表示生产率进步；M （·）=1 表示生产率不变；M （·）<1 表示生产率退步。将生产率指数进一步分解

$$M (x^{t+1}, y^{t+1}, x^t, y^t) =$$

$$\frac{D^{t+1} (x^{t+1}, y^{t+1})}{D^t (x^t, y^t)} \left[\frac{D^{t+1} (x^{t+1}, y^{t+1})}{D^{t+1} (x^t, y^t)} \times \frac{D^t (x^t, y^t)}{D^{t+1} (x^{t+1}, y^{t+1})} \right]^+$$

上述公式括号内两个比率的几何平均数表示在时期 t 和 t + 1 内的技术变动，即评价技术变动 TC，TC >1 表示技术进步；TC <1 表示技术退步；括号外的部分表示现有投入与最优（最小）投入之间的距离，即评价相对技术效率变动 EC，EC >1 表示技术效率改进；EC <1 表示技术效率下降。

依据开发资源的不同，可将我国资源城市分为煤炭、石油、金属加工、综合等类型。由于自 2004 年以来资源产品价格上涨使资源城市的总体的经济状况得以好转，通过基于 DEA 的 malmquist 指数对 2003 - 2005 年我国资源型

城市的全要素生产率的分析，可以看出我国资源型城市在此期间总体实现了一定程度的增长，全要素生产率平均值连续两年都大于1，平均发展速度依次为石油、综合、金属加工、煤炭城市。但2003－2004年技术进步总体偏低，只有综合型城市技术进步增长大于2%；2004－2005年各类型资源城市的TC>1，并且增长率都超过18%，成为全要素生产指数上升的主要原因，这说明技术进步正逐步成为我国大部分资源型城市的发展的动力。

表7－5　2003－2004资源型城市malmquist生产率指数及其分解

城市类型	M（·）	TC	EC
煤炭	1.052	1.009	1.043
石油	0.975	0.993	0.982
金属加工	1.005	1.017	0.988
综合	0.984	1.024	0.96
平均	1.019	1.012	1.007

表8－6　2004－2005资源型城市malmquist生产率指数及其分解

城市类型	M（·）	TC	EC
煤炭	0.986	1.187	0.831
石油	1.359	1.457	0.933
金属加工	1.164	1.204	0.967
综合	1.341	1.413	0.949
平均	1.129	1.261	0.895

七、产业创新的实现——极化与边缘化效应

产业创新是指一个构成产业自身发展所需的各要素的创新和系统与环境创新的集合；产业创新的实现更多地表现为一种极化和边缘化效应：产业创新兴起与产业成长循环互动使产业集聚萌芽并优化；产业创新极化与产业繁荣循环互动使产业集聚强化；产业创新边缘化与产业衰退循环互动使产业集聚衰落分化。

（一）国内外对产业创新实现的几种观点

gereffi较早地认识到了产业创新的层次问题，他认为产业创新可分为四个层次：一是在产品层次上的创新，即同类型产品从简单到复杂的过程；二是

在经济活动层次上的创新，包括不断提升的设计、生产和营销能力；三是在部门内层次上的创新，如从最终环节的制造到更高价值产品和服务的生产，也包括供应链的前向和后向联系；四是在部门间层次上的创新，即从低价值劳动密集型产业到资本和技术密集型产业（gereffi. G，1999）。

在这个分类的基础上，Humphrey 和 Schmitz 明确提出了一种以企业为中心由低级到高级的四层次创新演进方法：一是流程创新，通过重组生产系统或是引入高级技术将投入转化为产出；二是产品创新，根据单位增加值转向更高端生产线；三是功能创新，即获得价值链上新的、更好的功能，如设计和营销、或放弃现有的低附加值功能而集中致力于附加值更高的环节。四是部门间创新，即把从一个特定环节中获得的能力应用于新的领域或转向一个新的全球价值链，也称链式创新（Humphrey，nand Schmitz，H. 2002）。

陆国庆（2003）在总结前人研究成果的基础上将产业创新的进程分为技术创新—产品创新—市场创新—产业融合等四阶段；易将能，孟卫东等（2005）将产业创新的方式分为两种：创造新能力和创造新产业，并分析得出了区域创新网络（RIN）对产业创新模式产生影响的关键因素包括技术平台、创新资金、产业聚群和创新文化等结论；谈毅等（2005）提出了基于技术路线图的产业创新模式等。以上学者在研究产业创新问题时都或多或少地谈到了产业创新的实现，但都没有比较集中地分析。应该说，产业创新的实现更多地表现为一种极化和边缘化效应。

（二）产业创新的极化和边缘化效应的理论

在区域经济发展中常常出现这样一种现象：一些发展条件较好的地区要么由于先天优势（比如资源丰富而廉价、距离市场较近）、要么因为后发优势（如政策优惠、人才荟萃等）出现了超常规的发展，而另外一些地区却由于这样那样的原因发展较慢。而区域经济发展的快慢，归根到底还是由区域产业创新与发展的速度和程度引致的，产业创新在区域发展中的实现存在着极化和边缘化的趋向。那些历史沉淀下来的基础较好、适宜某项产业发展的专有要素储备丰裕且价格相对便宜、交通物流等公共设施齐备的区域，产业创新便率先从那里开始萌发，并出现星火燎原之势的创新集聚，使产业自身发展所需的各要素的创新和系统与环境创新出现井喷效应，形成许多创新族群，产生产业创新的极化效应。另一些地方，由于历史的现实的基础较差，又缺乏支持某些产业发展所必备的专有要素，即使想尽办法也只能在产业发展所需的某一个要素、某一个环节或至多某一个系统实现创新从而形成许多零零星星的创新点，而难以出现产业自身发展所需的各要素的创新和系统与环境创新的综合强化效应，因而这样的地方就出现了产业创新的边缘化现象。长期来看，产业创新这种从"极化"到"边缘化"的衰减和从"边缘化"到"极化"的自增强机制会逻辑性地出现波浪式前进、螺旋式上升的动态循环，使产业创新的轨迹不间断地延续下去。那么，如何判断产业创新的极化与边缘化效应呢？

根据区域经济聚散理论，区域层面的产业发展往往表现为产业集聚产生→产业集聚强化→产业集聚衰落分解→产业集聚转型形成新集聚等现象。这种区域产业集聚化现象透露出的是在产业创新推动下形成的产业成长→产业繁荣→产业衰退分化→萌发新产业的产业成长路径。换言之，产业创新就是依据这种产业成长路径而沿着创新兴起→创新极化→创新边缘化→创新萌动（孕育新一轮创新）等路径循环互动地推进的（饶，2005）。

基于以上判断，可以得出以下假设（如图 7 - 6 所示）：（1）产业创新兴起与产业成长循环互动使产业集聚萌芽并优化；（2）产业创新极化与产业繁荣循环互动使产业集聚强化；（3）产业创新边缘化与产业衰退循环互动使产业集聚衰落并分化；（4）产业创新萌动与新产业孕育循环互动使产业集聚转产业创新的极化与边缘化。

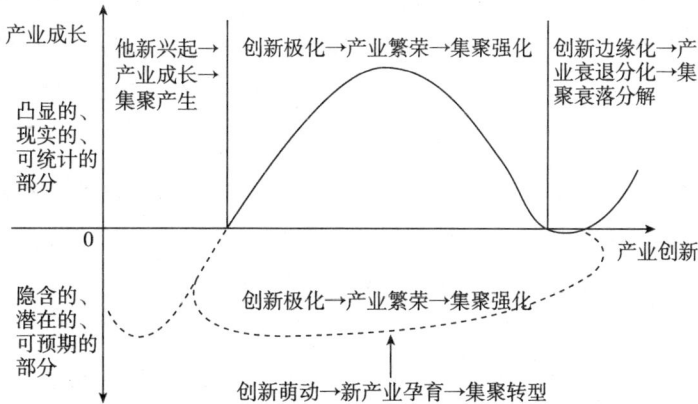

图 7 - 6　产业创新的极化和边缘化效应

区位商作为衡量某一产业在某一特定区域内的相对集中度，其计算公式为：

$$LQ_y = \frac{x_y \Big/ \sum_i x_y}{\sum_j x_y \Big/ \sum_i \sum_j x_y}$$

上式中：i 表示第 i 个产业；j 表示第 j 个地区；Xin 表示第 j 个地区的第 i 产业的产值指标。可以根据产业销售收入、企业数量、企业从业人数来计算区位商。区位商越大，该地区该产业的比较优势越明显，竞争能力越强。区位商大于 1，表明该地区该产业具有比较优势，一定程度上显示出该产业较强的竞争力；区位商等于 1，表明该地区该产业处于均势，该产业的优势并不明显；区位商小于 1，表明该地区该产业处于比较劣势，竞争力弱。

产业集聚指数是分析区域产业集聚的动态指标。假定考察周期为 [0, t]，有 n 个产业 m 个地区，j 地区 i 产业期初和期末的产值分别为 q_{ij0} 和 q_{ojt}，用 A_{ojt} 表示 j 地区 i 产业的集聚指数，令：

$$S_{ijt} = \sqrt[t]{q_{ijt}/q_{it0}} - 1 \qquad s_{it} = \sqrt[t]{\sum_{j+1}^{m} q_{ojt} \bigg/ \sum_{j+1}^{m} q_{it0}} - 1$$

则考察期内 j 地区 i 产业的产业集聚指数为：$A_{ijt} = S_{ojt}/S_{ojt}$

其中，S_{ojt} 为考察期内 j 地区 i 产业产值的平均增长速度，S_{it} 表示全国 i 产业产值平均增长速度。（1）$S_{it} \geq 0$ 时，表明 i 产业在全国仍处于成长阶段，此时如果 $A_{ijt} \geq 1$，表明 i 产业向 j 地区集聚，该产业的发展速度超过全国平均水平，即 j 地区 i 产业在全国的比较优势显著；如果 $0 \leq A_{ojt} \leq 1$，表示 i 产业尽管在 j 地区也在增长，但增长速度低于全国水平；如果 $A_{ojt} < 0$，说明 j 地区的 i 产业已出现萎缩。（2）$S_{it} < 0$ 时，表明 i 产业在全国出现衰退。此时如果 $A_{ojt} < 0$，表示 i 产业在 j 地区仍然在增长，即该产业在 j 地区存在比较优势；如果 $A_{ojt} > 0$，即 $S_{ojt} < 0$，表明 i 产业在 j 地区也出现了衰退。[1]

对产业创新的极化与边缘化而言，当区域某产业的区位商和集聚指数都大于 1 时，说明区域产业发展处于产业繁荣、集聚强化、竞争优势凸显的阶段，产业创新更多地出现创新极化效应；当区域某产业的区位商小于 1 而集聚指数都大于 1 时，说明区域产业发展处于产业成长性好、集聚形成的阶段，产业创新更多地出现创新兴起效应；当区域某产业的区位商大于 1 而集聚指数都小于 1 时，说明区域产业发展处于产业衰退、集聚退化的阶段，产业创新更多地出现创新边缘化效应；当区域某产业的区位商和集聚指数都小于 1 时，说明区域产业发展处于产业分化、集聚衰落的阶段，产业创新更多地出现创新萌动效应。

---

[1] 饶光明：《产业创新的极化与边缘化效应分析》，载《北京工商大学学报（社会科学版）》，2007 年第 3 期。

（三）产业创新的极化和边缘化的实证

用区位商和产业集聚指数对四川、重庆、贵州、云南等地区第二产业创新极化和边缘化的测度如表7-7所示。

表7-7　区位商和产业集聚指数[1][2]

行业代码	行业	四川		重庆		贵州		云南	
		LQ ij	A ijt	LQ ij	A ijt	LQ ij	A ijt	LQ ij	A ijt
B06	煤炭开采和洗选业	0.97	0.92	0.99	0.83	2.50	1.12	0.68	0.70
B07	石油和天然气开采业	1.60	2.95	0.06	2.24	0.00	0.00	0.003	3.69
B08	黑色金属矿采选业	0.97	1.12	1.55	1.55	0.42	1.21	3.45	1.70
B09	有色金属矿采选业	0.87	0.79	0.002	-2.89	0.80	1.12	4.23	0.63
B10	非金属矿采选业	1.44	0.95	1.44	1.72	11.03	2.57	1.86	1.51
C13	农副食品加工业	1.76	1.38	0.66	1.47	0.42	0.70	0.99	0.51
C14	食品制造业	1.12	1.85	0.73	1.01	0.97	2.58	0.41	1.90
C15	饮料制造业	4.99	1.26	0.86	0.98	2.75	1.18	0.71	1.90
C16	烟草制品业	1.15	0.31	1.44	0.61	6.23	0.49	19.71	0.65
C17	纺织业	0.52	0.82	0.37	0.69	0.05	-0.15	0.05	-0.18
C18	纺织服装、鞋、帽制造业	0.10	0.28	0.12	1.76	0.09	0.20	0.02	-0.67
C19	皮革、毛皮、羽毛绒及其制品业	0.67	1.93	0.44	2.63	0.02	3.64	0.03	-0.31
C20	木材加工及木、竹、藤、棕、草	0.70	0.97	0.21	1.61	0.35	0.55	0.84	0.54
C21	家具制造业	0.65	1.17	0.93	1.31	0.04	0.00	0.05	-0.72
C22	造纸及纸制品业	0.92	0.71	0.57	1.43	0.21	0.07	0.91	0.63
C23	印刷业和记录媒介的复制	1.18	0.90	0.75	0.70	0.67	-0.25	2.64	0.34
C24	文教体育用品制造业	0.03	1.46	0.01	-0.89	0.02	-1.49	0.001	-0.45
C25	石油加工、炼焦及核燃料加工业	0.27	5.11	0.07	1.74	0.15	9.74	0.16	5.02
C26	化学原料及化学制品制造业	1.20	1.06	1.01	0.79	1.44	1.01	1.49	1.01
C27	医药制造业	1.61	1.00	1.48	0.68	2.16	0.90	1.11	0.71
C28	化学纤维制造业	0.79	1.44	0.06	-3.66	0.06	0.59	0.20	-0.40
C29	橡胶制品业	0.50	1.20	0.62	1.51	3.01	0.76	0.11	-0.99
C30	塑料制品业	0.65	1.71	0.30	1.03	0.23	0.49	0.39	0.53
C31	非金属矿物制品业	1.34	0.89	1.24	0.91	0.81	0.45	0.79	0.45
C32	黑色金属冶炼及压延工业	1.43	0.67	0.72	0.69	1.62	0.85	1.23	1.19
C33	有色金属冶炼及压延工业	1.13	1.29	1.45	1.17	3.21	0.80	4.37	1.05
C34	金属制品业	0.43	0.93	0.45	1.36	0.49	0.76	0.18	0.26
C35	通用设备制造业	1.12	1.08	1.01	0.73	0.19	0.46	0.20	0.28
C36	专用设备制造业	1.26	1.38	1.29	4.55	0.30	0.80	0.55	0.88
C37	交通运输设备制造业	0.85	1.05	5.19	1.11	0.76	0.30	0.32	0.96
C39	电气机械及器材制造业	0.64	0.87	0.62	1.37	0.36	0.57	0.22	0.56
C40	通信设备、计算机及其他电子设备	0.45	0.14	0.14	0.66	0.22	0.87	0.04	0.60
C41	仪器仪表及文化、办公用机械	0.28	1.35	1.51	0.66	0.15	0.89	0.26	0.04
C44	电力、热力的生产和供应业	1.45	1.35	0.93	1.69	2.42	1.02	1.62	1.61
C45	燃气生产和供应业	2.83	1.72	3.08	3.11	3.79	2.09	1.24	0.71
C46	水的生产和供应业	1.28	1.23	1.62	1.76	1.03	0.20	1.42	0.92

根据这些地区第二产业的区位商和产业集聚指数的分布情况，本区域产业创新极化和边缘化现状判断如表7-8所示。

表7-8　产业创新的阶段判断

区位商集聚指数		各类相关产业	成长阶段	创新假设判断
LQ ij>1 A ijt>1	重庆	非金属矿采选业，有色金属冶炼及压延加工业，专用设备制造业，交通运输设备制造业，燃气生产和供应业，水的生产和供应业	主业繁荣，集聚强化，竞争优势凸显	产业创新极化
	四川	石油和天然气开采业，农副食品加工业，食品制造业，饮料制造业，化学原料及化学制品制造业		
	贵州	煤炭开采和洗选业、非金属矿采选业、饮料制造业、化学原料及化学制品制造业、电力、热力的生产和供应业、燃气生产和供应业		
	云南	黑金属矿采选业、非金属矿采选业、化学原料及化学制品制造业、黑色金属冶炼及压延加工业、有色金属冶炼及压延加工业、电力、热力的生产和供应业		
LQ ij>1 A ijt>1	重庆	石油和天然气开采业，农副食品加工业，食品制造业，纺织服装、鞋、帽制品业，皮革、毛皮、羽毛绒及其制品业，木材加工及木、竹、藤、棕、草制品业，家具制造业，造纸及纸制品业，石油加工、炼焦及核燃料加工业，橡胶制品业，塑料制品业，电气机械及器材制造业，电力、热力的生产和供应业	产业成长性好，集聚产生	产业创新兴起
	四川	黑色金属矿采选业、皮革、毛皮、羽毛绒及其制品业、文教体育用品制造业、石油加工、炼焦及核燃料加工业、化学纤维制造业、橡胶制品业、塑料制品业、家具制造业、交通运输设备制造业、仪器仪表及文化、办公用机械		
	贵州	黑色金属矿采选业、有色金属矿采选业、食品制造业、皮革、毛皮、羽毛绒及其制品业、石油加工、炼焦及核燃料加工业		
	云南	石油和天然气开采业、食品制造业、饮料制造业、石油加工、炼焦及核燃料加工业		
LQ ij>1 A ijt<1	重庆	烟草制品业、化学原料及化学制品制造业、医药制造业、非金属矿物制品业、通用设备制造业、仪器仪表及文化、办公用机械	产业衰退分化，集聚衰落分解	产业创新边缘化
	四川	非金属矿采选业、烟草制品业、印刷业和记录媒介的复制、非金属矿物制品业、黑色金属冶炼及压延加工业		
	贵州	烟草制品业、医药制造业、黑色金属冶炼及压延加工业、有色金属冶炼及压延加工业、水的生产和供应业		
	云南	有色金属矿采选业、烟草制品业、印刷业和记录媒介的复制、医药制造业、燃气生产和供应业、水的生产和供应业		
LQ ij>1 A ijt<1	重庆	煤炭开采和洗选业、有色金属矿采选业、饮料制造业、纺织业、印刷业和记录媒介的复制、文教体育用品制造业、化学纤维制造业、黑色金属冶炼及压延加工业、通信设备、计算机及其他电子设备	孕育新产量，集聚转型	产业创新萌动
	四川	煤炭开采和洗选业、有色金属矿采选业、纺织业、纺织服装、鞋、帽制品业、木材加工及木、竹、藤、棕、草制品业、造纸及纸制品业、金属制品业、电气机械及器材制造业、通信设备、计算机及其他电子设备		
	贵州	农副食品加工业、纺织业、纺织服装、鞋、帽制品业、木材加工及木、竹、藤、棕、草制品业、家具制造业、造纸及纸制品业、印刷业和亡灵媒介的复制、文教体育用品制造业、化学纤维制造业、塑料制品业、非金属矿物制品业、金属制品业、通用设备制造业、专用设备制造业、交通运输设备制造业、电气机械及器材制造业、通信设备、计算机及其他电子设备、仪器仪表及文化、办公用机械		
	云南	煤炭开采和洗选业、农副食品加工业、纺织业、纺织服装、鞋、帽制品业、皮革、毛皮、羽毛绒及其制品业、木材加工及木、竹、藤、棕、草制品业、家具制造业、造纸及纸制品业、文教体育用品制造业、化学纤维制造业、橡胶制品业、塑料制品业、非金属矿物制品业、金属制品业、通用设备制造业、专用设备制造业、交通运输设备制造业、电气机械及器材制造业、通信设备、计算机及其他电子设备、仪器仪表及文化、办公用机械		

　　由以上分析可以得出结论：产业创新是一个构成产业自身发展所需的各要素的创新和系统与环境创新的集合，一个复杂、多元而又不断变化的巨系统。正是这种各要素的创新和系统与环境创新的发生而有效地促进了产业创新的实现。而且，这种产业创新的实现更多地表现为一种极化和边缘化效应，即：（1）产业创新兴起与产业成长循环互动使产业集聚萌芽并优化；（2）产业创新极化与产业繁荣循环互动使产业集聚强化；（3）产业创新边缘化与产业衰退循环互动使产业集聚衰落并分化；（4）产业创新萌动与新产业孕育循

环互动使产业集聚转型。

依据这种产业创新极化和边缘化效应假设，分析考察四川、重庆、贵州、云南等地区第二产业的创新极化和边缘化效应，可以给出以下政策建议：

1. 对正处于集聚强化阶段的产业，产业创新极化效应明显，竞争优势凸显，应当作为该地区的主导产业和优势产业的选择对象。从具体地区的具体行业来看，如重庆的交通运输设备制造业等已经处于高度集聚的状态，2004年重庆摩托车和汽车的市场占有率达到了29.9%和8.4%；又如云南、贵州的电力、热力的生产和供应业是在其资源禀赋的基础上形成的特色优势产业，其工业增加值都占到了各自地区的15%以上；再如四川属饮料制造业的企业达到210个，其2004年工业增加值达到了131.9亿元，几乎占到了四川省工业增加总值的10%，等等。对于该部分正处于产业集聚强化部分的优势产业而言，各地区应致力于巩固其优势地位，为其进一步的壮大发展奠定基础。

2. 处于产业集聚产生阶段的产业在川渝地区占有极大的比重，分别占到四川和重庆36个产业中的14个和11个，为四个部分中数量最多的，且产业成长性好，集聚优势正在形成，这反映出川渝地区作为我国工业重镇的强大工业实力在近年的发展中逐渐显现。从具体地区的具体行业来看：石油和天然气开采业是近几年来重庆发展较快的产业，其产业集聚指数达到了2.24，其2004年的天然气开采量占到了全国的12.6%，现实的比较优势已经逐渐形成；四川的化学纤维制造业近年的发展势头较好，产业集聚指数达到了1.44，其2004年的主要产品如化学纤维和合成纤维的产量都是2000年的2倍左右；此外，如云南贵州食品制造业的产业集聚指数也达到2.58和1.9，近年的工业总产值的年增长率都保持在10%以上，其优势地位也开始确立。处于产业集聚形成阶段的产业是长江上游地区未来新的产业集聚的主要载体，应积极加以引导，发挥产业创新萌发效应，提高地方专业化水平，使之成为未来工业发展中新的增长点。

3. 对处于产业衰退、集聚退化的产业而言，其集聚能力出现退化、分化的迹象主要是产业创新边缘化的反映。一个值得引以重视的是曾一度享誉全国的西南地区传统优势产业烟草制品业在四省市都处在产业集聚能力退化的阶段。2004年该产业在长江上游地区的区位商分别为1.15、1.44、6.23和19.71，其地方专业化水平仍然较高，特别在云南、贵州两省该产业竞争优势是毋庸置疑的；但从其产业集聚能力看，上述地区的集聚指数分别为0.31、0.61、0.49和0.65，近年的发展水平已落后于全国其他地区。此外，如贵州、重庆、云南的医药制造业、四川的黑色金属冶炼及压延加工业、重庆的仪器仪表及文化、办公用机械等产业也都具有较高的区位商，但近年的发展现状与其优势地位却并不相符。属于该部分的产业大都是各地区传统优势领域的产业，应充分利用产业创新边缘化效应积极引进新技术、新机制加以改造，发挥其产业配套能力较强、发展基础较好的优势，促进其优势产业能力的修复和再生。

4. 对处于产业分化，集聚衰落的弱势产业，要么属于大资本、高技术密集型产业，固定投资成本高、资产专用性强、市场准入门槛高，一般企业难以进入，如通用设备制造，专用设备制造，交通运输设备制造，电气机械及器材制造，通信设备，计算机及其他电子设备，仪器仪表等，当前尚不具备产业集聚能力；要么属于劳动和资源密集型企业，加工制造水平不高，利润微薄，如煤炭开采和洗选业，农副食品加工业，木材加工及木、竹、藤、棕、草制品业等，在目前的生产技术条件下集聚分布反而会削减其生存与发展能力。从长远打算，应积极创造条件促进这类产业孕育新一轮产业创新，实现更新换代，主要开发填补国内空白或科技创新型项目，领导未来中国和世界市场的潮流。

注释：

[1] 按照《国民经济行业分类》中的两位数工业共分为39个大类。考虑到工艺品及其他制造业、废弃资源和废旧材料回收加工业为2002年新增，其他采矿业未列入2000年的统计年鉴中，所以本文只选取了39个大类中的36个进行分析。

[2] 数据来源：根据2001、2005年中国以及重庆、四川、贵州、云南统计年鉴的相关数据计算。一般而言，对于区位商和产业集聚指数可运用工业增加值、工业总产值、工业销售收入等来计算，但2005年的《中国统计年鉴》没列出工业增加值、工业总产值，考虑到数据的统一性，在这里计算前述指标时均采用各行业的工业产品销售收入。

第八章　资源型城市产业兴衰与
转换的实证分析

由于产业兴衰与转化问题的研究是一个复杂的系统工程，因此我们在分析和研究中，将采取实证分析和规范分析相结合的方法。两种分析方法历来都是产业经济学的基本研究方法之一。奥地利著名经济学家熊彼特在论述经济学方法时，曾概括为三种基本方法，即历史分析方法、模型分析方法和统计分析方法（实证分析方法）。实证分析方法旨在解决"实际是什么就是什么"的问题。

一、产业兴衰的识别

产业兴衰识别一般是指选取一定的数量指标来判定一个产业处于什么样的生命周期阶段以及相对于整个国民经济和其他产业而言处于什么地位或发挥什么作用，即产业兴衰特征。这其中主要的问题就是如何选择合适的指标。也就是说，选定的指标应该能够充分地反映出一个产业处于发展不同阶段的不同特征及其在国民经济中的地位和作用，否则就无法准确地识别产业兴衰。然而，更为困难的足，选定了合适的指标之后，到底用什么标准来具体地判定一个产业的兴衰变化，或者说到底用什么数值作为区分不同周期阶段及其地位和作用的分界点。

对产业兴衰的识别应该包括两个方面的内容：一是产业生命周期的识别，即具体判定一个产业不同的生命周期阶段的分界点。它是在不考虑整个国民经济或其他产业影响的前提下一个产业的自然兴衰过程，所以又可以称之为自然兴衰或绝对兴衰的识别。二是相对于整个国民经济或其他产业发展水平而言，一个产业发展水平和地位作用的识别，我们称之为产业相对兴衰的识别。这两者既有区别又有联系。前者是产业自身的兴衰变化，由自身相关因素决定，是绝对的；而后者是相对的，与整个国民经济和其他产业的发展水平相联系。但是，这两者并不是孤立的，而是紧密联系的：前者对后者具有重要影响，是后者变化的主要原因；从后者的角度来看，产业自然兴衰是内因，而其他产业和整个国民经济的发展只是外因。

产业兴衰识别的实证研究的具体方法可以分为两种：一是纵向比较，即在产业时间序列数据分析的基础上来判定其兴衰问题，具体来说，就是分析一个产业产出的增长率以及其在整个国民经济中的比重的历史变化来识别其自然兴衰和相对兴衰的历史演变不同阶段。二是横向比较，即在分析各个产业横截面数据的基础上来比较各个产业的兴衰状况，具体来说就是比较同一时期各个产业的产出增长率及其在整个国民经济中的比重的数字大小，以识别整个国民经济中相对兴盛的产业群和相对衰退的产业群。在这里，我们仅仅对前一种方法进行了理论上的阐述，后一种方法更多地依赖于具体的实证分析。

（一）产业自然兴衰的识别

一般认为，产业生命周期变化最主要的表现是产业产出水平及其变化。在产业的形成期，产出水平较低，增长率也不高；进入产业的成长期后，产出水平提高，增长率也较高；再进入产业的成熟期，产出水平继续提高，增长率趋于下降，但仍保持较高的水平；到产业的衰退期，产出量或销售量开始萎缩，增长率大为下降且处于较低水平。所以，对产业生命周期的识别最主要就是选择一个能够充分反映产业产出水平的指标，而识别的标准也要充分地体现出产业产出水平变化的状况。

现行的产业生命周期的识别指标和方法大多是仿照产品生命周期模型来构造的。对于产品生命周期而言，可选取的指标有产品产量或产值以及产品的销售量或销售额。所以目前为识别产业生命周期所选取的主要指标也多为产量、产值和销售收入。王彦佳（1994 年）直接运用钢产量指标分析了我国钢铁行业的产业生命周期。周新生（2000 年）也是采用产量指标来分析世界和我国各产业的兴衰过程。陆国庆（2002 年，第 76 ~ 117 页）利用销售收入和产值指标对我国衰退产业进行了实证分析。

我们认为，上述指标对于识别一种产品的生命周期而言是合适的，而用来识别产业生命周期，则都存在一定的局限性。如果采用产量指标，对于产品比较单一的产业如钢铁产业、煤炭业，是可以用钢产量、煤产量等来表示整个产业的产出水平，而对于产品比较复杂的产业如机械产业，就无法采用具体的产品产量指标来表示整个产业的产出水平。如果采用产值指标（它将一个产业所有产品的价值加总而得到）不仅会出现重复计算的问题，如汽车产业，既包括了整车的产值，也包括了各种零部件的产值，而且在市场经济条件下是不合适的，因为它与产量指标一样，都没有考虑市场因素。而采用销售收入指标，虽然考虑了市场因素，但依然存在与上面产量指标一样的重复计算问题。因而。我们认为应该采用产业增加值指标。因为产业增加值指标是与国内生产总值相对应的，它能够充分反映出一个产业的产出水平及其变化特征，既考虑了市场因素又可以避免重复计算，而且还利于进一步分析产业在国民经济中的地位和作用。

利用上述指标识别产业生命周期也可以采取不同的方法，既可以采用绝对的数量变化的方法，如产量或销售收入的多少（李靖华、李海波，2002 年；王彦佳，1994 年；周新生，2000 年；朱彬，2001 年），也可以采用相对数量变化的方法即增长率的变化（陆国庆，2002 年）。我们认为，采取后一种方法优于前一种方法。这是因为前一种方法不便于不同产业之间的横向比较，不同产业的绝对数量相差很大，而采用增长率的方法可以克服这一问题。所以，陆国庆认为，产业生命周期的四个阶段一般是根据产业销售额增长率曲线的拐点来划分的。这一方法是可行的，但应该采用增加值增长率曲线来代替产业销售额增长率曲线（2002 年，第 32 页）。

因此，我们提出了以下产业生命周期识别方法：以一个产业的产业增加值增长率曲线来表示该产业生命周期曲线，以其拐点作为生命周期阶段的分界点。

在此，我们假定：1）产业形成之初，其增加值增长率不为 0，因而曲线并不是始于原点；2）在不考虑产业发展波动的特殊情况下，产业增加值增长率变化一般呈现四个阶段性的特征，即先快速增长、后慢速增长，然后快速下降，最后慢速下降，所以曲线会有三个拐点，一次可以将曲线分成四段。根据上述假定，我们可以得出一条如图 8-1 的产业生命周期曲线，它以横轴为时间 t，纵轴为产业增加值增长率 Gx，这条曲线有三个拐点 A、B、C，以之为分界点将曲线划分为四段，分别表示产业生命周期的四个阶段：形成期、成长期、成熟期和衰退期。四段曲线的特征及其所反映的四个生命周期阶段的特征如表 8-1 所示。

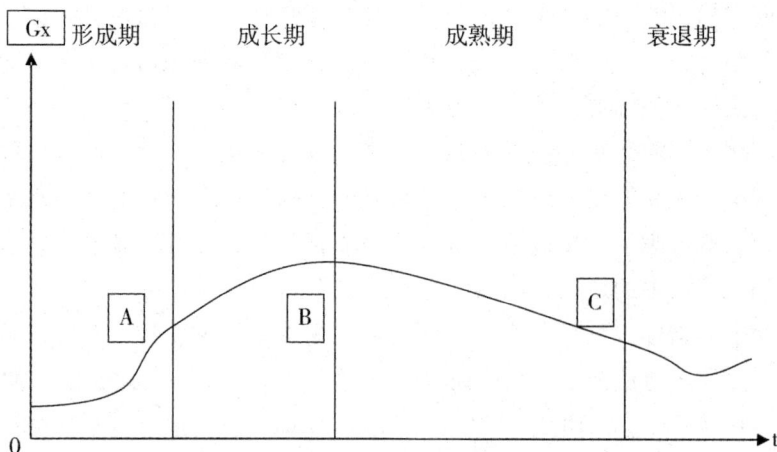

图 8－1　产业生命周期曲线

表 8－1　产业生命周期特征

产业生命周期阶段	形成期	成长期	成熟期	衰退期
产业生命周期曲线	曲线的上升段且突向横轴，即产业增加值增长率以加速度上升	曲线的上升段且凹向横轴，即产业增加值增长率以减速度上升	曲线的下降段且凹向横轴，即产业增加值增长率以加速度下降	曲线的下降段且凸向横轴，即产业增加值增长率以减速度下降，甚至为负数
特征	产业增加值增长率快速上升，但总体水平不高	产业增加值增长率在高水平以上以缓慢的速度上升	产业增加值增长率快速下降，但仍然处于较高水平	产业增加值增长率缓慢下降，并滑落至较低水平

　　根据产业生命周期曲线的特征，我们认为，以产业增加值的增长率曲线作为识别产业自然兴衰的方法是可取的。

　　第一，它简洁明了地反映了一个产业在整个生命周期过程中最主要的经济特征，即产业增加值增长率的变化情况。在形成期，产业增加值增长率的增长速度是非常快的，但增长率的水平却并不高；在成长期，虽然增长的速度逐渐变慢，但增长率的水平逐渐提高到较高水平并最终达到最高水平；在成熟期，虽然产业增加值的增长率已经呈现下降趋势，但仍然保持在较高的水平上；再到衰退期，产业增加值增长率继续下降并滑落至较低水平，甚至变为负增长。这一变化规律通过产业增加值的增长率曲线可以得到充分的反映，并与实际情况相吻合。

第二，在给定一个较小的产业增加值初始值的条件下，产业增加值增长率依照上述变化会使产业增加值出现如下变化：在形成期，产业增加值会迅速增长，但由于基数较小，其规模不会很大；到了成长期，产业增加值会继续增长，虽然增长速度比形成期低，但由于基数变大，使得其数值仍然会迅速增大并达到较大规模；进入成熟期后，虽然产业增加值的增长率在下降，但由于基数已经很大，随着时间的推移，其规模仍然继续膨胀；即使到了衰退期，虽然增加值增长率已经大为降低，但增加值的规模仍然会缓慢增长，当增长率小于 0 即出现负增长后，增加值的规模才会逐渐缩小。这一变化规律也可以通过产业生命周期曲线间接地反映出来，实际情况也的确如此。

第三，产业生命周期的四个阶段是长短不一致的。一般来说，高速度增长的时间不可能维持太长，所以，产业的形成期和成长期可能稍短一些，特别是形成期可能更短；而成熟期和衰退期，其增长率可能比较稳定并维持较长的一段时间。所以，在曲线的前两段相对要陡峭一些和稍短一些，而后两段则相对平缓一些而且稍长一些。这也是实际情况在我们曲线中的反映。

第四，由于产业增加值指标与国内生产总值指标属于同一指标体系，便于与其他产业和整个国民经济的发展变化相比较，从而为识别一个产业的相对兴衰奠定了基础。

（二）产业相对兴衰的识别

一个产业的兴衰并不仅仅是体现为自然的生命周期变化一个方面．还同时会出现相对的产业兴衰问题，这是与其他产业和整个国民经济的发展相关的。所以，如果不考虑其他产业和整个国民经济的影响，孤立地考察一个产业的自然生命周期并不能够充分反映一个产业兴衰的全部。为此，我们在产业自然兴衰识别的基础上，更进一步提出了产业相对兴衰的识别问题。这是一个全新的问题，我们在此只能够做一些初步的探索，还有待于更深入的理论研究和实证检验。

对一个产业的相对兴衰的识别可以从以下两个方面来进行：一是纵向比较．即直接地从一个产业的增加值占整个国内生产总值（GDP）的比重变化来识别其在整个国民经济的地位和作用。由于这一比重的变化与产业增加值的增长率和 GDP 增长率之间的差值正相关，而产业增加值的增长率变化即为我们前面所讨论的产业自然兴衰，所以产业的相对兴衰是自然兴衰的原因。二是横向比较，即比较这一产业的增加值占 GDP 的比重与同期其他产业的增加值占 GDP 的比重，或者将这个产业增加值的增长率与同期其他产业增加值增长率及 GDP 增长率进行比较，或是将这一产业的其他经济指标与相关的主要产业进行横向比较，由此来判定这一产业相对于其他产业而言在整个国民经济中处于什么地位以及对整个国民经济的发展起什么作用。

关于相对产业兴衰的识别，陆国庆（2002 年，第 78 页）提出了一个仿照皮尔曲线建立的产业生长曲线的数学模型：其中 y 是指产业产值占国内生产总值（GDP）的比重，为产业产值占 GDP 的最大比重，dy/dt 为产业产值占 GDP 比重的增加速度，k 为系数。这个模型表示 dy/dt 既与现有比重 y 成正比，也与现有比重和最大比重的差成正比。后一个正比关系的经济含义为差值越大，越能够享受到成长的好处，因而增长速度也越大。但是我们认为，这个模型中将假定为外生决定是不合适的，因为产业产值占 GDP 的比重变化应该是由产业产值增长率变化本身所决定的，即它是内生的。而且，在实际中这一比重也很难确定，在产业还没有达到最大比重时，我们是无法知道未来的最大比重将会是多少。所以，我们认为，采用这一方法来识别产业相对兴衰是不合适的。

我们知道，产业的相对兴衰是由产业的自然兴衰引起的，所以，要探讨产业的相对兴衰必然要结合其自然兴衰一起讨论，而不能够撇开产业的自然兴衰过程孤立地来探讨一个产业的相对兴衰问题，否则就是非常片面的。

设 R_x 为 t 期该产业增加值（X_t）占同期 GDP（Y_t）的比重，它表示产业的相对兴衰；依旧以产业增加值增长率 G_x 表示产业自然兴衰，是正相关；以 G_y 表示 GDP 的增长率，是负相关，它们之间的关系为：

$$R_x^{t+x} = R_x^t \times (1 + G_x^t) / (1 - G_x^t) \tag{1}$$

这里我们假定：1）因为一般不会出现产业消失，所以假定 R_x 恒大于 0，这就要求初期的产业增加值占 GDP 的比重大于 0，即 R_0 大于 0；2）不失一般性，我们不考虑国民经济的周期波动，假定 GDP 以恒定的速度增长，即 G_y 为一不变的常数，这只是为了使分析更为简便；3）根据产业自然兴衰的规律。G_x 是先上升后下降的，但与 G_y 相比，G_x 在初始阶段以小于 G_y 的速度上升，然后才以大于 G_y 的速度继续上升，最后又以低于 G_y 的速度下降，这使得 R_x 先下降，然后再上升，最后再趋于下降。

根据上述设定的函数关系，以时间 t 为横轴，R_x 为纵轴，我们可以得出如图 8-2 所示的一条产业相对兴衰的曲线。R_x 曲线有两个拐点 D、E，这两个拐点分别是达到最大的点和最小的点。以此两个拐点可以将曲线划分为三段，我们认为它们分别对应于新兴产业、成熟产业和衰退产业，其主要特征如表8-2所示。

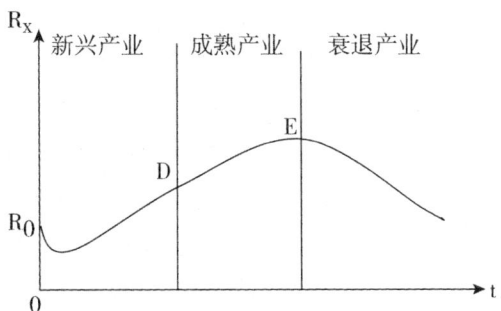

图8-2　产业相对兴衰曲线

表8-2　产业相对兴衰的特征

产业相对兴衰	新兴产业	成熟产业	衰退产业
R_x曲线	除一小段下降以外，大部分为曲线的上升段且凸向横轴，表明 Rx 以加速度上升	曲线的上升段且凹向横轴，表明 R_x 以减速度上升	曲线的下降段，表明 R_x 开始呈下降趋势
特征	产业增加值的增长率处于上升阶段，开始低于 GDP 的增长率但不久后便高于 GDP 的增长率并迅速增长，所以占 GDP 的比重先短暂下降，然后迅速上升，但总体来看，比重仍处于较低水平	产业增加值的增长率缓慢下降，但仍高于 GDP 的增长率，所以占 GDP 的比重继续上升并达到最高水平	产业增加值的增长率低于 GDP 的增长率，所以占 GDP 的比重从最高点逐渐下降

同样，根据上述的曲线所反映出来的特征，我们认为，以产业增加值占GDP比重的曲线来识别产业的相对兴衰的方法是可取的，这是因为：

第一，以产业增加值的增长率作为内生变量，GDP 的增长率作为外生变量，这充分体现了产业的相对兴衰是上述两种原因共同导致的，前者是内因，后者是外因。虽然我们的模型假定 GDP 的增长率不变，但这并没有否认这一外因的作用。将 GDP 增长率的变动考虑进来，只是会使曲线更为复杂一些，并不会影响上述的变化趋势。

　　第二，它充分体现了一个产业相对于其他产业和整个国民经济而言的兴衰变化。我们知道，GDP 的增长率是全社会所有产业平均的增长率，所以，一个产业增加值增长率相对于 GDP 的增长率的高低，就是相对于国民经济的所有产业的兴衰变化。当一个产业增加值的增长率远远高于 GDP 的增长率时，也就是相对于其他产业的平均水平而言，它必定是一个正在兴起的产业；当一个产业增加值的增长率长期地低于全社会平均的增长率水平时，其必定为一个正在衰退的产业。对于成熟产业而言，其增长率应该高于 GDP 的增长率。

　　第三，它充分反映了新兴产业、成熟产业和衰退产业最主要的特征。从曲线所反映的特征来看，新兴产业是指增加值增长率增长迅速但占 GDP 比重却偏低的那些产业；成熟产业是指增加值增长率水平和占 GDP 的比重都处于较高的那些产业；而衰退产业是指产业增加值的增长率偏低且占 GDP 的比重也逐渐下降的那些产业。尽管这些特征并不是新兴产业、成熟产业和衰退产业的全部特征，但至少反映了它们最本质的特征。

　　第四，上述对产业相对兴衰的识别与本书主要论述的产业兴衰模式和政策问题并不完全对应，这里用成熟产业代替了主导产业的概念。众所周知，成熟产业是成为主导产业的必要条件，即产业增加值的增长率和占 GDP 的比重都处于较高水平。但并不是所有成熟产业最后都能够成为主导产业，而是只有少数的成熟产业才能成为主导产业。一个成熟产业要发展成为主导产业至少要达到相当的规模，在整个国民经济中要占有相当的比重。我们可以注意到，在给定产业增加值占 GDP 比重的初始值的条件下，当一个成熟产业的时间跨度越长，在其增长速度一直高于 GDP 的增长速度的情况下，其增加值占 GDP 的比重就会随着时间的推移而越变越大，也就越符合主导产业的特征。所以，一个成熟产业要成为主导产业，除了较高的增长速度以外，还需要持续足够长的一段时间，这样其产业规模才会足够的大，它在整个 GDP 中也才会占据相当的比重。如果看到这一点，那么这一方法与产业兴衰模式问题就密切相关了。当然，即使一个成熟产业的规模和占 GDP 比重都足够大，也并不就能够成为主导产业，还需要其他条件。对于新兴产业而言也是如此，如果其高增长没有持续足够长的时间，只是昙花一现的话，那也不能成为真正意义上的新兴产业。所以，仅仅就凭增长率高低来识别一个产业的相对兴衰是不够的，为此，我们还要引入其他辅助的方法来进一步对其进行识别。

　　（三）产业兴衰的综合识别

　　上面分别对产业的自然兴衰和相对兴衰进行了识别，然而这两者是紧密联系在一起的，所以，应该把两者综合起来，放在一起进行分析和比较。

在这里，我们考虑国民经济的波动和产业发展本身的波动因素，以 $G_x - G_y$ 来表示产业的自然兴衰，以消除经济波动对其影响。从实际情况来看，即使出现经济的周期波动，单个产业往往是与整个国民经济受到同样的因素影响而表现出同样方向的波动，即当整个经济萧条时，单个产业也同样会趋于萎缩；当整个经济膨胀时，单个产业也会趋于膨胀，只不过是影响的程度不同而已。所以，$G_x - G_y$ 就变成了一个相对增长率，即相对于整个经济和其他所有产业的增长率，也就消除了经济波动的影响。因为，即使 G_y 发生周期波动，$G_x - G_y$ 也会按照产业自然兴衰的一般规律变化，这就更能够充分体现产业的相对兴衰。当然，我们也可以采取更简便的方法：不考虑两者的波动因素，假定 GDP 以不变的速度增长和 G_x 按一般规律增长，即 G_y 为一恒定的常数，则 $G_x - G_y$ 曲线的形状与 G_x 完全一样，只不过是向下移动了 G_y。

根据式（8 - 1）可以得到下式：

$$R_x^{t+1} = R_x^t \left[1 + \left(G_x^t - G_y \right) / \left(1 + G_y \right) \right] \tag{2}$$

其中 R_x 为一个产业增加值占 GDP 的比重，表示产业的相对兴衰，$G_x - G_y$ 为产业增加值的相对增长率，表示产业的自然兴衰，它与 R_x 是正相关。同样，我们假定：R_x 恒大于 0，即不存在产业消失。

以时间 t 为横轴，纵轴表示产业自然兴衰 $G_x - G_y$ 和相对兴衰 R_x，则产业兴衰曲线的形状如图 8 - 3 所示，其特征见表 8 - 3。其实，这两条曲线的形状和特征与前面是基本相同的，放在一起进行比较，使之更加清晰明了。

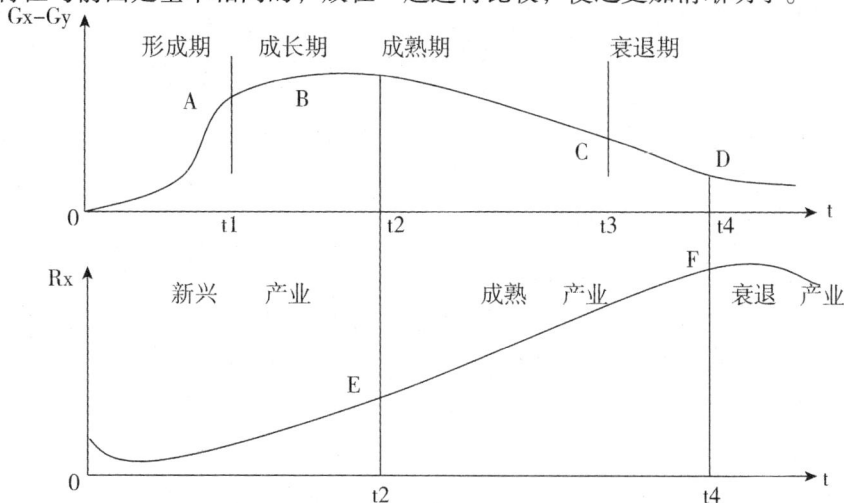

图 8 - 3 产业兴衰综合判别

表 8-3 产业兴衰综合识别

$G_x - G_y$ 曲线 (产业自然兴衰)	从开始的小于0加速度增长至 t_1 时 (拐点 A) (形成期)	从 t_1 减速度增长至 t_2 时达到最大值 B 点 (成长期)	从 t_2 时的最大值 B 点加速度减至 t_3 时拐点 C (成熟期)	从 t_3 时拐点 C 继续以减速度递减 (衰退期)
R_x 曲线 (产业相对兴衰)	当 $G_x - G_y$ 从最小达到最大时 (t_2), R_x 从开始稍微下降到以递增的速度增长至拐点 E (新兴产业)	当 $G_x - G_y$ 从最大值 B 点 t_2 变为 D 点的 0 (t_4) 时, R_x 拐点 E 以递减的速度增长制高点 F (成熟产业)	当 $G_x - G_y$ 从 0 值 (t_4) 开始逐渐变小时, R_x 从最大值点 F 开始下降 (衰退产业)	
综合特征	新兴产业必须是处于产业的形成期和成长期,就是说新兴产业必要条件是相对增长率从最小变为最大	成熟产业的必要条件是处于其成熟期和衰退期的前期,即相对增长率从最大变为0	衰退产业必须处于其衰退期的后期,即相对增长率从0变为负数	

根据上述产业兴衰的综合特征来看,我们认为,这一方法有以下几方面的优点:

第一,作为一个产业的相对增长率比单独的更能够反映出其相对于国民经济以及其他产业真实的兴衰变化。因为仅仅是该产业的绝对增长率,不仅会受到经济波动因素的影响,也不能反映出其相对于其他产业和整个国民经济增长的情况,因而以之代替不仅可以消除经济波动的影响,也更能够说明其相对地位和作用变化的直接原因。

第二,通过产业的自然兴衰和相对兴衰的比较,更清楚地反映出了这两者之间的关系。我们可以从图 8-3 和表 8-3 中看出,产业自然兴衰的四个阶段与产业相对兴衰的三类产业之间既有联系又有区别。新兴产业与其形成期和成长期是重合的,而成熟产业并不完全对应于其成熟期,还包括其衰退期的前期,即其相对增长率大于 0 的一段时期,也就是说,只要一个产业的绝对增长率仍然高于 GDP 的增长率,就不应该将其视为衰退产业,只有其增长率已经低于全部产业的平均增长率时,才能认为它是衰退产业。

但是，这一方法也存在一些缺点：

第一，这一方法仅仅选取了单一的指标来衡量一个产业的兴衰，不能够完全反映出一个产业兴衰的状况。我们选取了增加值的增长率来衡量一个产业的自然兴衰变化，不管是绝对增长率，还是相对增长率，都只是产业兴衰的一个侧面。同样，对于产业的相对兴衰，我们仅仅选取了其增加值占 GDP 的比重来衡量，也是不够全面的。尽管增加值增长率及其比重的变化是一个产业兴衰的最主要的特征，但仅仅考察这一个方面的变化就来识别产业兴衰，还是有些欠缺的。①它没有体现产业兴衰过程中产业效率和盈利状况的变化；②它没有体现产业兴衰过程中技术变化状况；③它没有反映出产业兴衰过程中产业组织结构的变化；④它没有反映出产业兴衰过程中产业需求状况的变化；⑤它没有反映出产业对社会资本的吸引力的状况。

第二，上述指标不仅不全面，而且只是必要条件。正如前面所指出的，一个产业增加值占 GDP 比重只是一个产业成为成熟产业的必要条件之一，而且还依赖于时间跨度的长短，而我们的模型并不能够直接地反映出来时间跨度的长短。所以，下一节我们要介绍一些辅助性方法，补充一些其他特征方面的识别，这些特征大多是充分性的条件，以使产业兴衰的识别更为全面和准确。

第三，上述方法只是对产业兴衰最一般情况的反映，如果出现一些特殊的情况，这一方法并不能够适用。比如，产业的自然兴衰周期可能出现跳跃，也可能出现中断，对于产业的相对兴衰的三类产业而言，并不是所有产业都必居其一的。所以，这一方法在实际中还有待于更深入的研究。

（四）产业兴衰识别的辅助方法

产业兴衰问题是非常复杂的，所以仅仅依靠上面单一指标的方法来进行识别还远远不够，它并不能够全面地反映一个产业兴衰的全部内涵。因此，我们借鉴陆国庆（2002 年，第 80 ~ 86 页）提出的一些用来识别产业衰退的经验性方法，提出了以下产业兴衰识别的辅助性方法：一是反映产业需求方面的指标，如产业的需求收入弹性分析；二是反映产业效益状况的指标，如产业利润率分析；三是反映产业资产规模变化的投资增长率的分析；四是反映产业就业规模变化的就业增长率的分析；五是反映产业组织结构的指标，如产业集中度的分析；六是其他一些相关因素的分析，如反映产业技术和效率状况方面的指标如全要素生产率技术效率或技术进步指数，反映产业对资本市场吸引力指标如企业股价及市盈率等。

1. 需求收入弹性分析

在前面的论述中，我们知道，一个产业由兴到衰的演变，需求变化是一个非常重要的原因。所以，对产业需求因素的分析能够在很大程度上反映出一个产业的兴衰变化。产业的需求变化需要从两种不同类型的产业分别来进行分析：第一，对于中间投入型产业而言，影响其需求的主要因素是产业关联度；第二，对于最终需求型的产业而言，影响其需求的主要因素是人们的收入水平。对于这两类产业来说，要对其兴衰进行识别，应该采取不同的需求分析。

产业关联度是指一个产业与其他产业之间相互关联的程度，它反映的是产业之间的供求关系。产业关联度可分为前向关联度和后向关联度两种，前向关联度反映的是其他企业与这个产业的供给关系，而后向关联度才是反映其他产业对其需求关系。一般采用感应度系数来表示。感应度系数是当其他产业均增加一个单位的最终需求时，而对某一产业带来的需求量，它反映了一个产业受其他产业影响与制约的程度。当某一产业感应度系数大于（小于）1时，表示该产业的感应程度高于（低于）社会平均感应度水平（即各部门的感应程度的平均值）。感应度系数越大，说明该产业受其他产业中间需求的影响就越大。所以，感应度系数指标可以用来衡量产业的相对兴衰。由于一个产业的感应度系数变化比较复杂，我们只能够大致地认为：如果一个产业的感应度系数在1附近变化，则可能成为成熟产业；如果远远大于1，则可能是新兴产业；如果远小于1则可能成为衰退产业。至于具体的划分标准需要更加深入的实证研究才能够确定，在此我们仅做大致的划分。所以，在此我们仅借用需求收入弹性来识别产业兴衰。

一般认为，随着人们收入水平的提高，对一个产业产品的需求如果由增加变为减少，则表明该产业将由兴变衰。对于最终需求产业来说，随着经济发展和人们收入水平的提高，对其产品的需求开始形成一定的规模并逐渐上升，则该产业开始形成，即进入了形成期；如果人们收入水平继续上升，对该产业产品的需求快速增长，则该产业将进入成长期；如果收入水平再继续上升，对该产业产品的需求虽然仍在上升但上升的幅度越来越小，即需求稳定在较高的水平上，则该产业将进入成熟期；如果收入水平进一步上升，而对该产业产品的需求不再上升而开始下降，则该产业可能进入衰退期。

这一变化规律可以通过需求收入弹性指标来描述。众所周知，需求收入弹性是指一种产品需求量的变化率与收入水平变化率的比率，它反映的是收入水平的变化对需求量变化的影响程度。用数学公式表示为：$E_{x,m} = （\triangle x/$

x）／（△m/m）或者 $E_{x,m}$ ＝（dx/dm）／（m×x），其中 x 表示对该产业的需求量，m 表示国民收入水平，$E_{x,m}$ 为需求收入弹性。$E_{x,m}$ 大于 1 表示需求增长的幅度大于收入增长的幅度；$E_{x,m}$ 大于 0 而小于 1，表示需求随收入增长而增长，但幅度更小；$E_{x,m}$ 小于 0 表示需求随收入增加而降低。

对于一个产业而言，其需求收入弹性的变化规律一般是由高到低的。如图 8 - 4 和表 8 - 4 所示。

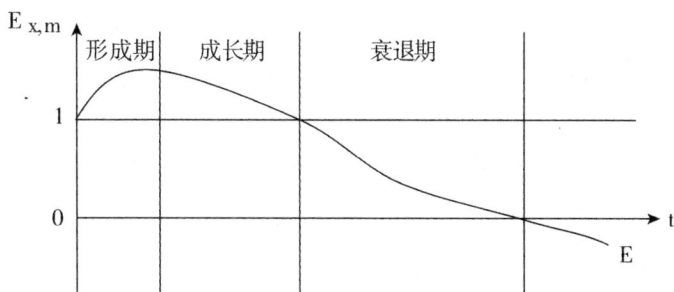

图 8 - 4　产业需求收入弹性曲线

表 8 - 4　需求收入弹性与产业兴衰

产业自然兴衰	形成期	成长期	成熟期	衰退期
需求收入弹性	Ex，m > 1 从 1 增长至最高	Ex，m = 1 从最高下降到 1	0 < E < 1 从 1 下降到 0	Ex，m < 0 从 0 快速下降
特征	当收入达到一定水平，开始形成需求，需求量随弹性增大而迅速增长但总量不会很大	随着收入水平的继续提高，需求量随着弹性小于 1 而缓慢增长	随着收入水平的提高，需求量随着弹性小于 1 而缓慢增长	随着收入水平的进一步提高，需求量因弹性变为负数而趋于下降

从图 8 - 4 和表 8 - 4 来看，需求收入弹性的大小大致可以反映出一个产业的兴衰特征。根据需求层次理论，当收入达到一定水平时，人们会产生更高层次的需求即产生一种新的需求。开始的时候，我们假定初始需求收入弹性为 1，即增加的收入全部用来购买新产品，此后需求收入弹性趋于增长，需求量也随之迅速增长，从而催生一种新的产业，即进入产业的形成期；此后需求收入弹性虽然趋于下降，但由于其仍然大于 1，所以需求量继续高速增长，从而使产业进入成长期；当需求收入弹性继续从 1 下降到 0，需求量仍然

会缓慢增长，随着时间的推移，其需求总量已经达到相当的规模，所以该产业也趋于成熟；当收入水平继续增长时，人们可能又产生新的需求，需求收入弹性变为负数，从而对需求量趋于下降，产业也就不可避免地要衰退了。

2. 产业利润率分析

产业的兴衰与产业的利润率之间有着非常密切的联系，产业的兴衰变化往往会伴随产业利润率的变化，或者说，产业的利润率变化是产业兴衰的主要标志之一。

在实践中利润率可以通过许多不同的具体指标来衡量，如资金利税率、产值利税率、固定资产净值利润率等（王建华、王方华，2002 年）。虽然这些指标之间会有一些细微差异，但不会影响到产业利润率变化的趋势，所以，在这里．我们不考虑这些不同指标之间的差异，而就一般情况讨论产业的利润率变化规律。

对于产业的自然兴衰来说，在产业的形成期，企业数量并不很多，不存在激烈的竞争，可能毛利润率会比较高，但由于产业产生初期的技术开发和市场开拓方面的先期投入较大，所以净利润率并不会太高，但会随着时间的推移逐渐升高；进入成长期后，由于产业的需求和规模处于急剧扩张的阶段，利润率会继续增长，但随着企业大量的进入，竞争也开始加剧，所以利润率增长的速度趋缓；进入成熟期后，企业数量基本稳定，竞争却加剧，而且竞争的方式也主要变为价格方面的竞争，或者说是市场份额的竞争，产品价格下降，利润率也随之进一步下降；到了衰退期，由于产业需求趋于降低，已有的生产能力趋于过剩，竞争更加激烈，利润率下降到低于社会的平均利润率。对于产业的相对兴衰来说，利润率的变化也会表现出类似的变化。如果一个产业的利润率持续上升，则该产业为新兴产业；如果其利润率长期保持在较高的水平上，但呈现缓慢下降的趋势，很可能具有成熟产业的性质；如果其利润率低于全社会的平均利润率，则该产业很可能成为衰退产业。

在这里，我们以利润率的变化轨迹来描述产业的自然兴衰，而以产业利润额占全社会利润总额的比重来反映产业的相对兴衰。如果假定社会存在一个平均的利润率，那么，这一比重的变化与产业利润率和社会平均利润率之差（我们可以称之为相对利润率）之间高度正相关。这一点非常类似于产业增加值占 GDP 比重与相对增长率之差之间的正相关关系。因此，我们也可以构造一个类似的函数来描述这一关系。在这里，我们就不再重复这样的函数式了，而直接来描述其变化规律。由于这两者之间高度的正相关，实际上，相对利润率的变化就已经完全包含了利润比重的变化，甚至可以用前者来代替后者间接反映产业的相对兴衰变化。当然，前者并不能够完全替代后者，毕竟两者还是不同内涵的两个变量。但如果仅仅从其变化轨迹方面来考察产业兴衰，后者可以在一定程度上替代前者。

更进一步地，在这里如果假定社会平均利润率恒定不变，则相对利润率的变化轨迹完全等同于产业利润率的变化轨迹，只不过是相差一个社会平均利润率大小的距离而已，因此，又可以用相对利润率曲线来代替利润率曲线间接地反映产业的自然兴衰。如此看来，我们就可以用相对利润率曲线。既反映产业的自然兴衰，又可以反映产业的相对兴衰。这样，我们可以通过图 8 − 5 相对利润率曲线来描述产业的自然兴衰和相对兴衰。其中，r 表示一个产业的利润率，r∗ 表示社会的平均利润率，其他同图 8 − 3。以 r − r∗ 曲线的三个拐点为界可以区分产业自然兴衰的四个阶段，而以其最大值点和 0 点为界则可以区分产业相对兴衰的三种不同的产业形态，具体特征见表 8 − 5。

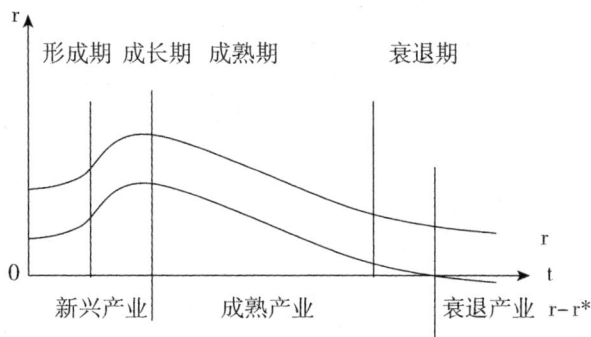

图 8 − 5　相对利润率与产业兴衰

表 8 − 5　利润率与产业兴衰

产业自然兴衰	相对利润率水平不高，但呈现加速度增（形成期）相对利润率增长速度趋缓，但维持着在较高水平且达到最高点（成长期）	相对利润率从最高处下降，但利润率水平仍较高（成熟期）	相对利润率缓慢下降，其水平大为降低甚至为负数（衰退期）
产业相对兴衰	相对利润率水平持续上升至最高点（新兴产业）	相对利润率水平从最高点开始下降但认为正数（成熟产业）	小于 0（衰退产业）

从上面的分析来看，利用利润率的变化来对产业的兴衰进行识别与前面

的基本方法的识别非常相似：第一，相对利润率的变化与相对增长率的变化趋势非常类似，也有三个拐点，因而据此将曲线分为四段，分别对应于产业自然兴衰的四个阶段。第二，社会的平均利润率也类似于 GDP 的增长率，它表示全部产业的平均利润水平，相对利润率的变化可以间接用来衡量产业的相对兴衰。根据这一相对利润率的变化，以最大值和 0 值为界限，可以大致区分出新兴产业、成熟产业和衰退产业。第三，产业的自然兴衰与相对兴衰之间的关系也是新兴产业对应于产业的形成期和成长期；成熟产业对应于产业的成熟期和衰退期的早期；而衰退产业对应于产业的衰退期的后期，相对利润率小于 0 以后的时期。第四，同样，上述的区分也只是考虑了最一般的情况，如果有特殊的情况发生，还是要兼顾其他因素来综合考察，才能得到更为准确的识别。

还有一点值得指出，用相对利润率的变化既反映产业自然兴衰又反映产业相对兴衰的简便方法，其实同样也适用于前面的基本识别方法，即直接用相对增长率来同时反映产业的自然兴衰和相对兴衰，这可以从图 8－3 中体现出来。因为，有了前面的阐述，才有后面的简便方法，所以，前面的详细方法还是基础，不可省略。关于这一方法，我们还会在后面用于分析产业投资增长率的变化和产业就业率的变化。

3. 产业投资分析

前面的基本识别方法是针对产业的产出规模而言的。其实，产业的资产规模或投资规模的变化也能够从根本上反映出一个产业的兴衰过程。如果不考虑资产的折旧，在给定资产初始规模的情况下，资产规模的变化就等于投资规模的变化。从曲线来看，资产规模变化曲线即为投资规模曲线向上移动至初始资产规模的距离。所以，只需考察投资规模的变化就可以反映出资产规模的变化。

产业投资增长率一般呈现出以下变化趋势：在产业形成期，由于产业发展初期技术开发和扩大生产能力的需要，投资增长率呈加速度增长，投资规模也急剧扩大；到成长期，产业继续发展，投资规模增长到较高的水平，但增长率可能趋于缓慢；再到成熟期，投资增长率趋于下降，但可能仍维持在较高的水平，规模还会一定程度地上升；再到衰退期，增长率急剧下滑，规模也滑落至较低的水平。从产业的相对兴衰来看，产业投资规模占全社会固定资产投资总规模的比重会呈现以下规律：如果比重虽然不高，但加速上升，则表明该产业可能是新兴产业；如果比重已经达到较高水平还在持续上升，则可能是成熟产业；如果比重不再上升而下降到较低水平，则该产业可能成为衰退产业。

　　下面我们按照简便方法，以产业的投资增长率减去全社会固定资产投资增长率，即相对投资增长率代替产业投资增长率来间接反映产业的自然兴衰。同样以这一相对投资增长率代替投资规模占全社会固定资产投资总规模的比重来衡量产业的相对兴衰。图 8 - 6 和表 8 - 6 就是相对投资增长率曲线所反映的产业自然兴衰和相对兴衰。从图 8 - 6 和表 8 - 6 都可以看出，其实产业投资相对增长率的变化趋势与产出相对增长率、相对利润率等变化趋势都是相似的，可以相互补充。

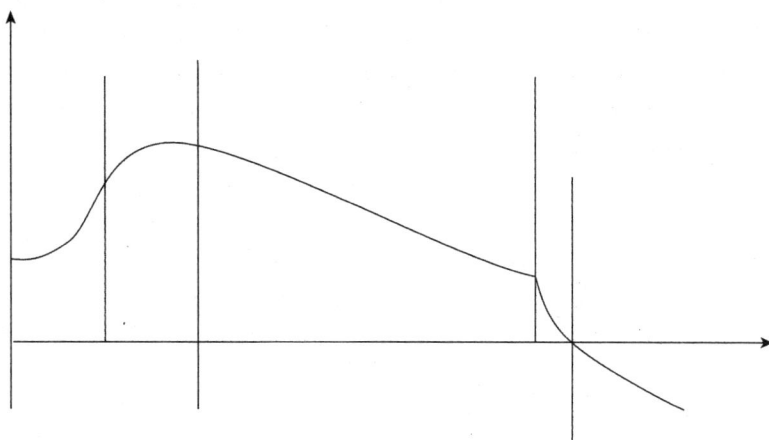

图 8 - 6　投资相对增长率与产业兴衰

表 8 - 6　产业投资相对增长率与产业兴衰

产业自然兴衰	投资相对增长率加速度增长，但水平并不高（形成期） 投资相对增长率增长趋缓，但保持在较高水平，并达到最高（成长期）	投资相对增长率趋于下降，但维持着一定水平上（成熟期）	投资相对增长率急剧下降（衰退期）
产业相对兴衰	投资相对增长率一直上升至最高点（新兴产业）	投资相对增长率逐渐下降到 0（成熟产业）	投资相对增长率变为负数（衰退产业）

　　4. 产业就业增长率分析

　　就业量的变化也是一个产业兴衰的重要标志之一。所以，同样可以通过一个产业的就业增长率的变化来识别其产业兴衰。

对于产业的自然兴衰而言，在其形成期，就业的增长率会以加速度增长，但就业量不会太大；到其成长期，就业增长率继续缓慢增长，但就业量水平却大大增加；再到成熟期，就业增长率呈现下降趋势，但就业量会上升；最后到衰退期，就业增长率继续下降甚至可能变为负增长，就业量也大幅下降。

对于产业的相对兴衰来说，如果就业量占社会就业总量的比例大幅度上升，则该产业很可能是新兴产业；如果比例继续上升，但上升速度减慢，则具有成熟产业的特征；如果比例不升反降，该产业很可能成为衰退产业。

我们依然采用简单的方法，以就业相对增长率，即一个产业的就业增长率减去全社会就业增长率，替代就业增长率来衡量产业的自然兴衰，同样，也以就业相对增长率替代该产业的就业量占全社会就业总量的比例来反映产业的相对兴衰。具体特征见图8-7和表8-7。其实，这与产出相对增长率、相对利润率和投资相对增长率等都非常相似，我们就不再赘述了。

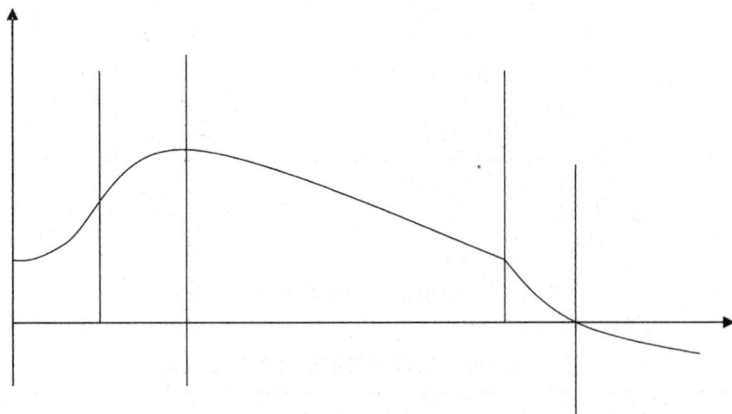

图8-7 就业相对增长率与产业兴衰

表8-7 就业相对增长率与产业相对兴衰

产业自然兴衰	相对增长率快速增长，但就业量并不大（形成期）相对增长率继续增长达到最大，就业量也形成一定规模（成长期）	相对增长率开始下降，但就业规模继续增长（成熟期）	相对增长率开始下降（衰退期）
产业相对兴衰	相对增长率持续上升达到最大（新兴产业）	相对增长率从最大值下降到0，就业量继续增长达到最大（成熟产业）	相对增长率变为负数就业总量开始萎缩（衰退产业）

5. 产业组织结构分析

事实上,产业组织结构的变化往往也是一个产业兴衰的重要特征。所以,把对产业组织结构的变化状况的分析作为产业兴衰识别的辅助方法也是非常必要的。

一般地说,伴随着产业的兴衰,产业组织结构一般呈现以下规律性的变化:在产业的形成阶段,先是由少量小企业开始进行技术开发和创业,随后又会有更多的小企业跟进,形成以众多小企业共存的组织结构;到了成长阶段,少部分企业会随着产业的成长而逐渐成长壮大,但同时还会有大量的小企业进入,形成以中小企业为主的格局;到成熟阶段,由于产业竞争的加剧,竞争的优胜劣汰导致大量的并购活动,企业数量大为减少,少部分企业由于其竞争优势而规模急剧膨胀,形成以大企业为主、中小企业并存的垄断竞争格局;再到衰退阶段,由于产业的萎缩,竞争更加激烈,又会有更多的中小企业由于竞争失败而退出该产业,产业组织结构趋于稳定,形成少量大企业寡头的竞争结构。

我们知道产业集中度是产业组织结构变化的衡量指标。产业集中度一般是指一个产业中最大的几家企业占整个产业的比重,其大小变化取决于最大几家企业规模(分子)和产业总规模(分母)各自的变化。如果用产业集中度来描述上述的产业组织结构的变化,可以简单地归结为:在形成期,初期企业规模小产业规模也小,产业集中度可能并不低,随后产业规模迅速增长,所以,集中度趋于快速下降;在成长期,由于少数几家企业会随着产业成长而迅速成长,但产业规模可能由于大量企业进入而更快地增长,所以集中度仍然会缓慢下降;在成熟期,大企业会进一步扩张,而产业总规模开始缓慢下降,所以集中度趋于迅速提高;再到衰退期,产业总规模进一步萎缩,而产业组织结构趋于稳定,所以,集中度会进一步缓慢提高。也就是说,产业的集中度一般是随着产业兴衰而先降低后提高。产业集中度变化与产业的自然兴衰见图8-8和表8-8. 仍然以时间t为横轴,产业集中度为纵轴,图8-8中的曲线为产业集中度的变化轨迹。以三个拐点A、B、C为界,可将曲线分为四段,分别对应于产业自然兴衰的形成期、成长期、成熟期和衰退期。从图8-8和表8-8中可以看出,产业集中度与产业增长率的变化正好相反,本质是一样的,所以,这一辅助方法与基本的识别方法的优点和缺点是一样的,也就不需赘述了。

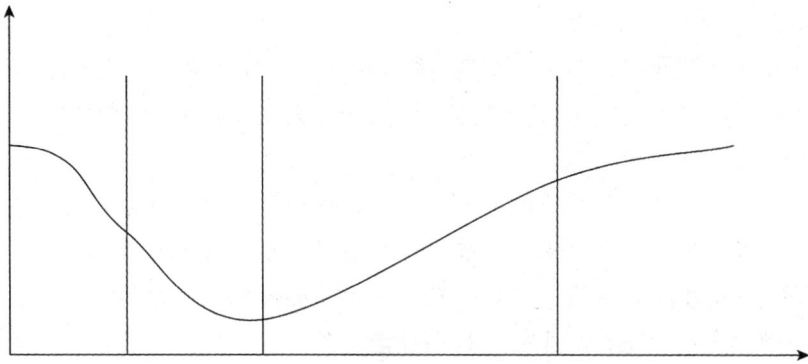

图8-8　产业集中度与产业自然兴衰

表8-8　产业集中度与产业自然兴衰

产业自然兴衰	形成期	成长期	成熟期	衰退期
产业集中度	快速下降	缓慢下降至最低	从最低快速上升	继续缓慢提高
产业组织结构	大量小企业的竞争格局	以小企业为主，大中小企业并存的竞争格局	以大型企业为主，大中企业并存的垄断竞争格局	以大型企业为主的寡头竞争格局

6. 其他因素分析

除了上面分析的那些因素之外，还有一些重要的因素，比如，产业的生产率状况、技术状况以及产业吸引力等，也是一个产业兴衰的重要表现特征。由于这些因素变化规律较为复杂，具体的衡量标准需要大量细致的实证研究才能够确定，所以，在这里我们只是做粗略的描述，而不给出具体的划分标准。

（1）产业生产率

生产率的提高是一个国家经济增长和发展的最重要的源泉。对于一个产业来说也是如此。所以，通过对生产率的分析来识别一个产业的兴衰是非常必要的。事实上，产业的兴衰与其生产率之间也存在着密切的联系。生产率的变化也往往作为一个产业兴衰的主要标志之一。全要素生产率指标是现在通常采用的生产率衡量指标。

一般来说，伴随着一个产业的兴衰，其全要素生产率的大小总是呈现以下变化趋势：在形成期，往往增长迅猛；到成长期，虽然增长速度趋缓，但依然会快速增长；再到成熟期，虽然增长速度趋于下降，但生产率水平依然较高；最后到衰退期，生产率水平必然趋于下降。

（2）产业技术状况

在产业兴衰过程中，全要素生产率的变化取决于两个方面：一是取决于所采用的技术水平的提高，即技术进步（通常用技术进步指数衡量）；二是还取决于对现有技术的使用、发挥的状况（通常用技术效率指标衡量）的改进。这二者都是非常重要的。一般来说，技术进步是生产率变动的长期因素，而反映生产潜力发挥程度的技术效率变动往往与短期因素有关（郑玉歆、张晓和张思奇，1995 年）。由于影响技术进步和影响技术效率的因素常常是不同的，所以，全要素生产率的变动可以分解成技术进步和技术效率变动来分别加以考察。

从技术进步的角度来看，在形成期，技术开发是一个产业产生和形成的主要作用力，所以其技术进步是非常迅速的；到成长期，技术进步可能会趋缓，但也是比较迅速的，这也是推动产业成长的重要力量之一；再到成熟期，技术进步可能还会趋缓，但依然是产业发展的不可缺少的作用力；最后到衰退期，期，技术效率也会趋于停滞。

（3）产业吸引力

对于产业兴衰的评价，资本市场是一个非常有用的工具，其原因在于以个人分散决策为基础的市场机制具有任何个人和机构所无法比拟的超强信息处理能力。这一评价机制是通过股票价格的高低，即产业对资本的吸引力的大小来实现的。一般而言，市盈率和股价走高的产业，其成长性好，相反则可呈现衰退的迹象。（陆国庆，2002 年）

具体的方法大致有两类：一是利用股票价格计算出产业的成长系数，数值高意味着成长性好，数值低则衰退的可能性大（赵宇龙、易琼，1999 年）；二是计算各产业上市公司的平均托宾值，此值低且呈下降趋势的产业，具有衰退产业的特征。（陆国庆，2001 年）。

二、资源性产业的兴衰特征

资源是一切产业生存和发展的物质基础，它直接或间接地决定和制约着一个产业的存在和发展。资源性产业就是指一个产业的生存和发展直接依赖于某种资源的产业。

从资源的范围看，经济发展所依赖的资源，有广义和狭义之分。从广义的角度看，经济发展所依赖的一切因素皆为资源，既包括自然性的物质资源，也包括社会性的劳动力资源、资本资源等。在本章里，资源是指狭义上的自然资源。一般地，自然资源主要包括地下资源和地表资源两种。地下资源一般是指藏于地下的矿产资源，具体有煤炭、石油、天然气、铀等能源资源和黑色金属、有色金属、非金属等矿物资源两大类，它们是采矿业及相应的矿产加工业的前提条件。地表资源主要是生于陆上和海洋的动植物资源，它们对农牧渔业、森林业等至关重要。

从产业依赖资源的直接程度看，资源性产业又可以区分为第一级资源性产业和第二级资源性产业（周新生，2000年，第72页）。第一级资源性产业是指直接开采和利用上述自然资源的产业，如煤炭、石油、铁矿等开采业和森林采伐、捕捞业等。第二级资源性产业是指直接对上述资源进行加工的产业，如炼焦、煤气及煤制品业、石油加工业、冶金业、木材加工等。其实，这两级资源性产业的联系非常紧密，难以完全割裂开来。因此．我们在此不对这两级资源性产业进行区分，而按照所依赖资源的类别来讨论资源性产业。

所以，我们这里所讨论的资源性产业是指煤炭、石油、钢铁、有色金属、建材、森林等产业。我们之所以从资源的角度来讨论产业的兴衰问题，是因为上述资源性产业具有一些共同的兴衰特征：

第一，上述自然资源在一定程度上大都是有限的、不可再生的，因而这些产业的兴衰总是伴随资源的新发现或枯竭而产生，也就是说这些产业的兴衰过程主要受自然因素的影响。

第二，由于自然资源是经济发展不可缺少的物质基础，所以资源性产业都是基础性和高后向关联度的上游产业，它们为其他许多产业直接或间接提供能源、原材料等物质，因而其兴衰对国民经济的影响较大。

第三，由于上述自然资源往往在空间上具有固定性和相对集中性，所以资源空间分布对这些产业的兴衰具有决定性的影响。

第四，由于上述自然资源具有一定的不可替代性，因而这些产业也就具有一定的自然垄断特性。

三、资源型城市产业转型的实践

（一）我国成功实现产业转型的城市

资源型城市的产业转型问题与20世纪80年代末引起重视的老工业基地改造问题不同。与后者相比，资源型城市的自身调节能力更低。从历史上看，资源型城市是依赖外部大量人力、物力和财力的集中投入而迅速发展起来的，资源型城市的产业转型以往也主要依赖政府，尤其是中央政府投资安排新项目来实现的。随着市场经济体制的建立和国有资本从竞争性行业的逐步退出，过去那种依赖政府大规模投资来调整产业结构的传统做法已走到了尽头。资源型城市必须着眼于自身特点，选择适宜的转型模式。

我国资源型城市转型实践起步较晚，处于探索阶段。目前转型实践比较成功、仍然取得较好效果和经验的，主要有安徽淮北、安徽铜陵和辽宁阜新等城市。

1. 安徽淮北市

淮北市是我国著名的"煤都"，煤炭地质储量达100亿吨，年产原煤2000万吨。几十年来，全市煤与非煤产业一直保持着7∶3的比例，地方工业经济非常薄弱。面对市场经济的冲击和煤炭工业的滑坡，淮北市认真实施城市经济转型发展战略，成功地进行了经济转型，使煤与非煤产业的比例由过去的7∶3变为3∶7。淮北市依托当地资源优势，先后在电力、轻纺、服装、酿酒、建材、化工、机械、电子等产业方面实施突破，培育和发展了18个规模较大的企业集团，9个产品被列为省名牌产品。同时，大力发展乡镇企业，使之成为淮北经济的半壁江山。私营企业和"三资"企业也迅速崛起，使淮北市基本上形成了能源型、综合型和现代化的工业体系。

2. 安徽铜陵市

粗铜产值长期占经济总量80%以上的安徽省铜陵市，面对铜矿资源日益枯竭的严峻形势，在不断延长产业链和提高产品附加值上做文章，初步探索出一条资源枯竭型城市产业转轨升级之路。一是立足铜资源优势，做好产业链延伸的文章。铜产业已延伸为电解铜–覆铜板–印刷线路、无氧铜杆–铜线–特种漆包线、电解铜–铜带–集成电路引线框架、系列铜管等四条产业链，由于铜产业链的不断延伸，铜陵的深加工在本地铜资源面临枯竭的情况下，发展速度反而加快了，而铜陵年产22万吨的电解铜产量中，其中19万吨是依靠进口铜精粉和回收废铜加工的。二是利用资本市场，解决产业升级资金缺乏的矛盾。4家上市公司从资本市场募集资金20多亿元。铜峰电子成功上市和资本运作使铜陵成为我国电工薄膜、金属化薄膜、薄膜电容器等"电工三膜"的生产基地。三是用高新适用技术改造传统产业。铜陵纺织厂破产后，上海华源集团收购并引进最新的技术和设备，对多道工序进行了改造，目前铜陵华源成为全国最大的麻纺织生产基地。

3. 辽宁阜新市

阜新市作为我国第一座典型资源枯竭型城市的转型试点，其经验与教训具有普遍意义。阜新市是 20 世纪 50 年代～60 年代国家重点投资建设的全国煤炭工业基地。由于产业结构层次较低，工业综合发展程度低，在经济投资的基本方向上，忽视了培育地方经济和其他产业的发展，最终导致僵化的单一性产业结构的形成。由于资源枯竭，部分矿井关闭，下岗失业人员大量增加，20 世纪 80 年代中期，区域经济出现整体滑坡，为此开始了艰难的经济转型探索之路。其转型发展共经历了以下几次大的举措：一次是 1982 年规划"建材城"，另一次是 1987 年筹建"化工城"，再一次是建设棉纺工业，发展服装业。这三次转型虽有一定成效，但由于对市场动态把握不准，政府行为为主，加之技术水平低，产品质量差，缺乏市场竞争力，最后都以失败告终。1995 年，阜新市政府提出了"农业强市"的战略目标，并最终将发展现代农业和现代服务业作为经济转型的方向。2001 年，国务院将阜新列为资源型城市经济转型试点城市，开始取得初步成效。

4. 河南鹤壁市

鹤壁市位于河南省北部，太行山东麓与华北平原交界处，总面积 2182km2，约占河南省总面积的 1.3%，2007 年底鹤壁市总人口 145.1 万人，占全省总人口的 1.55%，其中城镇人口 66.7 万人。鹤壁市已知矿产资源 26 种。其中，煤炭探明储量 13.5 亿 t，保有储量 9.86 亿 t；水泥灰岩储量 8.3 亿 t；白云岩储量 10 亿 t。此外，该市还有丰富的黏土、石英砂岩、玄武岩、页岩等矿产资源。鹤壁市还拥有丰富的水资源，年可供水 3.6 亿 m^3。鹤壁市是中国优秀旅游城市，有丰富的人文旅游资源、天然的自然景观和生态旅游资源。云梦山、大伾山、五岩山、古灵山、浮丘山、三兴康乐村、鹤煤古典艺术博物馆、天然太极图、金山寺等景区都取得河南省旅游经营资格，其中云梦山、大伾山为国家 AAAA 级旅游景区，古灵山、三兴康乐村为国家 AA 级旅游景区。[①]

作为中小城市的代表，鹤壁市的建立有着标准的中国计划经济色彩。建国后，国家把鹤壁煤田作为建设重点，1957 年经国务院批准建立鹤壁市。鹤壁市的经济发展呈现出一定的波动性（见图 8－9）。1988 年到 1990 年期间经济发展速度较慢；上世纪 90 年代初，经济发展加速，年 GDP 增长率都超过了 14% 以上；20 世纪 90 年代中期后至 21 世纪初，受资源型城市经济转型的制约，资源型城市的弊端终于显现，经济发展徘徊不前。于是，政府开始考虑积极谋划进行产业结构的调整和优化升级。这种改变终于在 21 世纪初期收到

---

① 曹峰：《资源型城市经济结构转型个案研究》，载《科技创新导报》，2009 年第 29 期。

良好的效果，2001 - 2007 年间年经济增长速度都在11%以上。

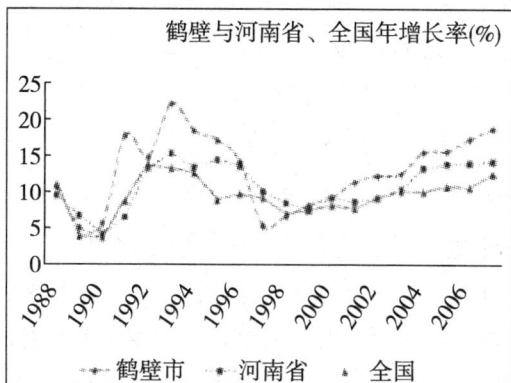

图8 -9 鹤壁市与河南省、全国经济增长率比较图

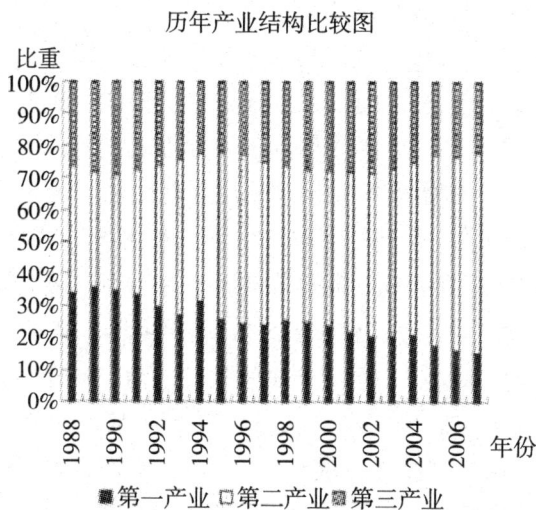

图8 -10 鹤壁市历年产业结构变化图

图8 -10 显示的是鹤壁市历年的产业结构变化情况。鹤壁市根据本地产业发展的状况、产业间的关联度，科学制定循环经济发展战略规划，以循环产业的发展带动整体经济的发展。改变传统的线性生产模式，实行环型发展，形成一个循环利用的产业链条，积极拓展产业间的联系，以实现资源的循环综合利用和经济社会的可持续发展。经过十几年的努力，目前的鹤壁市经济在工业上已经形成煤电化材一体化、食品加工、机械制造三大战略支撑产业和金属镁深加工、光伏两大新兴先导产业；畜牧业产值超过传统种植业；第三产业尤其是旅游业得到了大的发展。在产业结构方面，工业比重持续增加，

产业结构逐渐合理优化。2007 年三次产业比重依次为 15.5：62.2：22.3，第二产业占绝对优势。2007 年人均生产总值 19195 元，高于全省的平均值（16012 元），略高于全国的平均值（18268 元），在全省 18 个地市中排名第 7 位。

（二）中国煤炭工业兴衰转换的实证分析

中国自古就有煤炭的开采和使用，但现代意义上的煤炭工业始自"洋务运动"中建立的采用机器开采的大型煤矿。中国最早建立的现代煤矿是 1887 年在天津开办的开平矿务局。此后，中国近代的煤炭生产虽然发展很快，但真正地高速发展是在 1949 年新中国成立以后。1949 年中国煤炭总产量为 3423 万吨，1956 年则突破了 1 亿吨，1989 年则突破了 10 亿吨，1992 年跃居世界首位，1996 年达到历史最高纪录，此后有所下降。

50 多年来，尽管开采条件变得越来越复杂，矿井逐渐向深部发展，开采难度越来越大，但中国的煤炭生产增长之快，在世界煤炭工业发展史上也是绝无仅有的。当然其间也经历了几起几伏。在 1950～1952 年的三年恢复时期。平均增长率达 27%，这反映了煤炭工业原有基础的薄弱。1953～1957 年的"一五"期间，平均增长率为 14.5%，这是健康、稳定、快速发展的五年。1958～1960 年是"大跃进"不正常增长的时期，此间由于高指标、瞎指挥、浮夸风盛行，造成煤矿规章制度和生产秩序混乱、巷道和设备失修、生产能力遭到严重破坏，致使从 1960 年 5 月到 1964 年，煤炭生产量持续下降，下降幅度达到 46%，造成煤炭供应严重短缺，成为影响当时国民经济发展的主要制约因素。由于前三年的经济调整，1965 年的产量刚刚回升，然而从 1966 年下半年又开始了"文化大革命"，造成十年产量波动很大，还造成小矿多、机械化发展缓慢、增产靠增人、煤矿技术装备差、职工多、负担重等问题。1976 年以后，特别是十一届三中全会以后，经过改革开放，煤炭工业进入了稳定、快速的发展时期。1997 年以后，由于通货紧缩，节能产生成效以及经济结构和能源结构调整的影响，煤炭需求减少，煤炭市场出现供大于求的局面，原煤的生产开始呈现一定程度的下降趋势。具体每年煤炭产量和走势见表 8-9。从表 8-9 所列数据看，考虑国民经济波动的影响，中国的煤炭工业兴衰过程如下：由于没有 1949 年以前的数据，我们大致认为 1949 年之前是形成期；新中国成立以后到改革开放前的 30 年之中，除去经济波动的影响，年增长速度较高，大致可以认为其是成长期；从 70 年代末期到 90 年代末期，改革开放后国民经济快速增长，而煤炭工业的增长率并不是太高，在总量很大的情况下稳步增长,因此可以认为其是成熟期;从1997年以后的几年,煤炭生产较大幅度的负增长,已经出现了衰退的迹象,可能开始进入衰退期,虽然近两年又出现了恢复性的高增长。

表8-9　中国原煤产量增长表①单位:万吨、%

年份	原煤产量	年增长率	年份	原煤产量	年增长率	年份	原煤产量	年增长率
1949	3243	–	1967	20570	-18.2	1985	97228	10.5
1950	4292	32.3	1968	21959	6.8	1986	89404	2.5
1951	5308	23.7	1969	26595	21.1	1987	92809	3.8
1952	6649	25.3	1970	35399	33.1	1988	97987	5.6
1953	6968	4.8	1971	39230	10.8	1989	105415	7.6
1954	8366	20.1	1972	41047	4.6	1990	107930	2.4
1955	9830	17.5	1973	41697	1.6	1991	108740	0.8
1956	11036	12.3	1974	41317	-0.9	1992	111453	2.5
1957	13073	18.5	1975	48224	16.7	1993	115317	3.5
1958	27000	106.5	1976	48345	0.3	1994	122953	6.6
1959	36879	36.6	1977	55068	14.0	1995	128218	4.3
1960	39721	7.7	1978	61786	12.2	1996	137408	7.2
1961	27762	-31.4	1979	63554	2.9	1997	132525	-3.6
1962	21955	-20.9	1980	62013	-2.4	1998	123251	-7.7
1963	21707	-1.1	1981	62163	0.3	1999	104363	-16.3
1964	21457	-1.2	1982	66632	7.2	2000	95106	-8.9
1965	23180	8.0	1983	71453	7.2	2001	110559	16.2
1966	25147	8.5	1984	78923	10.5	2002	139335	26.0

(三)中国石油工业兴衰与转化的实证分析

中国是世界上最早发现和利用石油资源的国家之一,早在古代就有开采和使用石油的记录。19世纪下半叶美、俄等西方资本主义国家开始采用现代方法大规模开采石油,形成现代意义上的石油工业。1878年,用现代钻机钻成的台湾第一口油井,标志着中国近代石油工业的开端。但直到20世纪40

---

① 数据来自《百年石油》,当代中国出版社2002年版。

年代末期，全国90%以上的面积没有进行过勘探。到1949年，全国只有甘肃玉门192老君庙、新疆独山子和陕西延长等几个小油矿，年产量仅为12万吨，原油炼制能力仅为17万吨。中国近代的石油工业经历了70年，共钻井134口，共生产天然石油67.7万吨，"洋油"充斥国内市场。1949年中华人民共和国成立以后，石油工业取得了巨大的发展。只用了30年的时间，到1978年，原油生产量突破了1亿吨，中国跨入了世界主要产油国的行列。1978年改革开放以后，石油工业仍然保持了稳定的发展，建成了大庆、胜利、辽河、新疆、四川、塔里木、渤海、南海东部、南海西部等24个油气生产基地，目前中国石油产量已经居世界第5位。到1998年底，中国剩余石油探明储量为32.74亿吨，居世界第10位；天然气剩余探明储量为1.37亿立方米，居世界第20位。

　　从表8-10所列数据看，考虑国民经济波动的影响，中国的石油工业兴衰过程如下：由于没有1949年以前的数据，我们大致认为其是形成期；新中国成立以后到改革开放前的30年之中，除去经济波动的影响，年增长速度较高，大致可以认为其是成长期；20世纪70年代末期改革开放后至今，虽然国民经济快速增长，而石油工业的增长率并不是太高，在总量较大的情况下呈现稳步增长的趋势，因此可以认为其是成熟期；至今还没有出现明显的衰退现象，因此还没有进入到衰退期。

表8-10　中国石油产量增长表[①]单位：万吨、%

年份	石油产量	年增长率	年份	石油产量	年增长率	年份	石油产量	年增长率
1949	12.09	-	1967	1387.66	-4.6	1985	12488.70	9.0
1950	20.04	65.8	1968	1599.24	15.2	1986	13067.00	4.6
1951	30.57	52.5	1969	2174.71	36.0	1987	13421.50	2.7
1952	43.56	42.5	1970	3064.65	41.0	1988	13702.80	2.1
1953	62.23	42.9	1971	3941.48	28.6	1989	13765.1	0.5
1954	78.89	26.8	1972	4567.16	15.9	1990	13828.4	0.5
1955	96.61	22.5	1973	5361.36	17.4	1991	13979.1	1.1
1956	116.3	20.4	1974	6485.03	21.0	1992	14203.7	1.6
1957	145.78	25.3	1975	7705.89	18.8	1993	14400.4	1.4

---

① 数据来自《百年石油》，当代中国出版社2002年版。

续表

年份	石油产量	年增长率	年份	石油产量	年增长率	年份	石油产量	年增长率
1958	226.5	55.4	1976	8715.59	13.1	1994	14607.2	1.4
1959	373.37	64.9	1977	9363.76	7.4	1995	14906.4	2.0
1960	521.27	39.6	1978	10404.92	11.1	1996	15729.2	5.5
1961	531.36	1.9	1979	10614.90	2.0	1997	16044.1	2.0
1962	574.57	8.1	1980	10594.15	-0.2	1998	16052.3	0.1
1963	647.78	12.7	1981	10121.94	-4.5	1999	16020.0	-0.2
1964	848.11	30.9	1982	10220.50	1.0	2000	16200.0	0.9
1965	1131.47	33.4	1983	10606.60	3.8	2001	16493.0	1.3
1966	1454.17	28.5	1984	11460.10	8.0	2002	17000.0	3.1

（四）国外资源型城市产业转型的模式

资源型城市转型的理论在国外已经成熟，资源型城市转型的实践也取得了较大的成功。通过总结发现，国外资源型城市产业转型的主要模式有：

1. "主动式"与"被动式"

"被动式"产业转型是资源枯竭、迫于无奈、被动应付，是处于衰退期和枯竭期的无奈选择，具有困难大、成本高、时间长、效果差等特点。"主动式"产业转型是资源未枯、积极主动、循序渐转、良性发展，具有困难小、成本低、效果好等特点。从国外的实践看，只有美国洛杉矶属于主动式产业转型期[1]，该市在坚持石油开发这一主导产业的同时，制定了发展替代产业的政策，用石油开发积累的资金分阶段、有步骤地向下游产业投入，向新产品、新技术、新产业领域逐渐倾斜和渗透。而其他的城市都是一种无奈的被动式产业转型，虽然由于政策力度以及城市自身的条件不同使得一部分城市较为成功地实现了产业转型，但是要看到它们都经历了产业转型的艰难过程。

2. "政府主导式"与"市场主导式"

"政府主导式"主要以欧盟为代表，政府成立专门委员会和其他相关组织，制定详细目标、计划和政策，促进产业转型。1975 年建立了欧洲区域发展基金和区域政策委员会，提出了共同区域政策的概念，主要任务是维持欧盟成员国的产业平衡，援助衰退产业区，其中包括大量的资源型城市。仅

---

[1]　仇保兴：《借鉴国外经验走资源节约型城镇化发展道路》，载《住宅科技》，2005 年第 3 期。

1989 年至 1995 年期间，欧盟对于重点需要产业转型的地区给予的资金援助就达到了 2500 亿美元。[①] 法国洛林地区争取到了欧盟及法国政府在组织、计划、政策尤其是资金方面的大力支持。为了使产业转型工作顺利开展，法国政府还成立了专门的机构，任命了素质优、能力强、资历深、协调好的领导班子，为产业转型提供了组织保证。在资金方面，法国政府和欧盟更是给予了洛林地区极大的帮助，如法国政府每年用于产业转型的资金达到了 30 亿法郎，占洛林地区转型总资金投入的 30%，欧盟投入约 20 亿法郎，占到了洛林地区产业转型总资金的 20%。德国中央政府也通过设立专项政府资金对鲁尔地区的资源型产业转型给予财政补贴、企业销售补贴、企业改造投资和偿还旧企业所欠债务，1979 年州政府一次就拨款 15 亿马克用于解决失业问题。

"市场主导式"产业转型的典型代表是美国、加拿大和澳大利亚。政府很少控制资源型城市的兴盛或衰败，企业自主投资流向对资源型城市发展起决定性作用。区位好的资源型城市渐渐发展成为综合性城市，区位较差的资源型城市则走向衰落或被遗弃。由于美国、加拿大、澳大利亚等国幅员辽阔、矿藏丰富、人口稀少，资源产区通常只有几万人口，放弃衰败的矿区带来的社会冲击比较小。这些国家的资源型企业绝大多数是私有企业，在资源型城市产业转型时，主要由企业自主决定何时进入、何时退出及如何退出，政府干预程度较小，政府主要通过客观发布有关信息及财政和金融手段对经济进行控制。由于这些国家都是移民国家，人们在理念上对于迁徙和重新谋求新的职业习以为常，绝大多数都能找到适合自身发展的城市和工作就业。因此，资源型城市产业转型主要是依靠市场的力量，有的城市随着矿竭人空而成为所谓的"鬼城"，有的如洛杉矶和休斯敦则逐步发展成为综合型城市。

3. "政策引导式"产业转型

主要以日本为代表。日本矿产资源十分缺乏，而且人口密度很大，日本对资源开采和资源产区的高度重视。20 世纪 50 年代后，由于日本煤炭资源受条件限制，煤炭生产成本居高不下，在海外廉价石油大量输入的冲击下，煤炭产量大幅度下降，煤矿数目由 1956 年的 843 个剧减到 1962 年的 263 个，引起了社会和舆论的广泛关注。[②] 在这一背景下，为解决国内煤炭产业问题，规划了产煤地域，除煤炭产区以外，还包括煤矿关闭后的地区以及其周围地区。日本从 1961 年开始制定煤炭政策，到 1991 年共制定了 9 次，详细描述了产煤

---

① 张米尔：《市场化进程中的资源型城市产业转型研究》，机械工业出版社 2004 年版。
② 田霍卿：《资源型城市可持续发展的思考》，人民出版社 2000 年版。

地域的发展方向、政策方针和实施措施。第 9 次煤炭政策的基本方针是 20 世纪 90 年代为国内煤炭产业结构调整的最终阶段，在寻求多元化及开拓新领域的同时，分阶段逐步减少国内煤炭的产量。

四、资源型城市产业成功转型的启示

1. 调整经济结构，培育接续产业和替代产业，是实施资源型城市产业转型的重要切入点。经验表明，调整不稳定的经济结构，培育接续产业和替代产业是资源型城市转型必须解决的首要问题。如黄石市要围绕建设有色金属新材料基地和能源基地，改造和提升传统产业，提高有色金属冶炼的技术装备水平和资源综合利用水平，使高附加值产品增加值占有色金属工业增加值的比重大幅提高。依托煤炭、电力资源和现有的企业，加快能源产业的发展壮大；积极培育特色优势产业，实施产业多元化战略，从资源特点和技术出发，做大做强化学工业、建材工业、特色农产品加工业；大力发展现代服务业。只有这样，才能减轻资源性依赖，形成稳定合理的经济结构，促生可持续发展的产业格局。

2. 发展高新技术，增强技术和人才方面的支撑是实施资源型城市产业转型的必要条件。高新技术和人才是当代社会的核心竞争力，资源型城市要围绕提高技术创新能力，大力发展高新技术产业。把采用先进制造技术和高新技术改造落后的生产技术、流程和管理，提高产品开发设计能力和自主开发的比重作为努力方向，切实加强与科研院所和大公司、大集团的联系，以高新技术带动产业升级，提高市场竞争能力。利用技术产业园的优势，促进精细化工、有色金属新材料、新能源技术、生态恢复材料与技术、环保材料五大高新技术产业尽快成长，并有所突破。这是白银资源型城市实现转型的必要条件。

3. 转变政府职能，创造良好的政策氛围和市场环境是实施资源型城市产业转型的推动力量。在环境建设上，要强化措施，奋力突破，由被动适应向注重服务和营造良好的投资环境转变，树立开放开发新形象。转变政府职能，用一流的软环境服务经济转型。把创建优良的发展环境作为经济转型的"生命线"，努力打造廉洁高效的政务环境，公平公正、平等竞争的法制环境和市场环境。充分发挥政府的职能作用，改进服务方式，提高服务水平。强化对经济管理和行政执法部门的监督，整顿和规范市场经济秩序，加强社会诚信建设，为资源型城市产业转型创造良好的社会环境。

　　4. 高效利用资源，积极保护和改善城市环境是实施资源型城市产业转型的主要目标。资源型城市因矿山开采而产生的地面裂缝、变形以及地面塌陷破坏了大量耕地和生态环境，因资源型企业生产排放造成的水污染和大气污染尤其严重。在推进城市转型过程中，随着产业结构的调整和高新技术的应用，资源利用效率将会大大提高，城市环境将会得到恢复和改善。

　　总之，资源型城市转型不是一个简单的问题。它既要有先进的理念作指导，又要适应大的产业发展政策；既要在理论上有新突破，观念上有创新，同时更要付诸行动。

第九章　资源型城市产业兴衰与
转换的政策选择

一、资源型城市产业兴衰与转换的风险

资源型城市是以资源型主导产业和与其关联度高的资源型辅助产业为产业体系的城市。资源型城市产业结构单一，资源具有耗竭性。随着资源的衰竭，进行产业转型，发展接续产业和替代产业是资源型城市的出路。但产业在转型中存在着很多不确定的风险，如产业风险、市场风险、战略风险、管理风险、人力资源风险和政策法律风险等，使得资源型城市产业转型风险大，失败率高，同时产业转型的成功与否关系到城市未来的发展，因此在资源型城市产业转型前尽可能准确的评估转型风险至关重要。

培育接续与替代产业，实现产业转型是资源枯竭型城市目前的主要任务。但产业转型中，资源枯竭型城市的资金、技术、人才匮乏，产业结构调整缺少必要的经济、科技、人才支撑；长期以来金融资产投资结构单一化蕴含着金融风险；产业转型致使企业破产倒闭，存在大量需要安置的产业工人；以及资源过度开发对环境的破坏，限制了接续与替代产业发展的空间；同时，资源枯竭型城市"自我深化"的锁定过程也使产业转型存在着不确定的风险，这些风险交织在一起增加了资源枯竭型城市产业转型的难度。

（一）主要风险

1. 金融风险

资源枯竭型城市产业结构单一性和不合理性，在我国间接融资占主导地位的投资体系中意味着金融资产投向的单一化和银行信贷结构的不合理。资源枯竭型城市的产业结构高度极化，注定金融机构面临的客户群体是单一而集中，金融资源配置难以分散化，产业缺位风险将直接导致隐性金融风险。一方面，客户与市场的高度集中使金融资产质量与该产业的兴衰存在高度相

关性，出现金融套牢效应，这种套牢不是依赖一般意义上的风险管理技术所能解决的。另一方面，以国有银行为主导的信贷投资长期以来一直青睐国有企业，而对民间信贷支持十分有限。国有企业较高的负债率和较低的净资产收益率使企业的长期偿债能力低下。民营经济发展较快，但国有银行很少向民营企业贷款，反而过多地依赖对经营效益差的国有企业。这样，国有企业长期偿债能力的低下，无疑是金融机构不良资产形成的重要原因。通过这种融资机制，国有企业把风险转嫁给了国有商业银行，企业风险转变为金融风险。

2. 产业准入与退出机制的风险

产业准入机制与退出机制是否健全对资源枯竭型城市产业转型有着重要的影响。由于传统计划经济体制的惯性作用，一些产业对民间投资的进入还存在限制，产业准入门槛高，不利于该产业引入竞争机制与产业的升级，同时也造成部分企业尤其是大型国有企业对该产业的垄断。资源枯竭型城市中民营企业少，尽管已有少数民间投资开始进入部分领域，但民间投资主体仍难顺利参与市场竞争，即使在国家法律和政策没有明令禁止和限制的一些行业或领域，对民间投资进入也存在一些歧视性政策和不公平待遇。另一方面，产业退出机制不顺畅，枯竭型产业的剩余资源无法转移到其他短缺产业中去，造成资源配置的低效率。由于资源枯竭型国有企业存在强大的退出壁垒和某些产业存在较强的进入壁垒，使得国有经济结构的调整与非国有企业的结构升级都遇到了巨大的外部障碍。

3. 制度风险

内生制度变迁理论认为，经济增长是一种"自我深化"的锁定过程，最初的结构性安排决定了今后的发展道路。由于存在充分竞争的完全市场和交易费用高昂的不完全市场，及制度报酬递增产生的自我强化机制，制度变迁存在两种不同的路径：一条是相互依存的路径，经济沿着良性循环轨迹发展；另一条是闭锁路径，指制度向好的方向关闭了。经济发展模式选择是内生的，它无法超越"制度可能性边界"，这就是所谓的锁定效应。资源型产业是区域经济的增长高地，成了经济要素的集聚之所。在其巨大的吸纳力作用下，各种经济要素被固化在资源型产业领域，与此相对比，而非资源型产业处于弱质和从属地位，难以形成产业吸引力，发展机会明显减小。当资源耗竭时，产业的消亡就不可避免了。由于锁定效应，资源枯竭型城市产业发展的应变性、适应性均较差，相反却具有较大的发展惯性和超稳态性，不能及时应对市场需求变化。

4. 产业转型与充分就业相协调的风险

资源枯竭型城市单一的产业结构决定了其单一的就业结构。随着资源枯竭，资源型产业出现萎缩，大量的产业工人需要转移到其他行业，而新的替代产业又未形成，就业容量和潜力十分有限，就业岗位严重不足成为一个突出的社会问题。从劳动就业人口角度来看，资源及初加工工业就业人口占劳动总人口比例较大，就业结构单一。大批工人下岗，他们对岗位变化的适应能力较差，生活困难。可以说，产业转型的最大障碍是职工的安置问题。产业转型需要社会保障体系的支撑，但由于资源型企业历史欠账多，地方财政又十分困难，造成社会保障体系不健全，因此，产业转型不可避免地会造成大量结构性失业，进一步加剧就业的压力，对社会稳定构成了严重威胁。这将直接影响转型的顺利进行。随着转型的深入，矛盾会越来越突出，能否实现产业转型与充分就业之间的双赢局面，同样也是产业转型中存在的风险。

5. 环保风险

多数情况下，资源开发会对景观、土地、植被、生物多样性、水资源等产生不同程度的破坏或影响。这种生态环境的破坏不仅表现为"三废"的排放，而且破坏地表植被、过度利用地下水造成大规模的地表塌陷、滑坡、泥石流等，造成环境污染，带来生态衰退或生态紊乱，进而会对开发区域的经济社会发展和居民生活产生诸多不利影响，有时甚至是无法逆转的影响。如地面大面积沉陷，大批房屋损坏、倒塌，严重地破坏了生态环境和居民的生存环境。可见，资源产业的发展，必然伴随着各种各样、程度有别的外部损益超过企业内部收益的外部不经济问题。同时，由于资源枯竭型城市长期以来对资源粗放式开采，环境污染严重，不利于新兴产业发展，制约着对环境要求特别严格的高新技术产业的发展，同时也限制旅游、生态农业等环保产业的发展，更难以吸引优秀人才。因此，产业转型中接续和替代产业的发展将面临环保的风险。

资源枯竭型城市面临的这些风险，极易使其陷入"矿竭城衰"的境地，这就使产业转型必须针对上述困难，制定相应的对策，从单一的资源型城市向具有特色功能的或综合性的城市转变。

（二）资源型城市产业转型风险评估指标设计

资源型城市产业转型风险根据标准不同可以划分成很多种，针对我国资源型城市的现状及现有研究成果，从评估角度看，能够从各个侧面较为完整地反映转型风险主要有产业风险、市场风险、战略风险、管理风险、人力资源风险和法律政策风险等。

1. 产业风险（I）

资源型城市的产业转型受到自然资源、原材料、能源以及产业间关联关系等方面风险的直接影响。由于资源型城市所依托的自然资源具有耗竭性，加之对其过度开采和较低的利用率，使自然资源迅速进入枯竭期，城市经济也因此发展缓慢。改革开放以来，资源型城市为国家的经济发展做出了重大贡献，但是资源型城市长期处于计划经济的框架中，造成原材料和能源长期位于低价格，同时转化能力受到遏制。资源型城市的产业结构单一，三大产业之间渗透性差、关联度弱，直接影响了产业转型所需要的资源产品、中间产品的循环和使用，从而降低产业转型为城市带来的收益。

2. 市场风险（MK）

市场风险指由于各种内部和外部因素导致能否赢得市场竞争优势的不确定性，涉及市场需求、市场规模及进入市场的途径、市场扩展速度、竞争能力和产品替代性。市场需求具有不确定性，市场需求随着产业的发展变化而变化，可以通过判断产业发展阶段来确定市场需求空间。但是，产业的发展受到多种因素的影响，往往不严格遵循其发展轨迹。因此，市场需求也就难以判断。进入市场后，产业转型产品是否有竞争力，能否占据市场，产业转型融资渠道单一等，也会影响产业转型的成功。

3. 战略风险（S）

对企业而言，战略决策是解决企业在未来较长一段时期内活动的方向和内容的决策，由此引起的风险称为战略风险。对于资源型城市产业转型来说，战略风险是城市产业决策目的、决策主体、决策内容和决策实施与评价等因素相互作用、相互影响所引起的风险。如：资源型城市产业转型由资源主导产业转向依托新型资源的主导产业，跨越并涉及不同的产业领域，必然使管理经营成本增加，在融资困难的情况下，转型风险加大。选择主导产业的替代产业意味着区域竞争优势再造。由于资源型城市缺乏对新领域的必要的经验积累和资源，往往面临较大的进入障碍，因此也伴有较大的风险。

4. 管理风险（MA）

管理的主体是人。在资源型城市转型过程中，引起管理风险的主要有管理者素质和经验、员工的素质、管理者与员工间的适应程度以及所建立的相应的激励机制。知识水平高、创新意识强、经验丰富的管理者在资源型城市产业转型过程中更会做出科学的决策，制定相应的管理机制以促进和发挥员工的积极性，更大程度地保障转型的成功。

5. 人力资源风险（H）

人才匮乏已成为制约资源型城市转型的瓶颈，人才的专业构成、年龄结构都难以适应科学技术的飞速发展和激烈的市场竞争，难以适应产业转型与发展的需要。资源型城市的技术人员主要集中在传统行业，其他专业技术人员也主要集中在医疗卫生和教育机构等，高新技术人才和高素质的管理人才匮乏。资源型城市多处于偏远地区和经济欠发达地区，生活环境、工作条件、福利待遇等均难以对高层次人才产生吸引力。

6. 政策法律风险（P）

由于产业转型所需法律法规、政策体系的不完善、不配套以及决策过程的不规范，导致产业转型难以顺利进行或者失败的可能性，就是产业转型面临的政策法律风险。他贯穿于产业转型的全过程，主要是政策的系统性风险。政策是一种潜在的资本，是促进生产力发展的第一要素。我国经济体制改革正处于不断认识摸索的过程中，政策的制定往往缺乏系统性。在产业转型方面，至今没有一部基于资源型城市自身历史条件、经济基础的，行之有效的成文法律，而涉及产业转型的法律法规多以暂行规定的形式出。

二、国外资源型城市产业兴衰与转换过程中的政策

资源型城市转型是一个世界性课题。20 世纪 80 年代，美、德、法等国学者在资源型城市经济、产业、劳动力就业、环境整治等方面进行了研究。我国学者自 20 世纪 90 年代开始对该领域进行深入探究，研究内容包括：国际经验的总结及其在我国的运用；城市经济转型的战略研究，寻求如何发展循环经济、走可持续发展道路等[①]；资源型城市发展的共性问题或针对某方面问题（如生态环境等）进行研究；接续产业的选择、发展模式等。资源型城市一般是从城市职能方面来讲的，继续观察和总结资源型城市职能转型的模式，是今后资源型城市研究的一个现实课题。在采取以上资源枯竭型城市产业转型的模式时，国外一般采取了以下政策：

（一）产业调整援助政策

1951 年欧洲经济共同体的前身煤钢共同体成立。这一机构的成立主要是要解决成员国以煤炭、钢铁等传统产业为主的区域萧条问题。1957 年宣告欧

---

① 刘力钢：《资源型城市可持续发展战略》，经济管理出版社 2006 年版。

洲经济共同体成立的《罗马条约》中规定要对企业调整进行援助，并设立了欧洲社会基金。[1] 20 世纪 70 年代以来，欧共体各国结构转换困难的问题更加突出，煤炭、钢铁等产业大批企业陷入了困境，造成了严重的经济和社会问题，迫使政府制定所谓的"积极地调整"。主要政策工具是财政补贴、税收减免、进口配额和投资补贴。20 世纪 70 年代末期到 80 年代初期，在对全部产业的财政援助额中，对处境不佳产业的救助性补贴所占比重，英国为 36%，挪威为 48%，意大利为 50%。从欧洲煤钢共同体到欧洲经济共同体，再演变为欧盟，产业援助政策一直都占有重要地位。欧盟的产业援助政策虽然减缓了被援助产业的衰退，但在政府财政资金总量一定的条件下，对这些产业的援助意味着减少了对高技术等新兴产业的支持，这是欧盟国家高技术产业落后于美国的重要原因；此外，产业援助并未从根本上提高被援助产业的竞争力。

20 世纪 50 年代以来，日本建立了系统的产业政策体系，推动了经济高速增长和产业结构升级。日本的产业政策不但包括对支柱产业的选择与扶持，也包括产业结构调整援助政策。尤其是经过 10 多年的高速增长之后，从 60 年代中期开始，日本在支持产业调整方面的支出已大于支持新兴产业发展的支出。日本连续 9 次调整针对煤炭产业的对策，制定了《特定萧条产业安定临时措施法》、《特定产业结构改善临时措施法》等相关法律。[2] 主要措施除了欧盟国家采用的财政补贴、税负减免以外，政府还要求电力行业必须购买高价的国产煤炭。日本政府用于煤炭产业结构调整的支出强度十分惊人，仅 1995 财政年就高达 24819 亿日元。

就资源条件而言，美国、加拿大、澳大利亚等国人均资源占有量位居世界前列，与欧盟等国相比，这些国家工业化进程和资源大规模开发较晚，资源开发条件较好，主要资源型产品在世界范围具有竞争力。1983 年美国设立了产业竞争力委员会，开展了相关的政策研究，调整的政策主要内容是进口限制、失业救济和再就业培训等。加拿大和澳大利亚是世界主要矿产品出口国，美国虽然是资源型产品净进口国，但进口产品相当一部分是由美国的跨国公司在海外开采的。总之，美国、加拿大、澳大利亚等国强调在世界范围配置资源和开采经营而不是调整制定投向国内的产业政策。

欧盟把资源型城市纳入衰退产业的范畴，从其预算中拨款专门用于支持

① 姚睿等：《北美澳洲工矿城镇发展研究》，载《城市发展研究》，1997 年第 1 期。
② 宋旭光：《资源约束与我国经济发展》，载《财经问题研究》，2004 年第 11 期。

工业企业转产，法国的洛林、德国的鲁尔均是重点资助地区。区域发展基金是欧盟推行共同区域政策的主要政策工具，其使用十分强调配套原则，要求成员国在申请和获取欧洲区域发展基金的援助时要动用本国财力与之配套。日本为解决国内煤炭产业衰退问题，在制定和实施煤炭产业政策的同时，还针对产煤地域制定了《产煤地域振兴临时措施法》、《特定萧条产业关联地区对策临时措施法》等法律，实施了一系列以振兴产煤地域为目的的政策。美国区域政策的重点是通过转移支付支持落后地区的发展，以解决区域发展不平衡和贫困等问题。一些资源产区，如阿巴拉契亚矿区就被纳入落后地区的范畴，还接受过政府的资助。但从总体上讲，美国缺乏系统的区域政策体系，主要从解决具体问题出发，以个案和项目为载体提出解决方案，其采用区域政策的力度和受重视程度远低于欧盟国家。

日本为改善产煤地域的投资环境，采取融资优惠、税收减免等措施，并且地方税收的减收额主要由中央政府补贴。还由政府成立了产煤地域振兴事业团，后改组为地域振兴整顿公团，主要从事废矿山的处理，土地平整，基础设施建设和工业园地建设与转让。欧盟国家也十分重视环境整治和基础设施建设，并且强调规划的重要性。以德国鲁尔为例，早在1966年就编制了鲁尔区的总体发展规划，并适时进行了修改。在规划的指导下，建设了连接区域内城市高速公路网，形成了快捷的交通系统，加强了区内城市间以及与外部的联系。此外，各国为了鼓励投资，还制定了优惠的用地政策、融资政策、税收优惠政策等，对企业的投资意向有着重要的影响。

（二）资源开发企业政策

日本和欧盟国家的资源开发历史比较长，大部分矿区资源条件较差，设备老化严重，导致效率低下，部分矿井处于亏损的境地。在政府的财政补贴等政策的支持下，首先关闭了一些不盈利的矿井，把裁减下来的优良设备和人员集中到资源条件较好、仍有竞争优势的矿区。同时，利用企业多年积累的技术积极开发和采用新设备和新技术，这些措施不但降低了生产成本，减少了企业亏损，而且开发、制造这些技术装备已成为当地的支柱产业，不仅满足了本地的需求，还销售到其他地区。美国、加拿大、澳大利亚等国的企业采用了一些新的开发方式，20世纪80年代兴起了长距离通勤（LDC）的开发模式，即在不适合建立城镇的地区，建立最低限度生活保障设施，甚至是移动房屋构成的营地，仅供工作人员使用；对于居住在远离矿区的中心城市中的职工及其家属，采用轮流上岗的办法完成资源开发工作。由于交通、通讯等支持条件的日益发达，LDC 已经成为资源开发的新趋势之一，还被其他国家和地区借鉴。近年来我国在开发新疆的油气资源时就采用了 LDC 一些做法。

20 世纪 70 年代以来，各国普遍重视中小型企业发展。欧盟成员国为改善中小型企业经营环境，还减轻行政负担和放松管制，各转型地区也为促进中小型企业发展制定了相应的对策。如鲁尔区由政府向购买废弃土地者提供低息贷款用以建设新工厂，对建立新企业提供就业赠款。洛林为解决中小企业创业初期遇到的各种困难成立了多个企业园圃，主要帮助公司制定起步计划，并在初期为之提供各种服务。日本设有隶属于通产省的中小型企业厅，在各级地方政府也设有相应机构，构成中小型企业的行政体系。此外，还有中小型企业振兴事业团、中小型企业共济事业团等强有力的民间团体，形成官民结合的中小型企业扶植指导网络。日本还设有专门面向中小型企业服务的金融机构，这些金融机构以较有利的条件向中小型企业贷款，或者建立使其他金融机构给中小型企业贷款的信用保证制度。为促进产煤地域等不景气地区中小型企业的发展，还专门颁布了"特定不景气地域中小型企业对策临时措施法"和"产地中小型企业临时措施法"。美国是较少直接干预企业经营的国家，但美国国会仍于 1953 年通过了小企业法案，并且政府专门成立了为小型企业提供融资、经营、技术、法律等方面服务的小企业管理局。

(三) 人员安置政策

加拿大采用紧急经济援助、再培训、搬迁及工作分享等措施进行人员安置，并且建立了社区赔偿基金和专项保险机制，由政府、公司和工会组织注入社区基金，用作赔偿、搬迁和再培训的费用，而不是直接对产业的补贴。还建立了预警系统，公布公司关闭工厂或者放弃一个矿区的计划，给其他公司、地方政府、工人及其家庭留出足够的时间来逐步适应这一变化。但在美国，这种模式往往被大公司所反对，认为它泄露了公司的计划，而其竞争对手则可利用有关情报信息资料击败同类商家。美国对待被辞退员工的传统做法是支付一次性补偿，然后由其自谋职业。欧盟各国在采取提前退休和补偿等措施的同时，强调进行职业技术培训，鼓励创办新企业提供就业岗位。日本政府在煤炭政策中规定，年满 55 岁的煤矿工人实行养老保险，关闭矿人员52 岁即可实施养老保险。人员再就业培训由煤炭企业或接收单位负责进行，政府分别给有关单位每人一年工资的 3/4 和 1/2 作为培训费用，同时支付给被培训人生活补贴。另外每个人发一本求职手册，可以享受优惠待遇，如可以每月向政府领取生活补贴金，以 3 年为限直到找到工作为止。

三、资源型城市实现产业转换的政策

由于各国资源型城市的自然条件、社会环境、经营管理模式等方面各不相同，所以各国在处理资源型城市产业转型时采取的措施也各不相同。因此，我们要针对我国资源型城市产业转型的现状，借鉴各国的经验来采取相应的措施。

（一）主导产业的支持政策

主导产业选择是主导产业发展战略的重要组成部分。科学地选择主导产业是培育和发展主导产业的根本前提，而后者对于促进产业结构高级化和经济动态比较优势的升级转换具有重要意义。主导产业选择目的是为了主导产业培育与扶持，而培育与扶持的目的主要有二：其一，对于封闭经济而言，是通过促进主导产业发展，推动产业结构高级化，获取结构高级化的经济发展效应；其二，对于开放经济而言，是通过促进主导产业发展，争取动态比较优势，获取国际分工的有利地位，推动经济发展。

在经济实践中，主导产业选择是政府的一种积极主动行为。即主导产业选择是政府为了推动产业结构高级化、争取动态比较优势和促进经济发展，而在一定阶段一定条件下，从一定范围的产业群体中筛选出预期将在未来某一阶段起主导作用的产业积极主动的行为。其基本特征是：①预期性，即主导产业选择是政府对未来状况做出理性分析的预期性行为；②前瞻性，即主导产业选择是政府立足现在、面向未来的前瞻性行为；③动态性，即主导产业选择是随着经济发展阶段的演替，不断进行的动态性行为；④能动性，即主导产业选择是经济的创造性的主动行为；⑤约束性，即主导产业选择是在诸多条件限制下的选择，而非随心所欲的行为；⑥战略性，即主导产业选择不仅行为对象（主导产业）具有战略性，而选择行为本身就是一国产业与经济发展战略的重要组成部分。

1. 主导产业技术支持政策

技术进步是主导产业发展的根本动力，也是产业素质提升的根本途径。对主导产业的技术行为进行鼓励、引导和支持，有助于推动主导产业的技术进步，发挥主导产业的经济发展功能和结构升级功能。因此，制定正确的主导产业技术支持政策并予以实施，是产业政策的一项基本内容。所谓主导产业技术支持政策，是只政府为了促进主导产业技术创新，推动主导产业技术进步、促进主导产业现金技术在产业结构中扩散，而采取的对主导产业的新技术研究与开发活动、新技术引进与消化活动以及新技术的转移与扩散活动等进行鼓励、引导和支持的各项政策措施的总和。从内容上看。主导产业技术支持政策包括技术研究开发支持政策、技术引进与消化支持政策和技术转移与扩散支持政策三个方面。

（1）技术研究开发支持政策

技术研究开发支持政策是指政府旨在促进主导产业技术研究开发而采取的各项政策措施的总和。它包括技术研究开发的紫金、信息支持政策，技术研究与开发的组织、制度支持政策和技术研究开发的人力紫苑支持政策。

一是技术研究与开发的资金、信息支持政策。该政策旨在对主导产业的技术研究开发活动提供资金和信息支持。其具体措施主要有以下几个方面：第一，资金支持措施。如增加政府对主导产业重点技术研究开发的经费支出；国家设立专项基金，组织主导产业对关键技术开发研究进行攻关；着重对企业的技术研究开发予以补贴，为其技术进步提供充裕的资金；对主导产业的企业技术进步进行补贴，建立主导产业高新技术研究与开发的资金支持系统和风险承担机制等。第二，信息支持措施。如组织咨询工作，建立主导产业的信息中心，技术创新中心，倡导发展科技园区，鼓励大学发展工业基地，加强与主导产业相关的技术情报机构建设，通过主导产业提供技术情报信息服务，引导和促进主导产业技术进步等。

二是技术研究与开发的组织、制度支持政策。该政策旨在对主导产业的技术研究与开发活动提供组织和制度方面的支持。其具体措施主要有以下几种：第一，组织支持措施。如政府支持和残余，设立专门的机构，规划、组织、领导协调主导产业中的优势企业建立企业技术开发系统，政府在利益机制、管理机制等发明予以政策倾斜；就重大的主导产业技术进步项目组建必要的政府协调机构，就有关资金投入、人员调配、收分非配等问题在各参与企业和研究机构之间进行协调；加强分工和专业化协作，组织和协调各企业之间技术装备性能和水平的协调。第二，制度支持措施。如改善科研体制，积极支持、促进大学、科研院所与主导产业界的横向合作研究，形成政府、大学、企业三结合的发展技术的有效机制，促进科学技术发展及其经济上的应用；严格保护知识产权，保护技术发明者的合法权益和应用新技术厂商的利益，进一步完善以专利法、版权法和商标法等为基础的知识产权保护体系等。

三是技术研究与开发的人力资源支持政策。该政策旨在对主导产业的技术研究开发活动提供人力资源方面的支持。具体措施有以下几个方面：第一，人才引进。即实行人才引进政策，积极引导和鼓励研究和开发人员向主导产业转移，使主导产业研究开发人员的数量、质量都得以提高。第二，在职技术培训。即建立信息技术中心和技能发展基金，举办技术培训班，进行在职技术培训，提高企业人员的技术水平。第三，科研导向支持。即鼓励大专院校研究人员面向主导产业开展科研工作，从事主导产业技术的研究开发工作。

（2）技术引进与消化支持政策

技术引进与消化政策是指政府旨在缩小主导产业技术与国际现金技术的差距，提高自主开发能力，实现产业技术升级，推动企业积极引入国外先进适用技术而采取的各项政策措施的总和。它包括技术引进与消化的资金支持政策，技术引进与消化的组织、制度支持政策和技术引进与消化的人力资源支持政策三个方面。

一是技术引进与消化的资金支持政策。该政策旨在对主导产业的技术引进与消化活动提供资金方面的支持。在具体促使主要有以下几个方面：第一，关税优惠。包括对有关进口技术及装备减免关税，对企业在消化吸收引进技术基础上所改良和创新的技术或装备减免有关税收，或给予延期缴纳有关税收的优惠。第二，优惠贷款。如对主导产业中有关企业为引进技术和装备所进行的配套改造工程，由政府系统的金融机构提供低息贷款，或由政府对有关商业银行贷款实行贴息，以及对企业消化、吸收和引进技术所需的各类投资予以低息贷款等。第三，特别折旧。实行主导产业设备特别折旧的政策，对主导产业使用的现代化技术设备规定较高的折旧率，缩短设备使用期限，促进设备更新。第四，外汇优惠。对主导产业起关键影响的技术或装备的引进实行外汇支持。同等条件下，优先保证主导产业的技术引进用汇。

二是技术引进与消化的组织、制度支持政策。该政策旨在对主导产业的技术引进与消化活动提供组织、制度方面支持。其具体措施主要有以下几个方面：第一，组织支持措施。如与先进国家签订技术交流与合作协定，作为主导差呢引进国外先进技术创造良好的环境；举办各种博览会、展示会以及建立科技情报检索机构等，为主导产业引进国外先进技术提供信息服务；就重大技术的联合引进项目，跨企业的重大引进技术的消化、吸收活动，政府出面对有关企业进行组织、协调；政府支持和参与设立专门的机构，领导、组织、主导产业的重大技术引进与消化活动或项目；政府在利益机制、管理体制等方面对主导产业中优势企业的技术引进与消化活动予以政策倾斜等。

第二，制度支持措施。如建立合理的技术引进、消化体制，让企业成为技术引进消化的主体；对国外投资实行区别优惠政策和必要的外国投资生产制度，引导、鼓励主导产业所需的先进技术输入；建立和完善鼓励、扶持产业内优势企业从事技术消化吸收工作的激励、协调机制等。

三是技术引进与消化的人力资源支持政策。该政策在对主导产业的技术引进与消化活动提供人力资源方面的支持。其具体措施有以下几个方面：第一，在职培训。即建立信息技术中心和技能发展基金，帮助举办技术培训班，对企业人员进行在职技术培训，提高其素质。第二，人才引进。即实施人力资源引进政策，引导和鼓励研究开发人员向主导产业转移，使主导产业研究开发人员的数量、质量都得以提高。第三，鼓励、支持大专院校研究人员与主导产业界就技术引进与消化活动开展协作。

（3）技术转移与扩散支持政策

主导产业技术转移与扩散含义有二：一是指先进技术从主导产业的主导企业向其他企业转移和扩散；二是指先进技术从主导产业向其他相关产业转移和扩散。技术转移与扩散支持政策是指政府旨在促进主导产业技术转移与扩散而采取的各项政策措施的总和，它包括技术转移与扩散的资金支持政策和技术转移与扩散的组织、制度支持政策。

一是技术转移与扩散的资金支持政策。该政策旨在对主导产业的技术转移与扩散活动提供资金方面的支持。其具体措施主要有以下几个方面：第一，税收优惠，如对主导产业设备实行特别折旧的政策，即其使用的技术设备规定较高的折旧率，缩短设备使用期限，促进设备更新；减免与技术转移与扩散有关的税收，或给予延期缴纳有关税收的优惠等。第二，优惠贷款。如对主导产业中有关企业间技术转移与扩散行为，由政府系统的即溶机构提供低息贷款，或由政府对有关商业银行贷款实行贴息；对企业有利于技术转移与扩散的各类投资予以低息贷款等。

二是技术转移与扩散活动的组织、机构支持政策。该政策旨在对主导产业的技术转移与扩散活动提供组织、制度方面的支持。具体措施主要有以下几个方面：第一，组织支持措施。如政府牵头，推动产、学、研联合开展技术创新、促进新技术成果在主导产业内外的应用和推广；组织、协调主导产业与关联产业间技术研究人员和工程技术人员的双向流动，促进科技成果的产业间转移；支持主导产业先进技术的产业化，推动主导产业以先进技术产品装备其他产业部门，从而促进先进技术在产业间转移、扩散；促进主导产业先进技术在产业内其他企业特别是中小企业的推广和应用，以推动整个产业的技术进步等。第二，制度支持措施。如建立和完善技术交易市场和交易制度，以保障技术转移的有偿性和合理性，从而在制度上激励有关技术开发和转移扩散活动；建立主导产业技术推广与咨询中心，促进新技术的采用和推广等。

2. 主导产业财税金融支持政策

在主导产业形成和成长过程中，政府制定并实施一些财政、税收、金融等方面的政策，对主导产业进行支持是十分普遍的。简单地说，所谓主导产业财税金融支持政策就是指政府通过财政补助、政府直接投资、政府订购、税收减免、特别折旧和优惠贷款等方式而对主导产业的成长进行扶持的政策。它包括主导产业的财政支持政策、主导产业的税收支持政策和主导产业的金融支持政策。

（1）主导产业财政支持政策

财政支持政策是只政府采取财政手段而对主导产业进行支持的政策。其具体措施主要有：财政补贴、政府直接投资、政府订购等。

（2）主导产业税收支持政策

主导产业税收支持政策即政府以多种形式主导产业实行特别税收制度，给予产业内企业以各种税收优惠、减免，以减轻产业内企业的纳税负担，支持主导产业迅速成长。主要包括：所得税减免、研发减免税、投资减免税、特别折旧。

（3）主导产业金融支持政策

主导产业金融支持政策是指政府采取各种金融手段而对主导产业进行资金支持的政策。具体措施主要有：优先贷款和优惠贷款、建立专业投资银行、建立主导产业发展基金、引进外资、支持优势企业上市等。

3. 主导产业其他支持政策

在产业政策中，对主导产业的形成、发展实施支持是一个全方位的系统工程，需要制定多项政策，发挥各项政策的综合作用，以形成促进主导产业成长的组合功能。因此，除了上述的主导产业技术支持政策和财税金融支持政策之外，还要有一些支持政策。这项政策主要有：主导产业价格支持政策、主导产业直接规制政策、主导产业贸易支持政策。

（二）衰退产业的调整政策

1. 产业组织政策

纵观历史，我们不难发现，有效的产业组织政策对于一个国家的经济腾飞和经济发展是多么重要。从产业组织政策的内涵可以看出，产业组织政策的目标有二：充分利用规模经济和保持竞争活力。但这两方面却存在着深刻的矛盾，即规模经济的利用必然带来企业规模的扩张，大企业的增多导致垄断因素增长，从而使竞争活力受到影响。因此，从政策取向上看，产业组织政策可以分成利用规模经济并抑制不正当竞争的政策和促进竞争并抑制垄断的政策两类。鉴于发达国家尤其是后起国家的经验，并结合新形势下我国国情，政府在制定产业组织政策时，可采取宜大则大，宜小则小，大小结合的原则。主要有两个途径：一是采取集中手段，扶持和培育少数大型企业集团；二是采取分散手段，建立多数中小企业群。以此优化资源配置，并创造出产业组织发展的整体优势。具体措施如下：

第一，针对衰退产业具体情况，制定较为完善的法规及制度，以规范衰退产业企业的竞争行为。给予衰退产业的企业以较大自主经营权的同时，必须相应地在制度上保证其对这种权利的合理使用，避免企业的不合理竞争。贯彻好《限制不正当竞争法》，以制止企业在市场上的种种不正当竞争行为。随着企业间竞争的发展，为了保护竞争，也应着手考虑制定限制垄断发展的有关法规和制度。

第二，采取投资、信贷等政策手段，在对衰退产业企业新建、扩建、改建的过程中贯彻产业组织调整的目标。首先是实现规模经济，其次是保证促进技术进步。新建、扩建、改建项目是现有组织状态的增量部分，对产业组织状况会产生很大影响。因此，选择新建、改建、扩建项目时，不仅要从改善衰退产业结构的现况来考虑，还要从调整衰退产业组织的角度来加以考虑。同样对于需要关停并转的企业，也应在信贷上坚决卡住，杜绝其继续维持原状的可能性。

第三，采取适当的行政直接干预措施，对现有某些衰退产业进行必要的调整。对一些衰退产业中存在一大批技术落后、产品质量低劣、成本很高的落后企业，要在做好善后工作的前提下，坚决关、停、并、转。此外，在规模效益显著的衰退产业对过分分散生产的企业进行强制合并，以实现合理规模。

第四，面对衰退产业实行改组、兼并，促进专业化分工与协作。要采取措施使现有衰退产业中规模较小的企业实现专业化生产，坚决阻止新建全能型的企业，尤其是小企业。在国内大型企业中，应适应兼并之后的实际状况，推行分厂制，使各分厂实行独立核算；或者实行事业部制，各个事业部独立经营。分厂之间、事业部之间以经济冠以相联系，以改变"大而全"造成的市场机制失灵。对"小而全"的企业，要坚决进行改组，使其转变为专业化企业。

第五，划分中央政府与地方政府对经济的干预范围，改变地区行政性垄断大量存在的现状。改革开放以来，地方政府经济权力不断扩大，地方利益不断扩大，从而形成地方性垄断，彼此之间搞地域经济封锁，严重影响了衰退产业的调整和升级。要解决这一问题，就要从制度上、法律上对地方政府的只能做出规定，明确其干预经济的权力与范围。地方政府职能应当转向本地区交通、邮电通讯、卫华、卫生、教育、科研等的发展以及城市基础措施的建设上。向中央政府保留国家最终产权而将经营权等交给企业的方向发展，只对一些公共服务业如民航、铁路、公用事业等进行直接经营与管理。从而为衰退产业组织的健康成长与合理变动创造良好的经济环境。

第六，对适宜发展企业集团的衰退产业，应大力促进企业集团的发展，并且形成企业产权转让市场。在企业联合中，应以推行股份制形式来推进企业集团的发展。企业集团要以大型企业为中心，通过一定的经济纽带将相关的中小企业联合起来，形成经济联合体。

第七，采取多项措施，组成衰退产业组织政策体系加以实施，避免造成顾此失彼的局面。配套措施主要包括：劳动制度、社会保障、经济补贴、破产制度等一系列政策。

2. 技术扶持政策

（1）技术改造政策

通过技术改造以实现衰退产业的调整与升级是一项重要措施，但是，处于衰退产业的企业进行技术改造所取得的效果较差，技术改造投资基建化趋势严重，达不到技术改造的效果；技术改造投资外延化趋势严重，对提高经济效益的作用不显著；技术改造投资趋同化趋势严重，投资的使用效率低下；技术改造投资决策科学化程度不高，项目成活率有待改进。

鉴于此，政府有必要采取一定的援助政策：第一，政府应当高度重视衰退产业企业的技术改造，增强对其必要性和紧迫性的认识；第二，政府相应地制定一系列鼓励企业技术改造的政策，按照择优扶强的原则，保证重点技术改造的质量效益；适时地将财政政策支持的范围由基础设施向技术改造转移；取消投资方向调节税，完善技术改造税收优惠政策；实行以加速折旧为核心的新折旧制度。以投资体制改革为契机，促使企业加大技术改造投资力度；拓宽融资渠道，为技术改造筹集更多资金来源。

（2）技术引进政策

充分发挥政府的引导和协调作用，推动衰退产业的调整和升级；培育对现有技术的消化吸收和创新的主体及中介组织；通过推动科技创新促进消化吸收带动衰退产业升级；积极利用外资，增强国际竞争实力。

（3）技术开发政策

一是衰退产业企业技术开发的人才资源政策，培养一批能够驾驭现代科技的企业家和具有创新精神的人才队伍；二是衰退产业企业技术开发的财力资源政策，加强财政对企业技术开发的支持力度，建立衰退产业企业技术开发金融支持系统，开辟适合衰退产业企业技术开发的直接融资渠道；三是衰退产业企业技术开发的政府组织行为，建立和健全专门的上图产业企业管理机构。

3. 财税援助政策

为保持必要的经济周转率、推动结构调整升级和经济发展，政府对生产领域的直接投资也是必要的。财政支出投资的重点是支持新经济增长点的培育和某些衰退产业的改造，在具体的支持方式上，有两类办法：一是财政直接投资，投资的方向主要是城市基础设施、研究开发拨款；二是利用财政贴息、税收减免等方式，发挥政府财政资金的杠杆作用，引导商业性资金的介入。

4. 金融援助政策

一是政策性金融。政策性金融是指金融机构依据国家有关政策从事的资金配置活动等经营行为及其金融活动所体现的关系，它是一切规范意义上的政策性贷款，一切带有特定政策性意向的存款、投资、担保、贴现、信用保险、存款保险、利息补贴等一系列特殊性资金融通行为的总称。我国的政策性金融机构主要是1994年成立的国家开发银行、中国农业发展银行和中国进出口银行。在促进衰退产业的调整和升级中，政策性金融可以发挥巨大的作用。可以贯彻国家产业政策和区域发展政策，对某些衰退产业可以给予巨额的、持续性的、强大的直接信贷扶持；发挥其首倡性、引导性功能，对政策扶持的投资项目形成一种乘数效应。

二是上市援助。利用资本市场，实施国有经济布局的战略性调整和推动国有企业改革；借助资本市场进行股权融资和债券融资，拓宽企业融资渠道。

5. 企业退出援助政策

一是人力援助政策。对企业员工失业和再就业问题制定特别政策；对区域性调整的配套援助措施。二是资金援助及调整。设立调整援助基金，援助企业的退出和转产行为；建立受益企业对退出企业的援助机制；积极发挥财政在衰退产业的企业退出中的作用。

（三）新兴产业的扶持政策

1. 产业组织政策

以产业组织政策为导向，通过"三改一加强"以及兼并、联合、重组等形式，使资源向符合国家产业政策、有较好发展前景的重点企业集中，特别是新兴产业，使之尽快成为拥有自主知识产权、主业突出、核心竞争力强、具有国际竞争力的大公司和企业集团。同时，充分发挥优强企业在结构调整中的带动作用，提高重点企业、新兴产业的集中度和竞争力，积极扶持中小企业发展。通过广泛建立小企业同大中型企业合理的分工协作关系，形成中小企业对大企业的专业配套和专业化服务。

2. 技术援助政策

发挥政府特有的组织能力和宏观调控能力，弥补技术市场的缺陷，为高新技术产业的发展提供基本的制度框架。推动政府和企业创建产业技术研究中心，加强技术引进。

3. 财税金融政策

加大政府对新兴产业的投资和税收减免，利用政策性金融提供政策支持，推动风险投资的发展，支持企业发行债券。

4. 人才支持政策

提高对技术资本的认识，树立知识经济新观念；建立合理的利益分配机制；加大高新技术人才的引进和培育；完善科技成果评估体系，加速科技成果产业化。

6. 市场适度保护政策

综合运用财税政策、进出口政策、政府订货和采购等政策，促进新兴产业发展；建立有效的知识产权管理和保护制度，充分发挥知识产权的效用。

7. 新兴产业的企业进入扶持政策

通过政府采取直接干预的支持政策和间接诱导的支持政策，增强对新兴产业的生产要素投入，再通过这些新兴产业的超常规发展带动整个产业结构的高度化。

参考文献

［1］武春友、叶瑛：《资源型城市产业转型问题初探》，载《大连理工大学学报》，2009 年第 3 期。

［2］鲍寿柏：《专业性工矿城市的变革及其出路》，载《决策咨询》，1993 年第 3 期。

［3］张米尔等：《资源型城市产业转型的模式选择》，载《西安交通大学学报》，2003 年第 1 期。

［4］陈旭升等：《资源型城市产业创新策略研究》，载《商业研究》，2008 年第 12 期。

［5］陆庆国：《产业创新：超越传统创新理论的新范式》，载《江汉论坛》，2003 年第 2 期。

［6］饶光明：《产业创新的极化与边缘化效应分析》，载《北京工商大学学报》，2007 年第 3 期。

［7］焦华富、陆林：《西方资源型城镇研究的进展》，载《自然资源学报》，2000 年第 3 期。

［8］万晓琼：《我国资源型城市可持续发展的对策思考》，载《中州学刊》，2005 年第 2 期。

［9］中国人民银行黄石市中心支行青年课题组：《资源枯竭型城市产业转型问题研究》，载《武汉金融》，2009 年第 9 期。

［10］魏喜成：《资源型城市主导产业的选择》，载《统计与决策》，2008 年第 16 期。

［11］赵新宇：《资源型城市接续产业选择问题研究》，载《长白学刊》，2009 年第 5 期。

［12］张米尔、武春友：《资源型城市产业转型障碍与对策研究》，载《经济理论与经济管理》，2001 年第 2 期。

［13］吴春玲：《我国资源型城市产业转型问题研究》，载《巴音郭楞职业技术学院学报》，2009 年第 2 期。

［14］武磊：《推进资源枯竭型城市产业转型的若干思考》，载《中州学刊》，2009 年第 5 期。

［15］张冬冬：《国外资源型城市产业转型及其对我国的启示》，载《资源与产业》，2009 年第 3 期。

［16］宋毅成等：《解读资源枯竭型城市的产业接续问题》，载《中国城市经济》，2009 年第 5 期。

［17］岳顺之等：《山东省资源型城市产业转型对策研究》，载《经济与社会发展》，2009 年第 3 期。

［18］李柏洲等：《产业共生与资源型城市协同发展》，载《求索》，2008 年第 5 期。

［19］宋庆洪等：《基于金融视角的资源型城市接替产业选择研究》，载《金融纵横》，2009 年第 1 期。

［20］夏青：《煤炭资源型城市生态环境与产业结构优化研究》，载《中国名城》，2009 年第 4 期。

［21］熊剑平等：《资源枯竭型城市产业发展评价与接续选择》，载《经济地理》，2009 年第 8 期。

［22］庞娟：《资源枯竭型城市产业转型的风险规避与产业创新》，载《城市问题》，2006 年第 4 期。

［23］牛国元等：《资源枯竭型城市石嘴山市产业发展方向选择》，载《矿业研究与开发》，2009 年第 2 期。

［24］朱洪瑞：《资源型城市产业转型预警研究》，载《河北理工大学学报》，2009 年第 2 期。

［25］张秀生等：《论中国资源型城市产业发展的现状、困境与对策》，载《经济评论》，2001 年第 6 期。

［27］李晶：《资源枯竭型城市产业转型的"恒山模式"研究》，载《财经问题研究》，2006 年第 7 期。

［28］吴诗荣：《我国资源枯竭型城市产业结构特征的初步分析》，载《财经政法资讯》，2006 年第 5 期。

［29］曹娜娜：《刍议资源型城市产业结构调整的必要性》，载《科技经济市场》，2009 年第 3 期。

［30］刘玉劲等：《我国资源型城市产业转型的分析框架》，载《东北大学学报》，2004 年第 3 期。

［31］陆国庆：《衰退产业中的企业战略创新》，载《财经研究》，2000 年

第 10 期。

［32］谈毅等：《基于技术路线图的产业创新模式初探》，载《中国科技论坛》，2005 年第 6 期。

［33］高庆林等：《区域产业结构调整中的产业转产业竞争优势培育》，载《经济研究参考》，2009 年第 22 期。

［34］李炎亭：《资源型城市发展与产业创新》，载《甘肃科技纵横》，2008 年第 6 期。

［35］冯云廷：《资源型城市产业转型过程中产业链网络的衍生》，载《现代城市研究》，2009 年第 3 期。

［36］魏喜成等：《资源型城市产业结构优化升级的对策研究》，载《天府新论》，2009 年第 1 期。

［37］许恒：《资源枯竭型城市培育新能源支柱产业的路径选择与对策》，载《甘肃科技纵横》，2009 年第 1 期。

［38］孟韬：《资源枯竭型城市产业转型的定位与实践》，载《社会科学战线》，2007 年第 5 期。

［39］高庆林：《论我国资源型城市产业竞争优势培育》，载《生产力研究》，2009 年第 4 期。

［40］魏肖杰：《基于产业集聚的资源型城市产业发展模式选择》，载《职业时空》，2008 年第 11 期。

［41］王青云：《资源型城市经济转型研究》，中国经济出版社 2003 年版。

［42］李悦：《产业经济学》，中国人民大学出版社 1998 年版。

［43］苏东水：《产业经济学》，高等教育出版社 2004 年版。